⋮

그의 부모가 해마다 유월절이 되면 예루살렘으로 가더니 예수께서 열두 살 되었을 때에 그들이 이 절기의 관례를 따라 올라갔다가 그 날들을 마치고 돌아갈 때에 아이 예수는 예루살렘에 머무셨더라 그 부모는 이를 알지 못하고 동행 중에 있는 줄로 생각하고 하룻길을 간 후 친족과 아는 자 중에서 찾되 만나지 못하매 찾으면서 예루살렘에 돌아갔더니 사흘 후에 성전에서 만난즉 그가 선생들 중에 앉으사 그들에게 듣기도 하시며 묻기도 하시니 듣는 자가 다 그 지혜와 대답을 놀랍게 여기더라 그의 부모가 보고 놀라며 그의 어머니는 이르되 아이야 어찌하여 우리에게 이렇게 하였느냐 보라 네 아버지와 내가 근심하여 너를 찾았노라 예수께서 이르시되 어찌하여 나를 찾으셨나이까 내가 내 아버지 집에 있어야 될 줄을 알지 못하셨나이까 하시니 그 부모가 그가 하신 말씀을 깨닫지 못하더라 예수께서 함께 내려가사 나사렛에 이르러 순종하여 받드시더라 그 어머니는 이 모든 말을 마음에 두니라 예수는 지혜와 키가 자라가며 하나님과 사람에게 더욱 사랑스러워 가시더라

눅 2:41-52

THE SENSITIVITY OF THE SPIRIT
by R. T. Kendall

Copyright ⓒ 2002 by R. T. Kendall

Originally published in English under the title
THE SENSITIVITY OF THE SPIRIT by Hodder & Stoughton Limited.

338 Euston Road, London
NW1 3BH, England

Korean Translation Copyright ⓒ 2014 by PureNard
2F 16, Eonju-ro 69-gil Gangnam-gu, Seoul, Korea

The Korean edition is published by Arrangement with Hodder & Stoughton Limited
through rMaeng2, Seoul, Korea.
All rights reserved.

본 저작물의 한국어판 저작권은 알맹2 에이전시를 통해 Hodder & Stoughton Limited와 독점 계약한
'순전한 나드'가 소유합니다.
저작권자의 허락 없이 이 책의 일부 또는 전체를 무단 복제, 전재, 발췌하면 저작권법에 의해 처벌을 받습니다.

성령을 소멸치 않는 삶

초판발행 | 2014년 6월 20일
7쇄 발행 | 2024년 9월 9일

지 은 이 | R. T. 켄달
옮 긴 이 | 박정희

펴 낸 이 | 허철
편   집 | 김혜진
디 자 인 | 이보다나
인 쇄 소 | 예원프린팅

펴 낸 곳 | 도서출판 순전한 나드
등록번호 | 제2010-000128
주   소 | 서울 강남구 언주로 69길 16, (역삼동) 2층
도서문의 | 02) 574-6702
편 집 실 | 02) 574-9702
팩   스 | 02) 574-9704
홈페이지 | www.purenard.co.kr

Printed in Korea

ISBN 978-89-6237-163-5 03230

THE
성령을 소멸치 않는 삶

R. T. 켄달 지음 | 박정희 옮김

SENSITIVITY

OF THE SPIRIT

목차

6 · 추천사

9 · 감사의 글

10 · 머리말

12 · 들어가는 말

Chapter 1 민감하신 성령님 ·········· 27
Chapter 2 하늘의 비둘기에 맞춰 사는 삶 ·········· 53
Chapter 3 주님을 기쁘시게 하는 것 ·········· 77
Chapter 4 하나님은 왜 가끔 침묵하시는가? ·········· 105
Chapter 5 위험한 추정 ·········· 129
Chapter 6 우리는 언제 성령님께 둔감해지는가? ·········· 151
Chapter 7 하나님의 부재 인식하기 ·········· 179
Chapter 8 피죤신앙 ·········· 205
Chapter 9 되돌아가는 여정 ·········· 233
Chapter 10 기름부음의 회복 ·········· 255

281 · 맺는 말

285 · 각주

추천사

R. T. 켄달 목사의 책은 신앙인이라면 꼭 읽어야 할 필독서이다. 오랜 전통을 자랑하는 웨스트민스터채플을 신실하게 섬겨온 그는 설교가와 신학자로서 높은 신망을 얻었다. 보기 드문 수준의 학식을 갖춘 학자로서 켄달만큼 성령님과 그분께서 하시는 일에 대해 개방적인 사람도 없다.

말씀과 성령 이 두 가지가 공존할 수 없다고 생각하는 것이 일반적인 이 시대에, 학식이 성령으로 인해 빛나는 인물을 발견하기란 쉽지 않다. 그런 사람은 어디에 있건 선구자적인 사역을 감당할 수밖에 없다. 이러한 의미에서 켄달은 오늘날 하나님께서 행하고 계신 일의 중심에 서 있다고 할 수 있으며, 이것은 한동안 변함이 없을 듯싶다.

켄달과 그의 가족 그리고 웨스트민스터채플의 성도들은 하나님으로부터 치유를 받는 은혜를 경험하였다. 그러다 보니 그는 대부분의 사람들이 혹시라도 위험에 빠질까 두려워하여 피해가는 세계에 두려움 없이 발을 들여놓았다. 또한 마틴 로이드 존스와 캠벨 모건의 영향을 받아 누구보다 말씀에 충실하다. 말씀을 깊이 신뢰하는 그는 이제껏 열정적으로 설교해왔다.

나는 지금까지 이 책의 저자에 대해 언급했다. 보통 우리가 책을 고를 때, 책의 내용도 중요하지만 그 책을 쓴 저자에 대해 알고 싶어 하기 때문이다. R. T. 켄달이라는 저자를 알고 나면, 그가 쓴 책을 모두 읽고 싶어진다.

이 책을 보고 난 후 나는 '이 책이 반세기 전, 내가 목회 새내기였을 때 나왔더라면 얼마나 좋았을까' 하고 생각했다. 내가 젊었을 때, 나에게 이러한 것들에 관해 말해준 사람이 없었다. 그래서 나는 여러 사조들 속에서, 특히 성령님에 관한 교리에 관하여 갈팡질팡할 수밖에 없었다. 그때 이 글을 읽었더라면, 분명 큰 도움이 되었을 것이다.

오늘날 하나님의 삼위(三位) 중 세 번째 위격만큼 신학적으로 난해한 분야가 없다. 교회의 하나됨을 위해 이 땅에 보냄을 받으신 그분께서 가장 큰 분열의 초점이 되고 있는 셈이다. 이로 인해 많은 그리스도인들이 그분을 아는 것에 대한 노력을 포기해버렸다. 이 얼마나 불행한 결정인가? 또 어떤 이들은 위험을 불사하고 빛(말씀)이 빠진 불(열정)만을 가슴에 품고 무조건 달려드는데, 이 역시 불행한 결정이다. 이 책에서 말하고 있는 내용들은 분명 깊은 상처 가운데 있는 이 땅에 치유의 기름을 바르는 역할을 할 것이다.

성령님에 대한 주제만큼 정확성과 불굴의 용기를 요하는 공부는 없다. 켄달은 이 책에서 이 두 가지를 모두 보여준다. 성령님의 민감하심과 우리의 둔감함, 이해할 수 없는 하나님의 침묵, 부재하시는 것 같은 하나님, 회개의 여정과 기름부음의 회복과 같은 주제들이 이 책을 읽는 모든 이들에게 도움이 되도록 충분히 아주 잘 다루어져 있다.

이 책을 통해 많은 독자들이 도움을 받을 것이라 확신한다. 또한 하나님께서 이 책을 말씀과 성령의 줄기를 하나로 연합시키는 일에 사용하셔서 전 세계 교회들에 부흥이 도래하길 소망한다.

잭 테일러
디멘션미니스트리 총재

감사의 글

카리스마하우스의 편집장 바바라 다이커스와 여러 친구들, 특히 조언을 아끼지 않은 린던 보우링, 콜린 다이, 롭 파슨스에게 감사드린다. 또한 원고를 검토해준 앤 윌리엄스도 큰 도움이 되었다.

누구에게 추천사를 부탁할까 고민하는데, 계속해서 잭 테일러가 떠올랐다. 나의 요청에 순순히 응해준 그에게 감사의 인사를 전한다.

특별히 이 책을 봅과 다이앤 퍼거슨에게 바친다. 그들은 25년이 넘도록 깊은 우정을 나눈 나의 가장 소중한 친구들이다. 그들에게 축복의 마음을 담아 감사를 전한다.

머리말

이 책은 내 인생 가운데 일어난 네 가지 사건을 통해 탄생했다. 그 첫 번째 사건은, 테네시 주(州) 내슈빌에 있는 트레베카나사렛신학교에 다니던 시절, 나의 첫 룸메이트였던 조 존스의 설교를 들은 것이다. 그는 누가복음 2장 41-42절을 본문으로 '잃어버린 그리스도'라는 제목의 설교를 하였는데, 그때 처음으로 이 구절을 깊이 묵상하게 되었다.

두 번째는, 웨스트민스터채플에서 하이웰 존스 목사가 요한복음 1장 32-33절을 읽은 것이다. 그 구절은 그날 설교할 본문이었는데, 마침 그가 우리 교회 예배에 참석하여 그에게 성경 봉독을 요청했다. 그의 웨일즈 지방 특유의 억양 때문이었는지 혹은 성령께서 하신 일이었는지 (나는 후자라고 생각한다), 그가 본문 중 '머무는'이라는 부분을 읽을 때 그 독특한 말투가 마음속에 깊이 스며들어 며칠이고 떠나질 않았다. 그냥 본문을 읽기만 했을 뿐인데도, 그처럼 강렬한 영향을 끼친 경우는 흔치 않다. 만약 그날 하이웰이 그 본문을 그 말투로 읽지 않았다면, 이 책은 나올 수 없었을 것이다.

세 번째는, 1999년 북아일랜드에서 엘림교회의 목회자들을 만난 것이다. 그때 나는 나의 책 《내일의 기름부음》(The Anointing: Yesterday, Today, Tomorrow)에 관한 내용으로 말씀을 전했다. 그러자 말씀을 듣고 있던 워커 고먼 목사가 내게 이렇게 말했다. "지금 전하신 내용과 일맥상통하는 이야기가 하나 있습니다. 목사님도 들으시면 아마 흥미를 느끼실 겁니다." 그것은 이 책의 1장에 소개되어 있는 샌디와 버니스의 이야기였다. 이 놀라운 이야기는 이 책에 흥미를 더해주었다.

마지막 사건은, 1999년 말 아내 루이스와 함께 오클라호마 아다에 사는 피트와 멜리사 캔트렐을 만나러 간 것이다. 그때 피트로부터 배운 도브(산비둘기)와 피죤(집비둘기)에 관한 내용은 큰 도움이 되었고, 책의 완성도를 높여주었다. 하나님의 섭리하심이란 참으로 놀랍다!

이러한 이유로, 나는 이 책이 태어나기 위해 꽤 오랜 시간 준비되어 왔다고 믿는다. 그만큼 이 책이 놀라운 축복의 통로가 되어 우리 주 예수 그리스도의 이름 앞에 존귀와 영광을 올려드리기를 기도한다.

R. T. 켄달

들어가는 말

내가 가장 두려워하는 것은,
하나님께서 그분의 손을
내게서 거두시는 것이다
빌리 그래함

나는 6살이었던 1941년 4월 5일에 회심했다. 그 후 10대 시절에 성경을 열심히 공부하기 시작했고, 19살에 주님께서 나를 설교자로 부르셨다는 것을 알게 되었다. 그 이후 50년이 넘는 세월 동안 성경을 공부해 오면서 계속해서 경각심을 불러일으키는 것이 하나 있다. 아마도 마지막 심판의 날 하나님 앞에 서는 것이라고 짐작할지도 모르겠지만, 그것은 아니다.

나를 가장 두렵게 하는 그 한 가지는, 나도 모르는 사이에 성령을 소멸하거나 그분을 슬프시게 하는 것이다. 아무런 느낌도 없이 나로부터 기름부음이 사라져버릴 수도 있는 일이기 때문이다. 이런 일이 일어나도 처음에는 아무것도 감지할 수 없기 때문에, 우리는 마치 아무 일 없는 듯 살아갈 수 있다.

앞으로 삼손의 이야기를 통해 살펴보겠지만, 한때 성령의 기름부음을 경험했던 자라 하더라도 단숨에, 아무것도 느끼지 못하는 사이 기름부음을 잃어버릴 수도 있다. 하나님의 마음을 상하게 하고도 전혀 깨닫지 못할 수 있다는 것이다. 우리는 하나님께서 원하시는 일이라고 믿고 평생을 설교하고, 가르치고, 전도하고, 교회사역에 힘쓸 수 있다. 하나님께서는 전혀 함께하지 않으시는데도 말이다. 사람들은 내게 엄청난 존경과 찬사를 보내지만, 내가 예수님과 아무 상관없이 그 일들을 하고 있다는 사실을 전혀 모를 수도 있다.

때로 기름부음 받은 은사가 활발하게 발휘되고 있음에도 불구하고 본인이 그 사실을 인지하지 못할 수도 있는데, 이것은 참으로 신기한 일이다. 이에 대한 예는 모세가 시내 산에서 내려왔을 때 얼굴에 광채가 나는 것을 깨닫지 못하였던 것(출 34:29)에서 찾아볼 수 있다. 그런데 우리는 반대로 기름부음이 떠나버렸을 때에도 그것을 의식하지 못할 수 있다. 사자를 손으로 찢어 죽일 수 있었던 삼손에게서 기름부음이 떠나버리자, 그는 고양이처럼 나약해졌다. 하지만 삼손은 그 사실을 깨닫지 못한 채 블레셋 사람을 죽이겠다고 나섰다. 그들과 싸우는 것이 식은 죽 먹기라고 생각한 것이다. 그러나 기름부음이 사라진 삼손은 블레셋 사람들의 손에 붙잡히고 말았다(삿 14:6, 16:20-22).

성령의 기름부음

기름부음은 성령님의 능력이며, 하나님의 특별한 임재이다. 그것은 갖가지의 다양한 방법으로 드러날 수 있으며, 모든 그리스도인이 기름부음을 가지고 있다고 말할 수 있다. 하지만 이 기름부음은 성령님의 주권에 의해 '그의 뜻대로' 각 사람에게 주어진다(고전 12:11). 따라서 우리는 서로 다른 기름부음을 받았다. 우리 모두가 서로 다르기 때문이다.

요한이 기름부음이라는 단어를 사용한 경우들을 살펴보면, 다음과 같다. 먼저 그는 "너희는 거룩하신 자에게서 기름 부음을 받고 모든 것을 아느니라"고 말했다(요일 2:20). 그리고는 다음과 같이 가르침을 확장해간다. "너희는 주께 받은 바 기름부음이 너희 안에 거하나니 아무도 너희를 가르칠 필요가 없고 오직 그의 기름 부음이 모든 것을 너희에게 가르치며 또 참되고 거짓이 없으니 너희를 가르치신 그대로 주 안에 거하라"(요일 2:27). 여기서 말하는 기름부음은 모든 믿는 자들이 가지고 있는, 하나님의 성령께서 우리 각자에게 독특하게 부여하신 기름부음을 말한다.

삼손의 기름부음은 남다른 육체적 강인함에 있었다. 이 기름부음은 블레셋 사람들이 삼손을 새 밧줄 두 줄로 묶었을 때 나타났다.

> 여호와의 영이 삼손에게 갑자기 임하시매 그의 팔 위의 밧줄이 불탄 삼과 같이 그의 결박되었던 손에서 떨어진지라 삼손이 나귀의 새 턱뼈를 보고 손을 내밀어 집어들고 그것으로 천 명을 죽이고 삿 15:14-15

하지만 삼손에게 한 가지 치명적인 약점이 있었는데, 그것은 그가 이성에 약했다는 것이다. 삼손은 들릴라를 보고 사랑에 빠지고 말았다. 그런데 그녀는 삼손이 가진 힘의 비밀을 알아내기 위해 블레셋 사람들이 놓은 덫이었다. 삼손은 마음이 약해진 순간, 모든 비밀을 들릴라에게 털어놓고 말았다. "만일 내 머리가 밀리면 내 힘이 내게서 떠나고 나는 약해져서 다른 사람과 같으리라"(삿 16:17). 삼손이 잠들자, 들릴라는 사람을 불러 그의 머리털을 밀게 했다. 그러자 즉시 그의 힘이 없어졌다(삿 16:19). 아무런 예고도 없이 그의 기름부음과 함께 강인한 육체의 힘도 사라져버리고 말았다.

> 들릴라가 이르되 삼손이여 블레셋 사람이 당신에게 들이닥쳤느니라 하니 삼손이 잠을 깨며 이르기를 내가 전과 같이 나가서 몸을 떨치리라 하였으나 여호와께서 이미 자기를 떠나신 줄을 깨닫지 못하였더라 삿 16:20

이것을 보면, 삼손이 그때까지 아무것도 모르고 있었다는 것을 알 수 있다. 그는 블레셋 사람들에게 붙잡힌 후에야 자신에게서 힘이 없어졌다는 사실을 알게 되었다. "블레셋 사람들이 그를 붙잡아 그의 눈을 빼고 끌고 가사에 내려가 놋 줄로 매고 그에게 옥에서 맷돌을 돌리게 하였더라"(삿 16:21).

어쩌면 삼손의 기름부음은 그의 비밀을 캐내고자 애를 쓰는 들릴라를 가까이하는 동안 알게 모르게 손상되었을지도 모른다. "날마다 그 말로 그를 재촉하여 조르매 삼손의 마음이 번뇌하여 죽을 지경이라"(삿 16:16). 하지만 우리가 확실히 아는 것은 머리털이 밀리자마자 그의 힘이 사라져버렸다는 것이다. 그러나 삼손은 기름부음을 잃고도 그 사실을 바로 깨닫지 못했다.

이런 일을 겪은 사람은 삼손만이 아니다. 많은 사역자들이, 종종 꽤 유명한 사람들까지도 죄와 타협함으로써 기름부음을 잃고도 그 사실을 인식하지 못했다. 그들은 대부분 자신들의 사역이 날로 번창한다는 것을 하나님께서 자신을 인정하시고 기름 부으신다는 증거로 삼는다. 많은 이들이 성적 유혹에 굴복하여 기름부음을 잃고도 아무것도 느끼지 못했다. 빌리 그래함에 의하면, 사단은 최고의 사역자 중 75퍼센트 정도를 성적으로 유혹하여 망하게 한다고 한다.

삼손의 일화는 바울이 말한 성령을 근심하게 하는 일의 구약적 예이다. "하나님의 성령을 근심하게 하지 말라 그 안에서 너희가 구원의 날까지 인치심을 받았느니라"(엡 4:30). 성령께서 근심하실 때, 기름부음은 떠나고 만다. 그러나 대부분 그 당시에는 아무것도 느끼지 못한다. 그러다가 한참 후에야 습관적으로 혹은 자질에 의지하여 사역을 유지해왔다는 사실을 깨닫게 된다.

하나님의 임재

이 책을 쓰게 된 결정적인 계기가 된 이야기는 신약에 나온다. 그것은 바로 요셉과 마리아가 주님을 예루살렘에 남겨두고 떠난 이야기이다.

그의 부모가 해마다 유월절이 되면 예루살렘으로 가더니 예수께서 열두 살 되었을 때에 그들이 이 절기의 관례를 따라 올라갔다가 그 날들을 마치고 돌아갈 때에 아이 예수는 예루살렘에 머무셨더라 그 부모는 이를 알지 못하고 동행 중에 있는 줄로 생각하고 하룻길을 간 후 친족과 아는 자 중에서 찾되 만나지 못하매 찾으면서 예루살렘에 돌아갔더니 사흘 후에 성전에서 만난즉 그가 선생들 중에 앉으사 그들에게 듣기도 하시며 묻기도 하시니 듣는 자가 다 그 지혜와 대답을 놀랍게 여기더라 그의 부모가 보고 놀라며 그의 어머니는 이르되 아이야 어찌하여 우리에게 이렇게 하였느냐 보라 네 아버지와 내가 근심하여 너를 찾았노라 예수께서 이르시되 어찌하여 나를 찾으셨나이까 내가 내 아버지 집에 있어야 될 줄을 알지 못하셨나이까 하시니 그 부모가 그가 하신 말씀을 깨닫지 못하더라 예수께서 함께 내려가사 나사렛에 이르러 순종하여 받드시더라 그 어머니는 이 모든 말을 마음에 두니라 예수는 지혜와 키가 자라가며 하나님과 사람에게 더욱 사랑스러워 가시더라 눅 2:41-52

물론 이 이야기에서 말하고 있는 사람은 예수님이시지 성령님이 아니다. 이야기 속 예수님은 이 땅에서 육신의 부모와 함께 살던 어린 시절의 주님이시다. 하지만 이 일화는, 우리가 성령님께 민감하게 반응하지 않고 우리의 계획대로 살아갈 때 하나님께서 우리와 동행하지 않으실 수도 있다는 사실을 잘 보여준다.

이야기 속에 등장하는 사건은 유월절이면서 예수님의 '바르 미츠바'(Bar Mitzvah)이기도 했다. 이것은 유대사회에서 소년이 성인이 되는 것을 기념하는 공식적인 의식이었다. 물론 예수님께서는 태어나면서부터 사람이 아닌 하나님이셨고, 동시에 하나님이 아닌 사람이기도 하셨다. 하지만, 바로 이날에 이르러 진정 인간으로 오신 하나님이라는 사실이, 특별히 그 사실을 이미 알고 있었던 요셉과 마리에게 증명되었다.

여기에는 예수님께서 자신의 정체성과 사명을 실질적으로 깨닫게 되시는 시점이 언제인지와 관련된 신학적 암시가 들어 있다. 예수님께서 세례를 받으실 때는 이미 모든 것을 알고 계셨던 것이 분명하다(마 3:17). 하지만 누가복음 2장에 소개된 이 사건은, 존 칼빈이 표현했듯이 앞으로 예수님께서 하시게 될 일에 대한 하나의 '전초전'이었다고 보면 된다. 여기 12살의 소년 예수님께서 랍비들 틈에 앉아서 질문하고 대답하시며 듣는 이들을 놀라게 하셨다. 그것은 분명 놀라운 광경이었을 것이다.

하지만 요셉과 마리아는 그것을 놓쳤다. 예수님과 랍비들의 대화는 사흘간이나 계속되었지만, 요셉과 마리아는 그것에 대해 전혀 모르고 있었다. 나중에 천국에 가서 그 사흘 동안 있었던 일들을 다시 볼 수 있다면 얼마나 좋을까!

이 모든 일이 일어난 것은 하나님께서 일하고 계셨기 때문이었다. 예수님께서는 하나님 아버지의 일을 하신 것이다. "내가 진실로 진실로 너희에게 이르노니 아들이 아버지께서 하시는 일을 보지 않고는 아무 것도 스스로 할 수 없나니 아버지께서 행하시는 그것을 아들도 그와 같이 행하느니라"(요 5:19). 예수님께서는 또 이렇게 말씀하셨다. "내가 아무 것도 스스로 할 수 없노라 듣는 대로 심판하노니 나는 나의 뜻대로 하려 하지 않고 나를 보내신 이의 뜻대로 하려 하므로 내 심판은 의로우니라"(요 5:30).

요셉과 마리아가 이 장면을 놓쳤다는 것은 참으로 안타까운 일이다. 이 이야기의 핵심은 다음의 한 구절 안에 모두 들어 있다. "동행 중에 있는 줄로 생각하고 하룻길을 간 후"(눅 2:44). 잔치가 끝나자 요셉과 마리아는 집으로 돌아갔다. 예수님이 뒤에 남아 계셨지만, 그들은 이를 알지 못했다(눅 2:43). 다시 말하면, 그들은 예수님이 자기들과 동행하시는 줄 알았다. 왜냐하면 그들은 주님이 자신들의 생각과 계획에 맞추실 것이라 예상했기 때문이다. 그들이 보기에는 분명 집에 가야 할 시간이었고, 당연히 아들이신 예수님이 그들에게 맞춰야 한다고 생각했던 것이다. 하지만 예수님은 남기로 결정하셨다.

한 성공회 목사가 라디오 방송에 나와 한 이야기를 듣고, 많은 그리스도인들이 충격을 받은 적이 있다. 그는 다음과 같이 말하였다. "성령께서 교회에서 완전히 떠나신다 해도, 오늘날 교회들이 하고 있는 일의 90퍼센트는 아무런 지장을 받지 않을 것이다." 이러한 일은 현재 우리에게도 일어날 수 있다.

요셉과 마리아는 아무 일 없는 듯 제 갈 길을 갔다. 예수님이 뒤에 남으신 것도 모른 채, 주님이 자신들과 함께하신다고 믿었던 것이다.

요셉과 마리아는 매년 유월절을 지켰다. 율법에 충실한 그들은 분명 다른 절기들도 잘 지켰을 것이다(눅 2:39). 그곳의 지리도 잘 알았을 것이고, 아마 다른 순례자들과 함께 예루살렘의 언덕을 오르며 '성전에 올라가는 노래들'(시편 120-134편을 말함)도 불렀을 것이다.

우리는 예수님의 기적적인 탄생으로부터 공생애를 시작하시기까지의 일들을 오직 누가의 기록에 의지하여 알 수밖에 없다. 누가는 이 일들을 마리아로부터 전해 들었을 것이 분명하다(눅 2:51). 우리가 더 많은 사실을 알 수 있다면 좋겠지만, 하나님께서 우리에게 필요한 만큼 알게 하셨다는 것으로 만족해야 할 것이다.

그렇다면 누가는 왜 12살 된 예수님을 데리고 예루살렘으로 올라간 이야기를 기록했을까? 이 이야기가 우리에게 왜 중요할까?

• 그 이유 중 하나가 이 책에서 말하고자 하는 주제이기도 하다. 이 책에서 우리는 성령님께 대한 민감함을 키우는 방법을 알아볼 것이다. 이 훈련은 오로지 성령께서 얼마나 민감하신 분인지를 알아야 가능한 일이다. 예수님의 삶에서 일어난 이 이야기를 통해 주님께 집중하지 않고 성령님께 민감하게 반응하여 우리의 삶을 조정하지 않을 때, 우리가 쉽게 하나님을 앞질러갈 수 있다는 사실을 배울 수 있다. 요셉과 마리아처럼 우리도 주님께서 우리와 늘 함께하신다고 믿었다가 실상은 그렇지 않다는 사실을 나중에야 깨닫게 될 수도 있다. 그러므로 주님께서 우리에게 맞춰주시기를 기대하는 것이 아니라 우리가 그분을 중심으로 사는 법을 배워야 한다.

• 예수님께서 실체로서 임재하신다는 것은 성령께서 직접적으로 나타나시는 것(기름부음)과 유사하다. 이것을 이해하기 위해서는 하나님의 무소부재하심과 그분의 특별한 임재의 차이점을 알아야 한다. 신학

자들은 하나님의 속성을 말할 때 세 가지, 즉 전지(Omniscience), 전능(Omnipotence), 무소부재(Omnipresence)를 말하곤 한다. 이러한 내용들은 실제로 시편에서도 찾아볼 수 있다.

> 내가 주의 영을 떠나 어디로 가며 주의 앞에서 어디로 피하리이까 내가 하늘에 올라갈지라도 거기 계시며 스올에 내 자리를 펼지라도 거기 계시니이다 내가 새벽 날개를 치며 바다 끝에 가서 거주할지라도 거기서도 주의 손이 나를 인도하시며 주의 오른손이 나를 붙드시리이다 시 139:7-8

따라서 어떤 면에서 하나님께서 우리와 함께하시지 않는다는 것은 틀린 말이다. 하나님께서도 말씀하시기를, "내가 결코 너희를 버리지 아니하고 너희를 떠나지 아니하리라"(히 13:5)고 하셨다. 우리는 하나님의 무소부재하심을 절대로 벗어날 수 없다. 하지만 하나님의 특별하신 임재, 즉 기름부음을 잃어버릴 수는 있다. 삼손이 그랬던 것처럼 말이다. 물론 하나님께서 삼손을 완전히 떠나셨던 것은 아니었다(그리고 삼손은 후에 그의 기름부음을 회복할 수 있었다, 삿 16:30).

- 만약 하나님을 앞서나감으로 인해 그분을 뒤에 남겨놓았다는 사실을 발견한다면, 즉시 그분을 찾기 위해 되돌아가야 한다. 요셉과 마리아도 그렇게 했어야 했다. "만나지 못하매 찾으면서 예루살렘으로 돌아갔더니"(눅 2:45).

• 하나님의 특별하신 임재를 잃어버렸다면, 그분을 잃어버린 장소로 되돌아가야 한다. 장소라고 해서 문자적으로 특정한 건물이나 지리적 위치를 의미하는 것은 아니다. 그것은 하나님께서 함께하셨을 때를 상기하고, 그분을 뒤에 남으시도록 한 상황이 무엇이었는지 기억하는 것이며, 하나님께서 함께하신다고 합리화하며 저질렀던 행동들을 재검토하고 회개하는 것이다. 하나님을 찾기 위해서는 현재 그분이 어디에 계신지, 무엇을 하고 계신지를 알아야만 한다. 요셉과 마리아는 예수님을 잃어버렸던 장소인 예루살렘으로 돌아가야 했다. 그들은 그곳에서 주님을 찾을 수 있었고, 그분이 무엇을 하고 계신지를 볼 수 있었다.

• 이 이야기를 통해, 우리는 기름부음을 잃기는 쉽지만 다시 회복하는 것은 쉽지 않다는 것을 알 수 있다. 요셉과 마리아는 하룻길을 떠나 온 후에야 예수님이 일행 중에 없다는 사실을 깨달았다. 그런데 주님을 다시 만나기까지는 사흘이 걸렸다. "사흘 후에 성전에서 만난즉 그가 선생들 중에 앉으사 그들에게 듣기도 하시며 묻기도 하시니"(눅 2:46).

• 우리가 하나님과 동행하지 않고 먼저 길을 떠나버리면, 그분께서 하시는 다음 일을 보지 못하게 된다. 하나님께서는 우리에게 맞춰주시지 않는다. 그분께서는 우리 없이도 얼마든지 일을 계속해 나가신다. "내 아버지께서 이제까지 일하시니 나도 일한다"(요 5:17). 우리가 없다고 하나님 나라의 역사가 멈추는 것이 아니라는 사실을 분명히 깨달아야 한다. 요셉과 마리아는 예수님이 자신들 없이 이렇게 놀라운 일을 할 수 있으리라고 꿈에도 생각하지 못했다. 하지만 주님은 그렇게 하셨다. 예

수님은 이렇게 말씀하셨다. "내가 내 아버지 집에 있어야 될 줄을 알지 못하셨나이까"(눅 2:49).

우리는 이 이야기를 통해, 하나님의 주권적인 영역과 인간으로서 우리가 감당해야 할 책임에 대하여 많은 것을 배울 수 있다. 만약 주님께서 뒤에 남지 않으셨다면, 혹은 요셉과 마리아가 주님과 함께 있었다면, 누가가 이 이야기를 기록할 일은 없었을 것이다.

성경은 구원을 위한 하나님의 주권적 은혜를 단적으로 보여준다. 우리가 선택 받은 것은 우리의 행위대로 하심이 아니요(딤후 1:9), 행위에서 난 것도 아니다(엡 2:8-9). 하나님께서는 영원한 사랑으로 우리를 사랑하신다(렘 31:3). 하나님께서 우리를 더욱 사랑하시도록 혹은 덜 사랑하시도록 할 수 있는 방법은 전혀 없으며, 우리는 그분의 전적인 은혜 안에서 안전하다.

하지만 이것이 다가 아니다. 믿는 자로서 하나님을 기쁘시게 하는 삶을 살기 위해서는 더 알아야 할 것이 있다. 하나님께서는 우리가 그분이 부탁하신 아름다운 것을 지키기를 기대하신다(딤후 1:14). 디모데후서는 계속해서 우리가 어떻게 그렇게 할 수 있는지를 설명하는데, 우리 안에 거하시는 성령으로 말미암아 그렇게 하라고 조언한다. 우리에게 부탁하신 아름다운 것이 바로 특별하신 하나님의 임재, 즉 기름부음이다. 이 기름부음은 구원과는 상관없이 잃어버릴 수 있다. 우리가 천국에 이르도록 책임지시는 분은 하나님이시지만, 우리에게 위탁하신 기름부음은 우리 스스로 성령님의 도움을 받아 잘 지켜야 한다고 경고하시는 것이다.

내가 이 책을 쓰는 것은 요셉과 마리아가 저질렀던 실수를 피해 갈 방법이 없을까 찾아보기 위함이다. 예수님을 남겨두고 먼저 길을 떠난 것과 같은 실수는 어느 부모에게라도 일어날 수 있는 일이다. 주님이 일행 중에 없다는 것을 알았을 때, 마리아는 아마도 부끄러움을 느꼈을 것이다. 속으로 '자식을 더 잘 챙겼어야 했는데'라고 생각했을 것이다. 나는 이 이야기를 통해 우리가 주님을 뒤에 남겨두고 혼자 앞서나가지 않기 위해서 어떻게 해야 하는지에 대한 실마리를 찾아보고자 한다. 나 역시 이와 같은 실수를 수백 번이고 저지른 바 있기 때문이다.

예수님께서 왜 부모에게 말씀드리지 않고 예루살렘에 남으셨는지 그 이유를 다 알 수는 없다. 추측하기로는 아마도 그분의 부르심의 목적이 그것이란 사실을 아셨기 때문일 것이다. 주님께서는 인간적인 지식을 초월하여 행하셔야 할 일이 있었다. 하지만 나는 예수님께서 부모님을 위해 그러셨는지도 모른다고 생각한다. 요셉과 마리아가 아들을 두고 갈릴리로 향했던 이유가 무엇인지도 우리는 알 수 없다. 영적인 관점에서 보자면, 당시 그것은 불가피한 상황이었다. 이처럼 성령님을 근심케 하거나 소멸시킬 수밖에 없는 우리의 성향도 어쩌면 불가피한 것일 수 있다.

그러므로 나는 우리가 성령님보다 앞서가는 실수를 절대로 저지르지 않는 경지에 이르러야 한다고 말하려는 것이 아니다. 요셉과 마리아에 대해서, 혹은 나 자신에 대해서 너무 엄격한 잣대를 들이댈 생각은 없다. 그러니 요셉과 마리아가 그랬던 것처럼, 혹시라도 성령님을 뒤에 두고 앞서나갔다고 해서 죄책감을 느끼지 말기 바란다.

우리 모두에게는 "지나치게 의인이 되지도 말며 지나치게 우매한 자도 되지 말라"(전 7:16)는 조언이 필요하다. 솔로몬의 말을 인용하자면, 주께 범죄하지 않는 사람은 없다(대하 6:36). 시몬 베드로는 자신이 다른 제자들보다 주님을 더 많이 사랑한다고 믿었지만, 어려운 상황에 처하자 그분을 알지 못한다고 부인하였다(마 26:69-75).

우리는 종종 거룩한 성령의 비둘기를 쫓아버리는 실수를 저지르곤 한다. 완벽한 사람은 없다. 칼빈이 말했듯, 모든 성도에게는 흠이 있다. 이 말은 시편 기자가 한 "모든 완전한 것이 다 끝이 있다"(시 119:96)는 말씀과도 일부 상통하는 뜻이 아니겠는가?

그래서 나는 매우 중요한 주의사항 하나를 짚고 넘어가고자 한다. 종종 성령님을 근심케 하지 말아야 한다는 원리를 극단적으로 수용하는, '지나치게 예민한' 양심의 소유자들이 있다. 그들은 불필요한 구속에 묶인 사람들이다. 예를 들어, 성령님을 근심케 하는 것이 두려워서 잠시라도 성령님의 인도하심에 대한 확신이 없으면 아무 일도 하지 않으려는 사람들이 있다. 그들은 어떤 신발을 신을지, 어떤 넥타이를 맬지 혹은 신문을 볼 것인지 말 것인지조차 걱정한다. 심지어 '인도하심'이 없다며 TV도 켜지 못하고, 오락을 즐기는 일이나 농담을 듣고 웃는 일, 고급 식당에서 음식을 사먹는 일도 하지 못한다. 그런데 아이러니하게도 이러한 구속 역시 성령님을 근심케 하는 일이다. 주의 영이 계신 곳에는 자유가 있기 때문이다(고후 3:17). "그리스도께서 우리를 자유롭게 하려고 자유를 주셨으니 그러므로 굳건하게 서서 다시는 종의 멍에를 메지 말라"(갈 5:1).

우리는 얼마든지 성령님을 근심시키지 않기 위해 노력하면서도 인생을 즐기거나 친구들과 떠들며 웃고, 일상적인 일들에 대해 결정을 내릴 수 있다. 하나님은 터무니없는 것을 요구하지 않으시며, 그분의 계명은 '무거운 것'이 아니다(요일 5:3). 이 책은 율법에 얽매일 것을 말하려는 것이 아니다.

대신에 나는 하나님을 더 많이 소유하고, 주님께서 나의 기름부음을 하루하루 확장시켜 주시기를 원한다. 그래서 하나님의 특별하신 임재로 나아갈 수 있는 길을 배우고 싶다.

주님 없이 앞서 행하는 것은 우리가 저지르기 쉬운 실수이다. 우리 모두가 그런 경험을 가지고 있다. 하지만 우리가 지금 갈릴리로 향해 가고 있다면, 하나님께서 다른 곳에서 행하고 계시는 일을 놓치고 있는 것이다. 이러한 일은 우리의 삶을 성령님께 조정하는 법을 배움으로써 피할 수 있다.

Chapter 1
민감하신 성령님

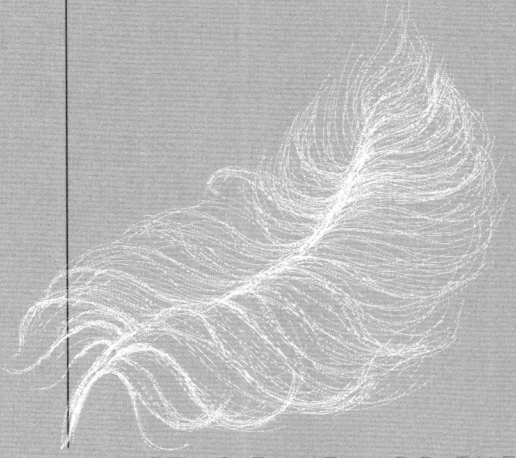

THE SENSITIVITY OF THE SPIRIT

비둘기의 소리가
우리 땅에 들리는구나
(아 2:12)

몇 년 전 샌디와 버니스 부부가 교단으로부터 선교사로 파송을 받아 이스라엘에 갔다. 그들은 예루살렘 근교에서 지내게 되었는데, 처음 이사를 갔을 때 처마 밑에 비둘기 한 마리가 살고 있는 것을 보았다. 예루살렘에 살게 된 것도 영광이었지만, 비둘기가 그 집에 산다는 사실은 그들에게 특별한 기쁨이었다. 그들은 이것을 하나님으로부터 받은 승낙의 표시, 즉 자신들이 있어야 할 곳에 있다는 것에 대한 승인으로 받아들였다.

그러던 어느 날, 샌디는 이 비둘기의 행동 패턴에 특이한 점이 있다는 사실을 발견하게 되었다. 문이 '꽝' 하고 닫히거나 집안에서 시끄러운 소리가 날 때, 혹은 언성을 높이는 일이 있을 때, 비둘기가 불안해하다가 어디론가 날아가 버린다는 것이었다. 한동안 돌아오지 않자, 이들 부부는 비둘기가 영영 떠나버린 것은 아닐까 걱정이 되었다. 그래서 하루는 이 문제에 대해 의논하였다.

"우리가 큰소리를 내거나 문을 세게 닫을 때마다 비둘기가 날아가는 것 당신도 봤지?"

"그럼요, 참 미안하더라구요. 이러다 아주 떠나버리면 어쩌지요?"

"결국에는 비둘기가 우리에게 익숙해지든지, 우리가 비둘기에게 맞추든지 해야겠지."

이 경험을 통해 이들 부부가 깨달은 교훈은 모든 믿는 자들이 천국의 비둘기, 즉 성령님을 모시는 삶에 대해 배워야 한다는 것이었다. 그 이후 그들의 삶은 완전히 달라졌다.

성령이 비둘기 같이 내려

예수님께서 세례를 받으실 때, 성령이 '비둘기 같이 내려 자기 위에 임하심'(마 3:16)을 보셨다. 세례 요한은 이것에 대해 다음과 같이 기록했다.

요한이 또 증언하여 이르되 내가 보매 성령이 비둘기 같이 하늘로부터 내려와서 그의 위에 머물렀더라 나도 그를 알지 못하였으나 나를 보내어

> 물로 세례를 베풀라 하신 그이가 나에게 말씀하시되 성령이 내려서 누구 위에든지 머무는 것을 보거든 그가 곧 성령으로 세례를 베푸는 이인 줄 알라 하셨기에 요 1:32-33

성령님의 인격과 터틀도브(turtledove, 산비둘기[도브]의 일종 - 역주)의 특성에 대해 공부를 하면 할수록 요한이 기록한 것이 얼마나 놀라운 사실인지 깨닫게 된다. 첫째, 비둘기가 스스로 인간에게 내려온다는 것은 아주 드문, 아니 거의 찾아볼 수 없는 일이다. 게다가 비둘기가 내려와서 머문다는 것은 더욱 신기한 일이다. 세례 요한이 비둘기의 특성에 대해 이미 잘 알고 있어서 하나님께서 신약에 나오는 성령의 첫 상징물로 비둘기를 사용하셨는지는 잘 모르겠다. 하지만 분명한 것은, 요한이 비둘기 같은 성령이 내려와서 예수님 위에 머무는 것을 보고 '그가 하나님의 아들이심'(요 1:34)을 단번에 알아차렸다는 것이다.

여기에서 중요한 단어는 '머물렀더라'이다. 성령께서 예수님 위에 머무셨다. 나에게도 이따금씩 성령께서 오시지만, 오래 계시지는 않는다. 마틴 로이드 존스는 '성령님은 걸어오셨다가 말을 타고 떠나신다'는 한 청교도의 말을 인용하곤 했다. 그만큼 성령님은 매우 민감하시며, 작은 일에도 슬퍼하시는 분이다.

하지만 일단 내려오셔서 함께하실 때 느껴지는 그분의 임재는 말할 수 없이 좋다. 하늘로부터 비둘기가 내려와 내 위에 함께하실 때만큼 평안하고 경이로운 순간은 없다. 그분이 함께하시면, 평안할 뿐만 아니라 현명해지고 생각이 맑아진다. 용기와 자신감이 생기며, 하나님께서 전적으로 다스리고 계심을 느낄 수 있다. 두려워할 것도, 두려워질까 조바심을 낼 필요도 없다. 시편 기자의 표현대로 흉한 소문을 두려워하지 않는다(시 112:7). 이러한 경험을 묘사한다는 것은 불가능한 일이지만, 찬송가 '영광스럽도다 참된 평화는'(Like a River Glorious)의 가사가 비교적 잘 표현하고 있다.

주의 은혜의 품 안에 나 숨기어 있으니
나를 맞설 원수도, 훼방하는 자도 없도다
평안한 내 영혼 주를 의지하니
세상풍파 근심걱정 나를 해치 못하네[1]

성령의 비둘기

성령께서는 왜 오래 머물지 않으실까? 비둘기 중에서 도브는 아주 겁이 많고 과민하기까지 하다. 공원에서 사람들이 주는 모이를 주워 먹는 피죤과 달리 도브의 일종인 터틀도브는 절대 사람들이 많은 도시에 날아오지 않는다.

피죤과 도브 둘 다 같은 비둘기목 동물이지만, 성경에서는 이들을 집비둘기와 산비둘기로 구분하고 있다(레 12:8). 이 두 가지 모두 제사에 사용되었는데, 양과 염소가 화목제의 제물로 사용된 것과 같은 맥락이다(레 3장). 요셉과 마리아는 예수님이 태어나자마자 정결예식을 치르기 위해 예루살렘 성전에 제물을 들고 갔는데, 그것이 피죤이었는지 도브였는지는 나와 있지 않다(눅 2:24).

이 둘은 여러모로 비슷해 보이지만, 서로 다르다. 성경에서는 성령께서 '피죤' 같이 내려오셨다고 하지 않았다. 만약 피죤이 사람에게 내려와 머물렀다고 했다면, 하나도 특별할 것이 없었을 것이다. 왜냐하면 그것이 워낙 사람을 어려워하지 않기 때문이다.

1973년에 영국으로 이주한 후, 런던의 트라팔가 광장에 비둘기 모이를 주러 간 적이 있다. 나는 당시 7살이었던 아들의 양 팔에 네 마리, 머리 위에 한 마리의 비둘기가 앉아 있는 사진을 아직도 가지고 있다. 이처럼 사람을 두려워하지 않는 이 비둘기는 피죤이다. 만약 이들이 도브였다면, 그렇게 사진을 찍을 수 없었을 것이다.

우리 가족은 지금 런던 중심가에 살고 있는데, 피죤들이 아침부터 침실 창가에 모여 앉아 '구구' 거리며 우는 통에 잠을 깨곤 한다. 이런 이유로 매년 봄이면 이 녀석들이 아예 접근하지 못하게 할 방법을 고민하느라 골치가 아플 지경이다. 아내 루이스는 창을 열고 빗자루나 대걸레로 녀석들을 쫓아본다. 하지만 이 피죤들은 우리가 가하는 어떠한 위협에도 전혀 영향을 받지 않는 듯하다. 정말 얄미운 녀석들이다.

나는 피죤과 도브에 대해 더 자세히 알아보기로 마음먹었다. 백과사전에는 나오지 않지만, 이 둘 사이에는 분명 다른 점이 있을 것이라 믿었기 때문이다. 최소한 성격상의 차이라도 있을 것이 분명했다. 하지만 나에게는 그것을 증명할 어떠한 단서나 경험도 없었다. 샌디와 버니스가 특별히 조심하며 떠나보내고 싶어 하지 않았던 것도 피죤이었을 것이다. 피죤은 대부분 주위환경에 잘 적응한다. 트라팔가에 있던 비둘기들도 그랬다. 하지만 도브는 전혀 다르다.

1999년 8월에 미국을 방문했을 때, 피죤과 도브에 대해 좀더 알게 되는 기회가 찾아왔다. 당시 나는 《내일의 기름부음》에서 거명한 바 있는 오클라호마에 사는 피트 캔트렐이라는 친구로부터 자신이 다니는 교회에 와서 설교를 해달라는 초청을 받았다.[2] 우리 부부가 도착하자, 피트는 내게 자신의 비둘기들을 보여주겠다고 했다. 놀랍게도 피트는 오래 전부터 피죤과 도브를 키워오고 있었다. 체로키 인디언의 혈통을 이어받은 피트는 비둘기에 대한 사랑도 함께 물려받았다. 심지어 피트의 가운데 이름인 그레이슨(Grayson)도 '그레이슨도브'(grayson dove)의 이름을 따서 지은 것이라고 한다.

그 일은 나에게 매우 놀랍고 반가운 일이었다. 나는 피트에게 내가 얼마나 피죤과 도브에 관심이 많은지 이야기했다. 그리고 피죤과 도브를 같은 새로 취급한다는 사실이 이해가 되지 않는다고도 말했다. 그동안 내가 만난 모든 조류전문가들이 피죤과 도브 사이에 특별히 차이가 없다고 주장했기 때문이다. 단, 피죤과 터틀도브를 비교하면 약간의 차이가 발견된다는 사실에 대해서는 모두 인정했다.

피죤과 도브에도 각각 수많은 종류들이 있는데, 피트 캔트렐 역시 터틀도브는 다르다고 했다. "피죤은 매우 강한 귀소본능을 가지고 있지만, 터틀도브는 전혀 그렇지 않습니다. 그런 점에서 이들을 같은 그룹에 넣는 것이 옳은가 하는 의문이 들 때가 있습니다." 이것은 지난 50년간 도브와 피죤을 직접 돌보며 키워온 피트가 한 말이다.[3] 피트가 관찰한 바는 다음과 같다.

- 터틀도브는 절대 싸우지 않는다. 하지만 피죤은 항상 서로 싸운다. 피트는 자신이 키우는 터틀도브들은 언제나 조용하고 순하며, 우는 소리도 부드럽고 아름다워 듣기 좋다고 했다. 반면 피죤의 울음소리는 호전적이고 시끄러워 듣기 괴롭다고 한다.

- 터틀도브는 소음을 싫어한다. 그러나 피죤은 시끄러운 것을 크게 개의치 않는다.

- 터틀도브는 사람을 두려워하지만, 피죤은 두려워하지 않는다.

- 터틀도브는 텃세를 부리지 않는다. 즉 어떤 영역을 자기 구역이라고 우기지 않는다. 반면에 피죤은 텃세가 매우 강하고, 좋은 자리에 앉기 위해 약자를 괴롭히기도 한다.

- 터틀도브는 훈련되거나 길들여지지 않지만, 피죤은 귀소본능을 가지고 있어서 훈련이 가능하다. 심지어 피트는 "뉴욕 시 한가운데 빨간 상자를 두고 피죤 한 마리가 그 속에 들어가도록 훈련시킬 수도 있다"고 했다.

- 터틀도브는 한 번 새장을 떠나면 먹이가 전혀 없지 않는 한 절대 새장으로 다시 돌아오지 않는다. 피트는 이렇게 말했다. "예전에 50마리의 하얀 터틀도브를 풀어줬던 적이 있었어요. 먹이 때문에라도 돌아오지 않을까 해서요. 그런데 한 마리도 돌아오지 않았어요. 그러던 어느

날 같은 동네에 사는 친구들에게서 전화가 오기 시작했어요. 내가 풀어 준 터틀도브들이 자기들 정원에 날아와 있다고 말이죠." 피트는 12마리의 피존을 내 앞에서 날려 보냈다. 새장이 열리자마자 녀석들은 하늘로 높이 날아올랐다. 하지만 피트가 신호를 보내자마자 녀석들은 순식간에 모두 돌아왔다.

피트의 설명을 듣고 보니, 노아가 방주에서 도브를 날려 보낸 일을 더 잘 이해할 수 있었다. "온 지면에 물이 있으므로 비둘기가 발 붙일 곳을 찾지 못하고 방주로 돌아와 그에게로 오는지라 그가 손을 내밀어 방주 안 자기에게로 받아들이고"(창 8:9). 두 번째로 날려 보냈을 때 입에 감람나무 잎사귀를 물고 돌아온 도브는 물이 다 빠진 후에 다시 날려 보내자 방주로 돌아오지 않았다(창 8:12).

• 터틀도브는 오직 한 마리와 짝을 짓는다. 피트에 의하면 도브는 평생 한 마리하고만 짝이 되지만, 피존은 때론 한 마리 이상과 짝을 짓기도 한다.

피존과 도브에 관한 이야기를 나눈 후, 피트는 이렇게 덧붙였다. "피존은 절대 성령의 상징이 될 수 없어요. 그렇게 시끄럽고 수선스런 녀석에게 사랑의 노래가 어울리기나 하겠습니까?"

어쩌면 피존과 도브를 비교하고 묘사하는 중에 유추가 다소 비약되었거나 지나치게 단순화하는 실수를 범했을 수도 있다. 또한 피존과 도브 모두 종류가 다양하며, 터틀도브 역시 한 종류만 있는 것은 아니다. 나는 이와 관련해서 논란을 일으키고 싶은 생각은 없다. 하지만 나는 우리가 일반적으로 알고 있는 피죤과 성령님을 상징하는 새로 확실시되는 터틀도브 사이에는 분명 뚜렷한 기질상의 차이점이 있다고 믿는다.[4]

오래 전 켄터키의 루이스빌에 있는 남침례신학교를 다닐 때 고고학 수업을 들었는데, 수업의 일환으로 이스라엘로 여행을 간 적이 있다. 웨스턴 월(Western Wall, 일명 '통곡의 벽')을 향해 걸어가던 중 한 이스라엘 사람이 말하기를 통곡의 벽에 난 틈에 가끔 도브가 내려와 앉아 있는 광경을 볼 수 있다고 했다. 그 이야기를 듣고 통곡의 벽에 다가갔을 때, 때마침 새 한 마리가 앉아 있는 것이 보였다. 나는 당연히 그것이 도브일 거라 믿고, 굉장히 기뻐하며 영광으로 여겼다! 서둘러 사진까지 찍은 나는 그것을 연구과제로 삼기로 했다. 그런데 나의 기쁨은 곧 사라지고 말았다. 지도교수가 내게 그 사진을 다시 한 번 잘 살펴보라고 하였다. 이럴 수가! 다시 살펴보니, 그것은 도브가 아니라 피죤이었다! 도브가 통곡의 벽을 찾아오기는 하지만, 그날은 아니었던 것이다.

오랫동안 평화의 상징으로서 온유하고 부드러운 동물로 알려져 온 도브는 하나님께서 성령의 상징으로 정하셨다. 예수님께서는 도브가 '순결'(innocent)하다고 묘사하셨다(마 10:16, 킹제임스성경에서는 'harmless'로 묘사하였다). 마태가 사용한 단어는 헬라어 '아케라이오스'(akeraios)에서 유래된 것으로, 고대에서는 이 단어를 '원래의 상태로 전혀 손상됨 없는 순수함 혹은 도덕적으로 결백함'으로 이해하였다. 터틀도브가 주로 중앙아시아에서 서식하는 것으로 미루어 보아, 성경에 등장하는 도브가 터틀도브일 가능성은 매우 높다.

성령의 열매 중 하나는 '온유'(gentleness)이다(갈 5:23). 바울은 "너희 관용(gentleness)을 모든 사람에게 알게 하라"(빌 4:5)고 가르친다. 또한 야고보는 "오직 위로부터 난 지혜는 첫째 성결하고 다음에 화평하고 관용하고 양순하며 긍휼과 선한 열매가 가득하고 편견과 거짓이 없나니"(약 3:17)라고 말한다. 바로 이런 것들이 하늘의 비둘기가 우리와 함께 할 때 드러나는 성품들이다.

예루살렘 통곡의 벽에서 그 새가 피죤인 줄도 모르고 사진을 찍었다는 사실이 얼마나 창피하고 부끄러웠는지 모른다. 아마도 이스라엘 사람들에게서 들은 도브 이야기가 내 머리에 각인이 되어 그랬던 모양이다. 나는 그것이 피죤일 것이라고는 생각지 못했다. 사전에 입수한 정보 때문에 얼마나 기대가 앞섰던지, 나는 당연히 도브를 본 것이라고 속단한 것이다.

피죤신앙

우리는 영적인 삶에서도 얼마나 자주 피죤을 도브로 착각하는지 모른다. 도브가 내려왔다고 서둘러 판단하지만, 조금 더 객관적으로 점검했을 때 피죤에 불과한 것일 수도 있다. 나는 이것을 '피죤신앙'(진정한 성령의 역사하심을 흉내낸 모조품과 같은 신앙 – 역주)이라 명명하려 한다.

피트 캔트렐이 터틀도브와 피죤의 차이점에 대해 설명해준 그날 밤, 우리는 거실에 앉아 기독교 방송을 시청하였다. 한 노련한 목사가 시청자들에게 재정적 후원을 독려하는 장면을 보면서, 나는 다시 도브와 피죤에 관한 이야기를 떠올렸다. 그리고 나부터 성령님께 대해 둔감해지지 않기를 기도하면서, 오늘날 우리가 성령의 임재하심이라고 믿는 많은 것들이 실상은 피죤신앙에 지나지 않는 것이 아닌가 생각했다.

진정한 성령의 임재는 우리가 믿고 싶은 만큼 그렇게 흔치 않다는 것이 나의 생각이다. 또한 나는 많은 사람들이 이 주제에 관해 너무나 엉성한 지식을 가진 나머지, 성령께서 얼마나 민감하신 분인지를 완전히 잊고 있는 것은 아닌지 염려스럽다.

물론 나도 이 점에 관해 그리 떳떳한 사람은 아니다. 예를 들면, 나 역시 남의 험담을 하는 사람들과의 대화에 여러 차례 동참한 적이 있다. 지나고 나서야 성령님을 근심케 하는 행동을 했다는 것을 깨달은 적도 있고, 또 성령님을 기쁘시게 했어야 했는데 그러지 못한 적도 많았다. 우리는 누구나 할 것 없이 하나님의 축복을 받기 원한다고 말하고, 게다가 어떤 이는 공식적으로 그것을 선포하기도 한다. 그러나 그러고 나서는 성령님을 근심케 하는 말이나 행동에 관해서는 별다른 주의를 기울이지 않기 일쑤다. 심지어 위치나 직임이 높으면 말조심을 할 필요도 없다고 생각하는 듯하다. 하지만 엄연한 진실은, 하나님께서는 우리가 어떤 위치에 있건 누구이건 간에 우리를 위해 그분의 법을 굽히시지 않는다는 것이다.

나는 이 점이 오늘날 우리의 신학과 성령님에 관한 이야기 속에서 간과되고 있다고 생각한다. 어쩌면 오늘날 우리 개인의 삶과 교회 안에 진정한 능력이 결핍되어 있는 이유가 여기에 있을지도 모른다. 나중에 천국에 가서 우리가 하나님의 능력이라고 주장했던 수많은 일들과 우리와 함께 했던 것이 도브가 아니고 도브를 닮은 피죤에 불과했다는 것을 알게 된다면 어떻게 할 것인가?

성경에 나오는 성령님의 상징에는 도브만 있는 것은 아니다. 추론과 비교가 다소 비약될 여지는 있지만, 내가 이 책을 쓰는 데는 한 가지의 목적만 있는 것은 아니다. 나는 성령님에 대한 지식에 있어서 오랫동안 간과되어 왔던 부분들을 메워 보고자 하는 목적과 아울러, 또한 도브와 성령님을 상징하는 또 다른 것들, 즉 불, 물, 기름 그리고 바람 사이에 어떠한 관계가 있는지 알아보길 원한다.

예수님 위에 머문 도브 이야기는 우리에게 무엇을 말해주는가? 그리스도인으로서 우리의 정체성은 무엇인가? 우리가 진정 예수님처럼 닮아가길 원한다면, 이러한 부분에 있어서도 그분을 닮아가고 싶어 하는 것이 옳지 않을까?(빌 2:5-11) 우리가 하나님께 잊혀진 어제의 사람이 아니라 오늘 하나님께 쓰임 받고 내일을 위해 준비되는 사람이길 원한다면, 바람과 불의 성령께 집중함은 물론이요 성령님의 민감하심에 대해서도 철저히 주의를 기울임으로써 하나님의 기름부음을 극대화하는 것이 당연한 일이다.

물론 누구나 성령의 불이 우리 삶에 임하기를 원한다. 이를 위해서는 먼저 성령님을 존엄하시고 고결한 한 분의 인격으로 존중해드리고, 그분을 우리의 목적 실현을 위해 이용하는 것이 아니라 그분 자체를 알기에 힘써야 한다. 우리는 그분을 아는 만큼 성령의 불을 사모하게 될 것이다.

> 불꽃과 같은 주 예수여
> 소멸하는 불, 불을 내려주소서!
> 보혈로 사신 은혜를 우리가 받았으니
> 불을 내려주소서!
> 기다리고 있는 이 무리를 굽어보사
> 약속하신 성령을 우리에게 보내주소서
> 오순절을 다시 기대하오니
> 불을 내려주소서!5)

민감한 영

우리는 교회에 불과 함께 크고 강렬한 바람이 임하길 원한다. 나는 더 많은 능력과 기름부음을 받으려면, 성령님께 더욱 민감해져야 한다고 생각한다. 그런 점에서 나는 도브가 불로 이어지는 고리가 아닐까 생각한다.

'민감함'(sensitivity)이라는 단어는 두 가지의 의미를 가지고 있다. 하나는 '본질상 다치기 쉬운 성향'이라는 뜻이고, 또 하나는 '다른 사람의 감정과 필요를 잘 아는 능력'이라는 뜻이다. 성격상 다치기 쉽다는 것은 어떻게 보면 약점이다. 지내다 보면, 혹시라도 감정을 상하게 할까 싶어서 늘 신경써서 조심스럽게 대해야 하는 사람들이 있다. 두 번째 의미, 즉 다른 사람의 감정에 민감하다는 것은 하나의 강점으로, 우리 모두 이 부분에 대해 더 훈련되어야 한다.

성령의 민감하심에 대해 이야기할 때, 우리는 이 두 가지 의미를 동시에 살펴보아야 한다. 성령님의 성격이 이러하시다는 것이 마음에 들지 않을 수도 있겠지만, 우리가 좋건 싫건 간에 성령께서는 터틀도브와 같아서 평안함이 사라지면 떠나신다. 반면에 성령께서는 동일하게 우리의 감정에 대해서도 매우 민감하시다. 한마디로 성령님은 매우 인격적이시다.

내가 이 책에서 분명히 말하고 싶은 요점은 두 가지이다. 첫째는, 성령님의 민감하심이다. 이것은 그분의 수동적인 감정에 관한 것으로, 그분이 근심케 되었을 때 얼마나 예민하신가 하는 것이다. 이러한 성격 때문에 도브가 날아가 버리듯 성령께서도 우리를 떠나시는 것이다. 우리가 이러한 성령님의 민감하심에 주의를 기울인다면, 무엇이 그분을 슬프시게 하는지, 어떻게 그것을 피할 수 있는지 알 수 있다. 또한, 그분과의 친밀함을 누리기 위해서 우리가 그분께 맞춰야 한다는 사실도 배우게 될 것이다.

둘째는, 우리가 성령님께 대한 민감함을 키우는 것의 중요성이다. 우리는 그분의 뜻과 목소리에 귀를 기울여야만 한다. 만약 우리가 성령님께 대한 민감함을 훈련한다면, 그분께서 말씀하실 때 들을 수 있고, 결과적으로 그분을 근심시키는 일을 하지 않게 될 것이다. 그럴 때, 하나님의 영광이 우리의 삶과 교회 가운데 현현하는 것을 보게 될 것이다.

성령님에 관하여

성령님은 삼위일체 하나님의 세 번째 위격이시다. 따라서 그분을 '그것'으로 불러서는 안 되며, 성령께서 성부나 성자에 비해 덜 신성하시다고 생각해서도 안 된다. 예수님께서 하나의 인격체이셨던 것처럼 성령님도 인격체이시다.

예수님께서는 성품을 가지고 계셨다. 주님께서 이 땅에 계실 때, 제자들은 그분의 목소리와 피부색깔, 머리칼과 눈동자 색깔을 알았고 그분의 신장이 어느 정도였는지, 어떻게 생기셨는지도 알았다. 예수님과 오랜 시간 함께 지낸 제자들은 그분의 성격을 알고 있었다. 하나님께서 성령을 한량없이 주셨기 때문에, 예수님께서는 성령의 모든 열매들을 완벽하게 맺으실 수 있었다(요 3:34).

성령께서 내려오셔서 예수님 위에 머무셨다는 사실을 통해, 우리는 성령에 대해서만 아니라 예수님에 대해서도 많은 것을 알 수 있다. 성령님은 예수님과 매우 편안한 관계를 맺고 계셨으며, 두 분은 서로에게 맞추셨다. 예수님께서는 부드러운 성령님을 떠나시게 할 만한 어떠한 악함이나 미움, 원한, 두려움이나 앙심을 품지 않으셨다. 마태의 표현대로 주님은 '마음이 온유하고 겸손하셔서'(마 11:29) 누구와도 다투거나 큰 소리를 내지 않으셨고, 상한 갈대를 꺾지 않으셨으며(마 12:20), 아무도 해치지 않으셨다.

대제사장들과 바리새인들의 명령을 받은 사람들이 예수님을 붙잡으러 왔을 때, 주님 위에 임한 기름부음과 임재 때문에 아무도 손을 대지 못했다. 지도자들이 왜 예수님을 검거하는 일에 실패하였냐고 묻자 그들은 이렇게 말했다. "그 사람이 말하는 것처럼 말한 사람은 이때까지 없었나이다"(요 7:46).

그렇다면 성령님의 성격과 인격은 어떠하실까?

성령님은 근심하실 수 있다

사도 바울은 이렇게 권고한다. "하나님의 성령을 근심하게 하지 말라 그 안에서 너희가 구원의 날까지 인치심을 받았느니라"(엡 4:30). 성령님은 감정을 가지고 계셔서 우리의 행동으로 인해 근심하시거나 감정을 다치실 수 있다. '근심하게 하다'로 번역된 헬라어 '뤼페오'(lupeo)는 '뤼피'(lupee)라는 단어에서 유래되었는데, 이 단어의 뜻은 '고통' 혹은 '슬픔'으로 기쁨의 반대말이다.

사도 바울에 의하면 성령님은 소멸되실 수도 있다. "성령을 소멸하지 말며"(살전 5:19). '소멸하다'는 헬라어로 '스벤뉘미'(sbennumi)이며, '끄다'라는 뜻을 가지고 있다. 고대 헬라 사회에서 이 단어는 일반적으로 불이나 타는 무언가를 끄는 것을 의미했다. 오순절 날 성령께서 다락방에 모여 있는 사람들에게 '불의 혀'처럼 임하셨다(행 2:3). 그런데 바울이 성령을 소멸하지 말라고 경고했다는 것은, 때로는 성령의 불이 꺼지기도 한다는 것을 의미한다.

예수님께서 가버나움에서 기적 행하기를 거절하신 이유도 어쩌면 여기에 있는지도 모른다. 마태복음 13장 58절에서 '그들이 믿지 않음으로 말미암아' 거기서 많은 능력을 행하지 않으셨다고 했다. 이 구절에는 주님께서 초자연적인 능력을 행하려 하실 때, 사람들이 믿지 않음으로 성령의 불이 소멸되었다는 의미가 내포되어 있다.

성령께서 언제 근심하시고, 언제 소멸되는지 그 차이점을 알기는 쉽지 않다. 그러나 잘 살펴보면, 이 두 가지 사이에 미묘한 뉘앙스의 차이가 있다는 것을 발견할 수 있다. 성령님을 근심하게 한다는 것은 성령님의 성품과 어울리지 않는 일을 우리가 저질렀을 때의 상황과 연관이 있다. 반면에 성령을 소멸한다는 말은 우리를 통해 하시고자 하는 성령님의 일을 방해하는 행동들과 연관되어 있다.

성령께서 우리 안에서 근심하지 않으실 때, 우리는 갈라디아서 5장 22-23절에 나오는 '성령의 열매'들을 맺음으로써 그분의 성품을 드러내 보이게 된다. 이때 나타나는 성령님의 성품은 사랑과 희락과 화평과 오래 참음과 자비와 양선과 충성과 온유와 절제이다. 우리 안에 거하시는 성령님을 근심하게 하지 않으면, 우리도 예수님처럼 이러한 열매들을 맺게 될 것이다. 또한 성령께서 우리 안에서 소멸되지 않으실 때, 우리는 각자 성령의 은사(고전 12:8-10)를 따라 하나님의 능력을 행하게 된다.

물론 성령께서 근심하시는 것과 소멸케 됨이 동시에 나타날 수도 있다. 때론 이 두 가지 상황이 매우 유사해 보이기 때문에 지나치게 구분하려고 해서는 안 된다.

성령님을 근심하시지 않게 하는 것은 '예수님의 성품'을 닮아가는 과정이다. 그러나 대부분의 사람들이 기적과 이적을 통해 하나님의 능력을 맛보는 것에 대한 열망이 커서, 성령을 소멸케 하는 행위에 더 많은 관심을 갖는 경향이 있다. 이처럼 성령의 은사에 대해서만 지나치게 많은 관심을 갖는 그리스도인들은 정결함보다는 능력을, 온유함과 자비로움보다는 기적과 이적을 추구한다. 따라서 정결함이나 온유함, 자비로움과 같은 것들은 사람들에게 잊혀진 기름부음이 되어버렸다.

그러나 기름부음은 성령님의 성품과 능력이 하나되어 나타나야 한다. 우리는 예수님의 능력을 드러내기 위해 노력하는 것만큼 그분의 성품을 닮기 위해서도 노력해야 한다. 나는 우리가 안으로부터 시작해야 한다고 믿는다. 먼저 우리가 삶 가운데 성령님을 근심하시지 않도록 훈련한 다음에야 그분의 능력을 세상에 드러낼 수 있다. 물론 하나님께서 주권적이기 때문에 하시고자 하는 일을 언제라도 그분의 뜻에 따라 변경하실 수 있다. 하지만 우리가 성령의 비둘기가 우리 위에 항상 머물러 있기를 기대한다면, 먼저 비둘기가 머물러 있을 수 있는 성품이 되는 것이 마땅하다고 할 것이다.

어쩌면 교회들이 성령의 민감하신 성품을 간과한 결과, 오늘날 우리가 아무렇지도 않게 예수님 없이 길을 떠나게 된 것이 아닌가 생각해 본다. 우리는 주님께서 함께하시지 않는데도 그분이 항상 우리와 함께하신다고 믿으며, 우리 곁에 계시는 것을 당연한 것으로 여긴다. 그러나 예수님께서도 한 인격체로서 그분만의 존엄성을 가지고 계시기 때문에, 우리가 무슨 일을 하고자 할 때 그분의 의향이 존중되고 인정받기를 원하신다. 우리는 이 사실을 잊어선 안 된다.

그렇기 때문에 우리에게 필요한 것이 바로 성령님께 대한 민감함이다. 이 말은 그분의 일하시는 방식에 민감하여 하나님을 기쁘시게 하는 일을 하는 것과 성령께서 조금이라도 임재를 거두실 때 그것을 즉각적으로 민감하게 알아차리는 것을 의미한다. 주님의 임재가 떠난 후, 그것을 얼마나 신속하게 인식하느냐가 그 사람이 얼마나 성령님과 친밀한가를 말해주는 척도라고 할 수 있다. 성령께서는 "그들이 내 길을 알지 못하는도다"라고 하셨다.

> 그러므로 성령이 이르신 바와 같이 오늘 너희가 그의 음성을 듣거든 광야에서 시험하던 날에 거역하던 것 같이 너희 마음을 완고하게 하지 말라 거기서 너희 열조가 나를 시험하여 증험하고 사십 년 동안 나의 행사를 보았느니라 그러므로 내가 이 세대에게 노하여 이르기를 그들이 항상 마음이 미혹되어 내 길을 알지 못하는도다 하였고 내가 노하여 맹세한 바와 같이 그들은 내 안식에 들어오지 못하리라 하였다 하였느니라 히 3:7-11

그렇다면 이러한 성령님의 성품에 대해 변덕스럽다고 비난할 수 있을까? 전혀 그렇지 않다. 물론 우리의 시각으로는 그렇게 보일 수도 있다. 하지만 하나님께서는 무슨 일을 하시든 언제나 타당한 이유를 갖고 계신다. 하나님께서 모세에게 약속하시기를, "나는 은혜 베풀 자에게 은혜를 베풀고 긍휼히 여길 자에게 긍휼을 베푸느니라"(출 33:19)고 하셨다. 성령께서는 언제나 일체이신 하나님을 반영하신다. "바람이 임의로 불매"(요 3:8, 예수님께서 성령을 빗대어 하신 말씀)라는 구절이 있기는 하지만, 성령께서는 어떠한 일도 '스스로'(요 16:13) 하지 않으시며, 언제나 하나님

아버지의 뜻을 반영하신다.

    시편 기자는 두 번째 위격이신 예수님에 대해 다음과 같이 기록하였다. "그의 아들에게 입맞추라 그렇지 아니하면 진노하심으로 너희가 길에서 망하리니 그의 진노가 급하심이라 여호와께 피하는 모든 사람은 다 복이 있도다"(시 2:12). 예수님과 마찬가지로 성령께서도 갑작스럽게 근심하실 수 있다. 하지만 결코 이유 없이 그러시지는 않는다. 성령의 기름부음을 원한다면, 우리는 목소리를 낮추고 그분께 맞춰야 한다. 이것이 바로 '그분의 길을 아는 것'이다.

그분의 길을 배우는 것

    부끄러운 고백이지만, 성령님에 대한 이러한 관점에 대해 나는 목회를 시작한 지 한참이 지나고 나서야 알게 되었다. 당시 내가 가지고 있던 성령에 대한 이해는 교리상 '바람직한' 것이었지만, 다분히 구원론적인, 즉 구원론을 인정하는 것과 관련된 영역에서만 성령을 적용하는 입장이었다. 다시 말해서 성령의 주요역할이 복음을 인정하게 하시는 것, 예수님께서 십자가에서 우리를 대신하여 죄에 대한 대가를 치르셨다는 복음을 성령님의 도우심이 없으면 아무도 믿을 수 없다는 것에만 국한되어 있었다.

    예수님께서도 이것에 대해 다음과 같이 언급하셨다. "나를 보내신 아버지께서 이끌지 아니하시면 아무도 내게 올 수 없으니"(요 6:44). 이것을 보더라도, 사람의 눈과 마음을 여는 것은 오직 성령께서만 하실 수 있는 일임에는 분명하다.

그러던 어느 날, 나는 매우 특별한 경험을 하게 되었다. 1955년 10월 31일 월요일 아침, 차를 몰고 가던 중 하나님의 영광이 차 안을 가득 채우더니 나의 영혼과 삶을 순식간에 바꿔놓는 일이 일어났다.[6] 성령께서 실제로 그곳에 나타나신 것이다. 그것은 복음을 인정하는 정도의 일이 아니라 성령께서 친히 피부로 느낄 수 있도록 내려오신 사건이었다. 그 느낌은 너무나 강력한 것이어서 그때 만난 예수님은 그 무엇보다 훨씬 더 실제적으로 느껴졌다.

하지만 이 경험에 대한 기억은 시간이 지나면서 흐릿해졌다. 시간이 흘러 1977년부터 1981년까지 매주 정기적으로 마틴 로이드 존스 목사를 만나게 되면서, 하나님의 임재를 다시 한 번 체험하고 싶다는 강렬한 욕구가 생겨나기 시작했다. 나는 마틴 로이드 존스에게 그런 나의 마음을 토로하곤 했다. 단순히 바람직한 교리를 아는 것만으로는 부족했다. 내가 원하는 것은 그 이상이었다. 그리고 그즈음 우리가 얼마나 쉽게 성령님을 근심하게 하는지 처음으로 알게 되었다.

그래서 나는 모든 일에 완벽을 기하기 위해 정말이지 아주 많은 노력을 했다. 기도도 더 많이 하기 시작했다. 그러다 보니 누구라도 나의 기도시간을 방해한다 싶으면(그 사람이 가족일지라도), 무척 화가 났다. 그러나 성령께서는 이러한 나의 노력에 대해 기특해하신 것이 아니라, 오히려 나를 떠나셨다. 그것이 하나님을 기쁘시게 하지 못했던 것이다.

나의 동기가 아무리 성령님을 근심하지 않도록 하는 것이었다 하더라도, 하나님께서는 누구에 대해서도 예외를 두지 않으셨다. 선한 의도로 행하는 일이라도, 그것이 하나님의 말씀을 벗어나면 오히려 성령을 근심케 하는 일이 되는 것이다. 이런 일을 반복해서 겪으면서 깨닫게 된 것이 있다. 그것은 성령께서 나에게 맞춰주지 않으시며, 내가 그분께 맞춰야 한다는 것이다. 그리고 주저 없이 말하지만, 그렇게 한다는 것은 결코 쉽지 않다.

오히려 세상에서 가장 하기 쉬운 일이 성령님을 근심케 하는 일이라고 말하고 싶다. 화내고 불평하고 미워하는 일이 우리에게 너무나 자연스럽지 않은가? 바울은 에베소서 4장 30절에서 성령님을 근심케 하지 말라고 한 뒤, 연이어 이렇게 말한다.

> 너희는 모든 악독과 노함과 분냄과 떠드는 것과 비방하는 것을 모든 악의와 함께 버리고 서로 친절하게 하며 불쌍히 여기며 서로 용서하기를 하나님이 그리스도 안에서 너희를 용서하심과 같이 하라 엡 4:31-32

악독을 제거하라

바울은 악독을 버려야 할 첫 번째 항목으로 꼽았다. 악독 혹은 원망은 성령님을 근심하게 하는 대표적인 것이다. 원망하는 마음이 싹틀 때는, 항상 우리 입장에서 보기에 그럴 만한 정당한 이유가 있다. 그래서 우리는 성령님을 근심하게 하면서도 그 사실을 인식하지 못하는 경우가 많다. 그러면 성령께서는 아무런 예고 없이 조용히 떠나가신다.

우리의 악독 때문이든지 혹은 다른 이유로든지 간에, 우리는 주로 성령께서 떠나가시고 한참이 지나고 나서야 그 사실을 깨닫는다. 삼손의 이야기에서 보았듯이, 그가 들릴라에게 자신의 비밀을 털어놓았을 때 "여호와께서 이미 자기를 떠나신 줄을 깨닫지 못하였더라"(삿 16:20)고 성경은 말한다.

성령께서 떠나가셨다고 해서, 우리가 구원을 잃는 것은 아니다. 바울은 "하나님의 성령을 근심하게 하지 말라 그 안에서 너희가 구원의 날까지 인치심을 받았느니라"(엡 4:30)고 기록하였다. 이것은 삼손의 이야기를 통해서도 증명이 된다. 삼손은 노년에 기름부음을 되찾아, 그가 살았을 때보다 죽을 때 더 많은 것을 성취하였다(삿 16:30).

부도덕함을 벗어라

사단의 최고의 전략은 성적 타락이나 악독한 행위를 통해 성령께서 근심하시도록 우리를 유인하는 것이다. 마귀는 하나님께서 일하시는 방식뿐만 아니라 우리가 어떻게 행동하는지도 잘 알고 있다. 우리가 성령님을 근심하게 한다는 것은 하나님의 적이 된다는 뜻이다. 야고보서 4장 4절은 "간음한 여인들아 세상과 벗된 것이 하나님과 원수 됨을 알지 못하느냐 그런즉 누구든지 세상과 벗이 되고자 하는 자는 스스로 하나님과 원수 되는 것이니라"고 기록하고 있다.

바로 이것이 사단이 원하는 것이다. 우리의 연약함을 이용해서 성령님을 근심하도록 만들면, 그가 이기는 것이다. 사단은 출애굽 당시 발람과 발락을 통해서도 이렇게 일하였고, 결국 이스라엘로 하여금 우상의 제물을 먹고 행음하는 죄를 짓게 하여 하나님의 진노를 불러일으켰다(계 2:14). 바로 이러한 목적으로, 사단이 우리를 밤이고 낮이고 따라다니며 유혹할 기회를 엿보는 것이다.

점점 줄어드는 임재

1955년에 차 안에서 성령님의 강력한 임재를 경험하고 난 후, 하나님과의 친밀했던 느낌은 시간이 갈수록 점점 약해져갔다. 확실하지는 않지만, 어쩌면 아주 조금씩 혹은 내가 의식하지 못하는 중에 하나님의 임재가 점점 줄어갔는지도 모른다. 하지만 분명한 것은, 1956년 8월에 하나님과의 친밀함을 완전히 잃어버렸다는 사실을 깨달았다는 것이다.

나의 아버지는 매우 경건한 분이다. 하지만 내가 그날 차 안에서 경험한 이 '다마섹 도상'과 같은 사건에 대해 아버지는 달가워하지 않으셨다. 나의 경험 자체에 대해서는 뭐라고 하지 않았지만, 그 일로 인해 변화된 나의 신학에 대해서는 전혀 반기지 않았다. 그 일을 계기로 내가 자라오고 몸담았던 교단의 교리와는 다른 쪽으로 방향을 틀었기 때문이다. 나는 내가 경험한 일들을 아버지에게 이해시키려 부단히 노력했지만, 그렇게 되지 못했다. 그때 얼마나 힘들었는지, 지금도 잊을 수 없다. 하지만 내가 가장 힘들었던 것은 나중에 나로부터 성령의 비둘기가 완전히 떠나버렸다는 사실을 깨닫게 된 일이다. 기름부음을 잃기는 쉽지만, 다시 찾기는 어려운 법이다.

그때부터 강력했던 성령의 임재를 다시 회복하기 위한 순례가 시작되었다. 더디긴 했지만, 나는 서서히 회복되기 시작했다. 회복이 느렸던 이유는 돌아가는 길은 '기름부음의 귀환'이 아니라 '기름부음으로의 귀환'이어야 했기 때문이다. 다음 장에서 이야기 하겠지만, 우리는 계속해서 앞으로 나아가야 한다. 모든 것이 예전과 똑같기를 기대해서는 안 된다. 누군가 이렇게 표현하는 것을 들은 적이 있다. "흐르는 물줄기 밖으로 나올 수는 있지만, 결코 같은 물줄기로 다시 들어갈 수는 없다." 옛날 그대로인 것은 거의 없다. 그러므로 지나간 과거가 아니라 오늘 하나님께서 하시는 일에 우리가 맞춰야 한다.

1956년 여름, 주님께서 '뒤에 남기로' 결정하셨음이 분명해졌다. 그런데 요셉과 마리아가 그랬듯, 나 역시 그것을 알아차리지 못했다. 나는 그분이 늘 내 옆에 함께하신다고 생각하며 계속해서 길을 갔다. 처음에는 그 특별한 기름부음이 사라졌음을 인정하고 싶지 않았다. 하지만 결국에는 진실을 받아들일 수밖에 없었다. 예전과는 너무나 달라졌기 때문이다.

내가 잃어버린 것이 무엇인지 알기 위해 내게 익숙한 곳부터 찾기 시작했지만, 아무것도 발견할 수 없었다. 요셉과 마리아가 그랬듯이 나의 예루살렘으로 다시 돌아가야만 했다. 그것은 꽤나 먼 길이었지만, 가야 할 가치가 충분한 여정이었다. 이 책은 그 여정에 관한 이야기이다.

Chapter 2

하늘의 비둘기에 맞춰 사는 삶

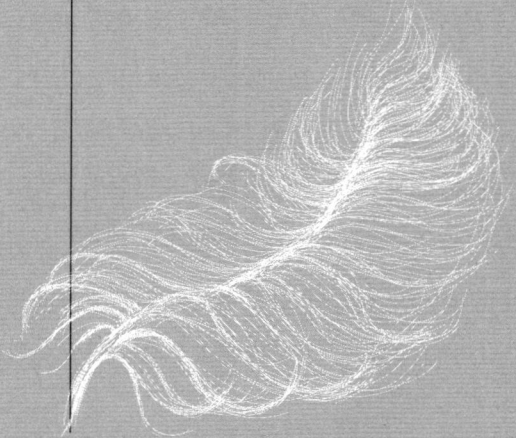

THE SENSITIVITY OF THE SPIRIT

오 거룩한 비둘기여, 돌아오소서
당신은 달콤한 안식을 주시는 분
내가 지은 죄를 미워하나니
당신이 근심하여
내 품에서 떠나가셨네
윌리엄 쿠퍼(1731 - 1800)

이 땅에 속한 비둘기(피죤) 한 마리의 임재가 샌디와 버니스의 삶을 완전히 바꿔놓았다. 그들이 그 비둘기 한 마리에게 맞춰 삶을 조정하기로 결단했을 때, 그들의 삶은 완전히 달라졌다.

그렇다면 땅에 속한 비둘기보다 훨씬 더 민감한 성품을 지닌 하늘의 비둘기(도브)가 우리 삶에 함께한다면 어떻게 되겠는가? 만약 당신이 하늘의 비둘기에 맞춰 삶을 조정하기로 결정을 내린다면, 당신의 삶도 하룻밤 사이에 변화될 것이며 지금과 같지 않을 것이다. 그때부터 하나님께서는 놀라운 방식으로 그분 자신을 드러내실 것이다. 그 결과는 우리가 상상도 할 수 없다.

그런데 왜 하늘의 비둘기는 우리에게 맞춰주시지 않는 것일까? 사실 하나님께서 원하시기만 한다면, 그렇게 하실 수도 있다. 하나님께서 니느웨를 멸망시키기로 했던 계획을 돌이키시고 나서 요나를 대하시는 장면이 바로 그 예이다. 요나는 선지자의 이름을 걸고 "사십 일이 지나면 니느웨가 무너지리라"(욘 3:4)고 외치며, 니느웨의 백성들에게 하나님의 재앙이 임박했다는 소식을 알렸다. 그러자 니느웨 백성들이 회개하기 시작했고, 하나님께서 그들의 회개를 들으셨다. "하나님이 그들이 행한 것 곧 그 악한 길에서 돌이켜 떠난 것을 보시고 하나님이 뜻을 돌이키사 그들에게 내리리라고 말씀하신 재앙을 내리지 아니하시니라"(욘 3:10).

하나님의 사람이라면 그분의 이러한 반응에 마땅히 기뻐해야 옳았지만, 요나는 그렇지 못했다. 그는 매우 못마땅해하며 성을 냈다(욘 4:1). 그의 성냄은 성령님을 떠나가시게 하기에 충분했다.

하지만 그의 분노와 원망에도 불구하고 하나님께서는 계속해서 요나와 대화하셨다. 하나님께서는 요나에게 "네가 성내는 것이 옳으냐"(욘 4:4)고 물으셨다. 그리고 벌레와 박넝쿨을 들어 그분의 행동을 설명해주셨다. 이처럼 하나님께서 다음에 무슨 일을 하실지는 온전히 그분의 주권에 달려 있다.

하나님께서는 때에 따라 우리에게 자비를 베푸신다. "이는 그가 우리의 체질을 아시며 우리가 단지 먼지뿐임을 기억하심이로다"(시 103:14). 하지만 일반적인 경우에 하나님께서는 우리가 악독과 원망, 용서하지 않는 마음, 성적인 부도덕함으로 가득 차 있을 때, 성령의 비둘기를 우리로부터 불러올리신다. 하나님께서는 우리가 하나님의 주권과 성령님의 온유하신 기준에 맞춰 삶을 조정하기를, 즉 하늘의 비둘기에게 맞춰 살기를 요구하신다.

조나단 에드워즈는 말하기를, '각 세대에게 주어진 숙제는 그 시대에 주권자 예수님께서 움직이시는 방향을 발견하여 그 방향으로 함께 나아가는 것'이라고 했다. 요셉과 마리아는 예수님께서 움직이시는 방향을 파악하는 일에 실패했기 때문에 하나님께서 하시는 일을 보지 못하게 되었다. 예수님께서는 예루살렘에 남고자 하셨지만, 그들은 그것을 알지 못했다.

아마 요셉과 마리아는 아들 예수님이 뭔가 중요한 결정을 했다면, 부모인 자신들에게 가장 먼저 말해줄 것이라고 생각했을 것이다. 그들은 남이 아니지 않던가? 누군가 알아야 했다면, 그것은 당연히 그들이었다!

때로는 성령께서 왜 그렇게 하시는지 이해하지 못한 채, 그분께 순종해야 하는 상황들이 있다. 천사가 빌립에게 사막으로 가라고 했을 때, 그는 그 이유를 전혀 모르고 있었다(행 8:26). 하지만 빌립은 하나님의 음성에 민감하게 반응하여 순종하였다. 이것은 빌립에게 누군가가 성경으로 풀어 설명을 해주었다거나 설교를 통해 가르쳐준 것이 아니었다. 그는 하나님으로부터 직접 들었다.

왜 이런 일이 오늘날에는 흔치 않은지 안타까울 뿐이다. 마틴 로이드 존스가 자주 말했듯이 "성경은 하나님으로부터의 직접적인 계시를 대체하기 위해 주어진 것이 아니라, 우리들이 그 계시를 오용하는 것을 바로잡기 위해서 주어졌다." 여기에서의 오용이란 하나님의 최종적이고 궁극적인 계시, 즉 말씀에 어긋난 방향으로 적용하는 것을 의미한다. 그런데 대부분의 사람들은 하나님께서 직접 말씀하시는 것을 듣는 것을 워낙 금기시해서 말씀을 오용할 일도(그래서 바로잡을 실수를 저지를 일도) 거의 없는 것이 현실이다! 만약 하나님께서 우리에게 직접 말씀하기를 좋아하신다면, 그것은 그만큼 우리가 모르는 많은 일들이 하늘나라에서 진행되고 있다는 뜻이기도 할 것이다. 하나님께서는 그분이 왜 그런 말씀을 하셨는지 다 이해할 수 없을 때라도 우리가 그분의 말씀에 순종하기를 기대하신다. 바로 이런 마음에서 예수님도 자신의 부모에게 이유를 설명하지 않고 예루살렘에 남으신 것이다.

하나님께서 빌립에게 그러셨던 것처럼 우리에게도 직접 말씀해주시기를 원한다면, 우리는 반드시 사람들로부터 오는 영광이 아니라 유일하신 하나님으로부터 오는 영광만을 구해야 한다(요 5:44). 여기에는 하나님으로부터 직접 들은 말씀을 다른 사람들에게 자랑하지 않고 혼자만 간직하는 것도 포함된다. 이런 일로 사람들이 교만해지기 쉽기 때문이다. 아마도 그래서 하나님께서 아무에게나 친밀함을 허락지 않으시는 것인지도 모른다. 만약 우리가 하나님과의 대화를 은밀하게 간직할 수만 있다면, 하나님께서 그분의 친밀함을 우리에게 나누어주실 것이다(시 25:14).

때로 우리는 머물러야 한다

　하나님의 영광을 보기 위해서는 충족되어야 할 조건이 많다. 우선은 하나님의 말씀에 순종함으로 인해 사람들에게 바보스럽고 어리석다는 비난을 받을 각오를 해야 한다. 그리고 주변 사람들의 비난과 비평을 감수해야 한다. 그들의 비난이 타당할 수도 있지만, 부당할 수도 있다. 만약 그것이 부당할 때는 부드러운 영으로 그들을 대하고, 타당한 점이 있으면 그것을 받아들일 수 있어야 한다. 의미 있는 비평에 대해 방어적인 자세를 취하는 것은 분한 마음을 품는 것과 같은 일로, 성령님을 근심하게 한다. 늘 배우고자 하는 자세, 다른 이들의 조언을 정중하게 듣는 것이 하늘의 비둘기가 머무시게 하는 길이다.
　예수님께서도 함께 떠나지 않고 뒤에 남기로 하신 것은 분명 쉬운 결정이 아니었을 것이다. 이것은 예수님께서 앞으로 하셔야 할 일들을 위한 '예행연습'과도 같았다. 이 일은 또한 예수님께서 하나님 아버지의 음성을 전적으로 따르시는지를 보기 위한 그분의 생애 첫 시험이었을지도 모른다. 주님께서도 성령님에 대한 민감함을 훈련하셔야 했기 때문이다.
　예수님에게 예루살렘에 남으라고 감동을 주신 것은 의심할 여지없이 하나님 아버지셨다. 그러므로 이 일은 순종의 시험이었다. 우리도 그래야 하는 것처럼, 예수님께서도 고난으로 순종을 배우셨다(히 5:8). 나에게 가까운 사람들보다 하나님을 더 우선시하는 것은 언제나 쉽지 않은 일이다.

12살 소년 예수님에게 이 일은 매우 어려운 일이었음에 틀림없다. 하지만 예수님께서는 이 시험을 잘 치르셨다. 20여 년이 지난 후, 예수님께서 말씀을 전하시는데 밖에서 어머니와 동생들이 찾아왔다는 소리가 들렸다. 그러자 주님은 "누구든지 하나님의 뜻대로 행하는 자가 내 형제요 자매요 어머니이니라"(막 3:35)고 대답하셨다. 세월이 많이 흘렀다고 하지만, 이렇게 말하는 것은 여전히 쉽지 않은 일이었을 것이다. 하물며 12살 소년이 하나님 아버지의 음성을 듣고 그것에 순종하여 뒤에 남기로 결정했을 때의 심정이 어떠했을까?

하나님께서는 때로 우리에게 그냥 머물러 있으라고 하신다. 우리는 계속 가고 싶어 하지만, 하나님께서는 기다리라고 하신다. 우리는 "계속 가야 할 때에요. 할 일이 많잖아요"라고 할 때, 하나님께서는 "잠잠하고 신뢰하여야 힘을 얻을 것이거늘"(사 30:15)이라고 하신다. 우리는 기다리다가 따분하여 이렇게 말한다. "잔치는 끝났어. 이제 집으로 돌아가자." 아마 요셉과 마리아도 그렇게 말했을 것이다. 하지만 하나님께서는 아들에게 이렇게 말씀하셨다. "머물러 있거라."

이스라엘 백성들도 이 교훈을 배워야 했다. 그들은 밤에는 불기둥, 낮에는 구름기둥이라는 눈에 보이는 하나님의 영광을 따라 움직이는 법을 배웠다.

> 구름이 성막 위에서 떠오를 때에는 이스라엘 자손이 그 모든 행진하는 길에 앞으로 나아갔고 구름이 떠오르지 않을 때에는 떠오르는 날까지 나아가지 아니하였으며 낮에는 여호와의 구름이 성막 위에 있고 밤에는

불이 그 구름 가운데에 있음을 이스라엘의 온 족속이 그 모든 행진하는 길에서 그들의 눈으로 보았더라 출 40:36-38

이스라엘은 이러한 하나님의 직접적인 인도하심을 철저하게 따라야 했다. 그들은 구름이 떠올랐을 때에만 행진할 수 있었으며, 구름이 떠오르지 않으면 그 자리에 머물렀다. 머무는 곳이 지루하고 싫증나는 광야 한가운데였을지라도 떠나라는 허가가 떨어지지 않는 이상 한 발짝도 움직이지 않았다. 구름이 이스라엘 백성들에게 맞춰주지 않았다. 오히려 그들이 구름에 맞춰야 했다. 떠나는 일만큼 떠나지 않는 것도 용기를 필요로 한다. 때로는 새로운 지평을 찾아 떠나는 것보다 현재의 자리에 가만히 머무는 것이 더 큰 믿음을 요구한다.

우리로 하여금 떠나도록 유혹하는 것은 단지 무료함만은 아니다. 때론 그 반대일 때도 있다. 복음을 전하기 위해 고린도에 간 바울은 관습대로 유대인에게 먼저 복음을 전하려고 했다(롬 1:16). 하지만 그것이 뜻대로 되지 않았다. "그들이 대적하여 비방하거늘 바울이 옷을 털면서 이르되 너희 피가 너희 머리로 돌아갈 것이요 나는 깨끗하니라 이후에는 이방인에게로 가리라"(행 18:6). 바울은 설교를 하던 회당을 나와 그 옆집으로 갔고, 그 집에서 사람들을 회심시킨 후 세례까지 주었다(행 18:7-8).

유대인들의 격렬한 저항과 핍박을 경험한 바울은 그곳을 떠나고자 했다. 그러자 "밤에 주께서 환상 가운데 바울에게 말씀하시되 두려워하지 말며 침묵하지 말고 말하라 내가 너와 함께 있으매 어떤 사람도 너를 대적하여 해롭게 할 자가 없을 것이니 이는 이 성 중에 내 백성이 많음이라"(행 18:9-10)고 하셨다. 그래서 결국 바울은 1년 반 동안 그곳에 더 머물렀다. 그 결과 교회가 세워졌고, 지금 우리에게 고린도전·후서라는 선물이 주어졌다. 이것은 바울이 주님의 음성에 순종하여 머물렀기 때문에 가능한 일이었다.

하나님께서 '머물라'고 하시면 거기에는 절대적인 이유가 있다. 그러므로 그렇게 말씀하신 이유를 이해하지 못할지라도, 있으라고 하신 곳에 머물러 있으면 절대 후회할 일은 없다.

종종 하나님의 일을 하겠다고 하며 이제껏 해오던 일을 떠나는 사람들에 대한 이야기를 접하게 된다. 그들은 흔히 '영적인' 일이라고 불리는 것들만이 하나님의 일이라고 생각한다. 어느 날, 한 청년이 지난 수년간 기독교 단체에서 일해온 나의 친구에게 전화를 걸어 이렇게 말했다고 한다. "하루 빨리 사무실 때려치우고 하나님 일이나 하든지 해야지, 상사 눈치나 보는 일은 이제 신물이 납니다." 친구는 그 청년의 순진함에 웃음이 났다고 했다.

뜻에 따라 삶을 조정하기 위하여

예수님은 왜 부모와 떨어져 혼자 예루살렘에 남아야 하는지 완전히 이해하지 못하셨을지도 모른다. 그럼에도 불구하고 주님은 하나님 아버지의 뜻을 따르기로 하셨다.

나는 1973년에 옥스포드대학에서 연구과정을 밟기 위해 가족과 함께 영국으로 왔다. 그때 아들은 7살이었고, 딸은 3살이었다. 박사학위를 받기 위해 필요한 최소한의 기간이 2년이었기 때문에, 우리는 2년간 영국에 머물 생각이었다.

솔직히 말해서 그 기간은 참으로 힘든 시간이었다. 시작과 동시에 그것이 내 능력 밖의 일이라는 생각이 들었다. 미국의 켄터키 산골동네 (교육수준이 미국에서 전국 꼴지를 맴도는) 출신이 이 영예로운 배움의 전당에 앉아 있는 것이 어색하게 느껴졌다. 게다가 남들은 다 익숙해 보이는데, 나만 혼자 영국 시스템에 적응하기 위해 전전긍긍하는 것 같았다.

설상가상으로 아이들은 학교생활과 친구 문제로 힘들어했다. 아들 녀석은 울면서 집에 돌아와 "얼마나 더 영국에서 지내야 하느냐"고 묻는 일이 한두 번이 아니었다. 나는 "금방 다시 돌아갈 거야"라는 말로 아들을 달래야 했다.

2년으로 예상했던 공부는 3년으로 연장되고, 다시 3개월이 더 늘어났다. 그 마지막 3개월을 보내던 중 웨스트민스터채플에 설교자로 초빙되었다. 1977년 2월에 설교를 시작하였고, 1977년 5월에 담임목회자로 남아달라는 요청을 받았다. 나는 "아빠, 집에 돌아간다고 했잖아"라고 말하는 아들 녀석의 눈을 차마 볼 수가 없었다. 벌써 23년 전의 일이지만, 이 글을 쓰는 지금도 당시의 고통이 고스란히 떠오른다. 공부를 다 마쳤지만, 구름기둥은 결국 떠오르지 않았다.

더 머물라 하시는 하나님의 주권적인 판단에는 항상 이유가 있다. 그리고 거기에는 반드시 혜택이 따른다. 예수님께서 예루살렘에 머무셨던 것도 그곳에서 배울 것이 있었고, 또 다른 사람들을 가르치셔야 했기 때문이었다. 예수님께서는 놀라운 질문과 답변으로 율법교사들을 당황하게 하셨지만, 이것은 그분께 배움의 기회이기도 했다. 나의 친한 친구 마이클 이튼 목사는, 당시 12살 소년이셨던 예수님은 하나님과 그분의 뜻에 관한 것이라면 모든 것을 알아내고자 열심이셨을 것이라고 말한다. "예수님은 하나님의 아들이었지만, 동시에 온전히 사람이기도 하였습니다. 따라서 모든 것을 다 알고 계셨던 것은 아니고, 자라면서 배우셔야 했습니다. 그래서 주님은 하나님에 대해 더 배울 수 있는 기회라면, 어떠한 것도 놓치지 않으셨습니다."

그날 성전에 있던 선생, 혹은 종교지도자들은 나중에 시간이 흘러 예수님을 반대하는 인물들이 되었을 것이다. 이날 성전에서의 만남을 통해 예수님께서는 그들이 어떤 사람들인지, 어떤 사고방식을 가진 이들인지 배우실 수 있었다. 아마 이때에는 선생들도 적대적이기보다는 친절한 모습을 보여주었을 것이다. 어쩌면 12살짜리 소년이 자신들의 관심을 끌 수 있다는 사실에 놀랐을지도 모른다.

하지만 이 사건은 예수님을 위한 준비의 시간이었다. 예수님은 아마 그들의 질문과 답변을 주의 깊게 들으시면서 율법에 대한 그들의 견해가 어떠한지, 어떤 메시아를 기대하고 있는지 등을 알게 되셨을 것이다. 이때로부터 18년이 지나서, 예수님은 또다시 이런 유의 율법교사들과 맞닥뜨리셨다. 그 순간 주님께서는 분명 과거 성전 뜰에서 있었던 일들을 기억하셨을 것이다. 슬프게도 몇 년 후, 예수님은 율법교사들에 의해 죽음의 길로 내몰리시게 된다(눅 23:10).

성령님의 음성 듣기

예수님께서는 성전에서 듣는 훈련을 하고 계셨다. 사흘 후 요셉과 마리아가 가던 길을 되돌아 성전으로 갔을 때, 예수님은 율법교사들 속에서 "그들에게 듣기도 하시며"(눅 2:46) 앉아 계셨다. 듣는 것은 기술이다. 하지만 이것을 제대로 배우는 사람은 별로 없다. 나도 그렇지만, 사람들은 보통 듣기보다 말하기를 좋아한다. 상대방의 이야기를 들어주기란 쉽지 않다.

잘 듣는 사람은 현명한 판사처럼 결정을 내리기에 앞서 모든 이야기를 듣는다. 환자의 이야기를 다 듣기 전에 진단을 내리는 의사는 좋은 의사가 아니다. 예수님은 역대 최고로 이야기를 잘 들어주시는 분으로, 지금도 우리에게 귀 기울이고 계신다. 항상 우리의 이야기를 들으시는 주님은, 우리의 연약함을 누구보다 잘 아시는 큰 대제사장이시다(히 4:15).

지혜롭게 질문하기

또한 예수님께서는 성전에서 정확하게 질문하는 법을 배우고 계셨다. 주님은 율법교사들이 하는 말을 듣기도 하셨지만 '묻기도' 하셨다(눅 2:46). 적절한 질문을 던질 줄 안다는 것은 예리한 분별력과 지혜를 가지고 있음을 보여준다.

공생애 사역 중 예수님은 질문을 던지는 데 있어서 비할 수 없는 탁월함을 보여주신다. "네 죄 사함을 받았느니라 하는 말과 일어나 걸어가라 하는 말이 어느 것이 쉽겠느냐"(눅 5:23). 또 이것은 어떠한가? "사람이 만일 온 천하를 얻고도 자기 목숨을 잃으면 무엇이 유익하리요"(막 8:36). 주님께서는 상대의 어리석음을 드러내는 질문을 던짐으로써 대화를 시작하셨다.

> 바리새인들이 모였을 때에 예수께서 그들에게 물으시되 너희는 그리스도에 대하여 어떻게 생각하느냐 누구의 자손이냐 대답하되 다윗의 자손이니이다 이르시되 그러면 다윗이 성령에 감동되어 어찌 그리스도를 주라 칭하여 말하되 주께서 내 주께 이르시되 내가 네 원수를 네 발 아래에 둘 때까지 내 우편에 있으라 하셨도다 하였느냐 다윗이 그리스도를 주라 칭하였은즉 어찌 그의 자손이 되겠느냐 하시니 한 마디도 능히 대답하는 자가 없고 그 날부터 감히 그에게 묻는 자도 없더라 마 22:41-46

예수님께서 예루살렘에 남으셨던 것은, 그분이 하나님께 얼마나 순종하시는지를 보기 위한 시험이었다. 이 시간들은 훗날 훌륭한 스승이 되시기 위한 준비인 동시에, 예수님의 사고가 형성되는 과정이기도 했다. 예수님께서는 정신적으로, 육체적으로, 영적으로 그리고 사회적으로 더욱 성장해가셨다. "예수는 지혜와 키가 자라가며 하나님과 사람에게 더욱 사랑스러워 가시더라"(눅 2:52).

안타깝게도 요셉과 마리아는 길을 떠나기로 결정하는 바람에 예수님의 삶 속에 일어난 이처럼 귀중한 성장단계를 목격하는 특권을 박탈

당하고 말았다. 갈릴리를 향해 이미 먼 길을 가버린 탓에, 정작 중요한 일을 놓치고 만 것이다. 조금만 더 거기 머물렀더라면, 하나님께서 능력으로 역사하시는 바로 그 현장에 함께할 수 있었을 텐데 말이다!

성령님의 침묵 인정하기

때로 침묵하기로 결정하시는 것도 하나님의 주권적 선택이다. 왜 예수님은 자신의 어머니와 아버지에게 예루살렘에 좀더 머물러야 한다고 설명하지 않으셨을까? 대답은 하나밖에 없다고 생각한다. 설명하도록 허락되지 않았던 것이다. 때로는 '잠잠할 때'(전 3:7)가 있는 것이다. 머물기로 할 때에도 믿음이 필요하지만, 아무 말 하지 않기로 할 때에는 더 큰 믿음이 필요하다.

하나님께서는 그분이 아시는 것을 우리에게 전부 다 말씀해주시지는 않는다. 또한 우리가 알고 싶어 하는 모든 것을 말씀해주시지도 않는다. 하나님께서는 우리가 꼭 알아야 하는 것만을, 알아야 하는 때에 가르쳐주신다. 예수님의 출생 이후부터 공생애 이전에 일어난 일들 중 이 사건만을 말씀해주신 것도 바로 그 이유 때문이다.

예수님은 예루살렘에 남기로 한 결정을 부모에게 알리지 않으신 이유에 대해 침묵하신다. 게다가 어떤 설명이나 사과도 없으셨다. 예수님은 예루살렘에 남으셨고, 부모인 마리아와 요셉은 그 사실에 대해 전혀 모르고 있었다.

대단한 특권이라도 가진 양 자신들이 하나님의 음성을 가장 먼저 듣는 사람들이라고 생각하는 사람들이 때로 가장 늦게 듣는 경우도 있다. 예언적 은사를 가진 이들 중 몇몇은 자신이 예언자이기 때문에 항상 하나님으로부터 말씀을 받아야 한다고 생각한다. 또 예언자로서 한때 크게 쓰임을 받은 사람들은 하나님께서 앞으로 하실 일에 대해서도 자신을 통해 말씀하실 것이라고 생각한다.

예수님께서 부모에게조차 말씀을 하지 않으셨다면, 하나님께서는 당연히 우리에게도 말씀하지 않으실 수 있다. 지식의 말씀의 은사나 예언의 은사 때문에 유명해진 사람들 중에는 '예언적 질투'(다른 이의 예언의 능력에 대한 질투)를 가진 사람들이 많다. 의사나 변호사와 같은 전문직 종사자들이 자기들끼리 질투한다는 말을 들어보았을 것이다. 그런데 이 '예언적 질투'는 그것보다 훨씬 더 고약하다!

종종 시기와 질투 때문에 하나님께서 그 시대에 하시는 일에 걸림돌이 되는 사람들이 있다. 예언자로 이름이 난 사역자들은 항상 '주님께서 이렇게 말씀하십니다'라고 말할 수 있어야 한다는 부담감에 사로잡혀 있는 경우가 많다. 피사역자들(예언을 듣고자 하는 교회나 단체의 성도들)이 그것을 당연하게 생각하고, 또 기대하기 때문이다. 그로 인해 다른 예언자가 자신의 교회나 사역단체를 포함하지 않거나 인정하지 않는 예언을 하면, 그것에 대해 불손한 태도를 보이며 "저것은 하나님으로부터 온 말씀이 아니야. 만약 그렇다면 내가 모를 리가 없잖아"라고 말한다.

하나님께서는 예루살렘에서 강력하게 일하고 계셨고, 그 중심에는 예수님이 계셨다. 하지만 예수님을 가장 잘 알았던 그분의 부모는 정작 거기에서 제외되었다. 여기에 우리가 취해야 할 중요한 교훈이 있다. 하나님께서 어제까지는 나를 사용하셨지만, 오늘은 그렇지 않으실 수도 있다. 또한 오늘은 나를 사용하실 수 있지만, 내일은 다른 사람을 통해 말씀하실 수도 있다. 아무에게도 알려지지 않은 사람을 통해 말씀하실 수도 있고, 널리 알려졌지만 모두가 싫어하는 사람을 통해 말씀하실 수도 있다. 주권자이신 하나님은 얼마든지 우리의 예상을 뛰어넘어 그분의 뜻대로 일하실 수 있다.

예수님께서 '선생들 중에 앉으신' 것은 이때가 처음이었다. 고대문화에서 '앉아 있다'는 것은 권위를 상징하는 자세로, 보통 소년은 장로들 앞에서 서 있는 것이 일반적이었다. 누가는 소년 예수가 학식 있는 랍비처럼 앉아 있었다고 기록했다. 요즘에야 설교자들이나 선생들이 서서 가르치지만, 그때의 랍비들은 언제나 앉아 있었다.

그로부터 18년이 지난 어느 날, 회당에 들어가신 예수님께서 서서 이사야서 61장 1-2절을 읽으셨다. 그리고 말씀을 다 읽고 나서 앉으셨다. "책을 덮어 그 맡은 자에게 주시고 앉으시니 회당에 있는 자들이 다 주목하여 보더라"(눅 4:20). 왜 그러셨을까? 곧 중대한 선포를 하실 참이었기 때문이다. "이 글이 오늘 너희 귀에 응하였느니라"(눅 4:21). 예수님께서는 이 선포를 앉은 다음에 하셨다.

주님께서 가장 유명한 설교인 산상수훈 설교를 하셨을 때에도 랍비처럼 앉아 계셨다(마 5:1). 예수님께서 여러 가지 비유로 말씀하셨을 때에도 앉아 계셨다(마 13:2). 예수님의 부모가 12살 난 아들을 찾으러 왔을 때, "그가 선생들 중에 앉으사 그들에게 듣기도 하시며 묻기도"(눅 2:46)

하셨던 것은 앞으로 있을 일들에 대한 '미리보기'였다.

　나중에 성인이 되어 하실 일들을 위한 이 준비과정에서, 예수님께서는 주권적 특권을 행사하는 연습을 하셨다. 후에 예수님께서는 하늘을 바라보며 "천지의 주재이신 아버지여 이것을 지혜롭고 슬기 있는 자들에게는 숨기시고 어린 아이들에게는 나타내심을 감사하나이다 옳소이다 이렇게 된 것이 아버지의 뜻이니이다"(마 11:25-26)라고 기도하셨다. 아들 외에는 아버지를 알 자가 없고, '아들의 소원대로 계시를 받는 자'(마 11:27) 외에는 아버지를 알 자가 없다. "아버지께서 죽은 자들을 일으켜 살리심 같이 아들도 자기가 원하는 자들을 살리느니라"(요 5:21). 예수님께서 자신의 부모와 소통하지 않고 침묵하셨다는 사실은 많은 것을 말해준다.

끝이 시작이다

　유월절 잔치가 끝나고 난 뒤, 진짜 잔치가 시작되려 하고 있었다. 요셉과 마리아에게는 유월절이 끝나면서 모든 것이 끝났다. 하지만 야구선수 요기 베라가 말했듯이 "끝나기 전까지는 끝난 것이 아니다." 예수님의 부모에게는 유월절이 본론이었지만, 예수님에게 유월절은 예루살렘에 가기 위한 동기에 불과했다. 그곳에서 더 중요한 일이 예비되어 있었다.

　누군가 '미팅'(meeting)이 끝나면 '서비스'(service)가 시작된다고 말했다. 이 말의 뜻은 교회에서의 미팅(예배)이 끝나면 세상을 향한 서비스(섬김)가 시작된다는 것이다. 나는 이 말을 이렇게 바꾸고 싶다. 서비스(예배)가 끝나면, 미팅(만남)이 시작된다. 고대 이스라엘에서는 미팅이라는 말이 특별한 뜻을 가지고 있었는데, 출애굽기 33장 7절에서 그 예를 찾아볼 수 있다. "모세가 항상 장막을 취하여 진 밖에 쳐서 진과 멀리 떠나게 하고 회막(tent of meeting)이라 이름하니 여호와를 앙모하는 자는 다 진 바깥 회막으로 나아가며"(출 33:7). 회막은 하나님께서 모세와 만나기로 약속하신 장소였다. 하나님께서는 그 약속을 지키셔서 "사람이 자기의 친구와 이야기함 같이 여호와께서는 모세와 대면하여"(출 33:11) 만나셨다.

요셉과 마리아에게는 유월절 예배가 끝남과 함께 예루살렘에서의 일정이 모두 끝이 났다. 하지만 그제서야 아주 특별한 만남이 시작되려 하고 있었다. 그 만남의 중심에는 예수님이 계셨다. 이처럼 하나님께 드리는 예배는 끝이 나지만, 하나님과의 만남은 그제서야 시작될 수도 있다. 그것은 교회 건물을 나서기도 전에 시작되어 때로는 몇 시간이나 계속될 수도 있다. 또한 예배에서 들은 말씀을 삶에 적용할 때, 진정한 하나님과의 만남이 시작되는 경우도 있다.

'헤브리디스 부흥'(Hebrides Revival, 1949년에 영국 서북부의 한 섬에서 시작된 부흥으로 가난과 무지와 미신으로 가득 찼던 섬이 놀랍게 변화되었다 - 역주)이 이렇게 일어났다고 전해진다. 어느 날 예배가 끝난 후, 한 남자가 무릎을 꿇고 큰소리로 부흥을 구하는 기도를 드렸다. 그는 이렇게 외쳤다. "하나님의 영광이 땅에 떨어졌습니다. 하나님의 영광이 땅에 떨어졌습니다." 그러자 하나님께서 개입하셔서 한 시간도 지나지 않아 몇 백 명의 사람들이 교회로 몰려들게 되었다. 이렇게 시작된 이 부흥은 몇 년이나 지속되었다.

어떤 사람들은 예배(유월절과 같은 의식)를 드리기 위해 교회에 가고, 어떤 사람들은 하나님을 만나기 위해 간다. 또한 어떤 사람들은 찬양을 즐기러 가고, 또 다른 사람들은 하나님의 영으로 진정으로 찬양하기 위해 간다. 목사의 설교를 듣기 위해 가는 사람도 있고, 하나님의 음성을 듣기 위해 가는 사람도 있다.

내가 영국의 로워 헤이포드에 있는 작은 교회를 섬길 때, 마틴 로이드 존스 목사가 가끔 와서 설교를 해준 적이 있다. 한번은 나의 친구 한 명이 로이드 존스 목사의 설교를 듣기 위해 찾아왔다. 그날 밤 로이드 존스 목사의 설교는 그의 역대 설교 중 손에 꼽을 만큼 훌륭한 설교였다. 모든 청중들의 마음이 하나님의 강력한 능력에 사로잡힐 정도로 주님께서 함께하신 놀라운 시간이었다. 하지만 내 친구는 아무것도 느끼지 못했다. 그날 밤 로이드 존스 목사의 강력한 말씀에 대해 내 친구가 한 말이라곤, "어떻게 문법을 단 한 번도 틀리지 않을 수 있지?"가 전부였다.

예수님이 성전에 계시던 그날, 진정한 만남이 이루어질 참이었다. 요셉과 마리아는 예수님이 자신들과 함께 있다고 믿은 채 먼 길을 떠난 상태였지만, 하나님의 초점은 여전히 예루살렘에 머물러 있었다. 유월절은 이제부터 있을 일을 위한 서막에 불과했다. 그해 유월절 잔치가 특별히 역사적이었던 이유는, 과거에 하나님께서 무엇을 하셨는지 기념하였기 때문이 아니라 바로 그 당시 하나님께서 그곳에서 무엇을 하고 계시는지를 보여주셨기 때문이다. 정말 중요한 것은 예수님께서 예루살렘에 계셨다는 점이다. 그것은 마치 '회막'이 잠시 그곳에 다시 선 것과 같았다.

21년이 지난 후 이와 같은 일이 다시 일어났다. 만약 2천 년 전의 성금요일에 당신이 예루살렘을 방문하여 "오늘 하나님께서는 예루살렘에서 무슨 일을 하고 계시지요?"라고 물었다면, 사람들은 어떻게 대답했을까?

분명 이렇게 대답하는 이가 있었을 것이다. "잘 모르시나 보군요. 오늘은 유월절입니다. 그 옛날 이스라엘을 위해 하나님께서 행하신 일을 기념하는 날이지요. 그런데 한 가지 신경쓰이는 것은, 지금 성문 밖에 십자가에 매달린 사람이 있다는 것입니다. 그 남자가 얼른 숨을 거두어야 그 시체를 안식일 전에 잘 처리할 수 있을 텐데 말이죠."

그 당시 아무도, 정말 그 누구도 십자가에서 죽어가는 이 남자가 하나님께서 하고 계신 일의 최고 정점에 있었다는 사실을 알지 못했다. "하나님께서 그리스도 안에 계시사 세상을 자기와 화목하게 하시며 그들의 죄를 그들에게 돌리지 아니하시고"(고후 5:19) 계시다는 사실을 아무도 알지 못했다. 과거 모세가 장막을 진 밖에 쳤듯이(출 33:7), 이 날의 진정한 유월절은 문자적으로 진 밖에서 성취되고 있었다.

어떤 이의 눈에는 잔치(의식, 교회의 예배, 전통이나 관습)만 보인다. 우리는 전통으로 하나님의 말씀을 폐한다(마 15:6). 따라서 요셉과 마리아가 예수님의 부재를 인식하지 못했듯이, 성령께서 완전히 임재를 거두셔도 우리는 그 사실을 모를 수 있다.

성령님을 기다리며

때로는 세상에서 가장 힘든 일이 기다리는 일이다. 우리는 예배가 끝나고 한시라도 빨리 집으로 돌아가기를 원한다. 우리의 마음이 그곳에 있기 때문이다. 유월절이 끝나자 요셉과 마리아도 집으로 돌아가기를 원했다. 우리가 드리는 예배가 종종 그렇듯이, 만약 이날의 유월절 잔치가 형식적인 의식에 지나지 않았다면 나사렛까지 갈 길이 멀어 서둘러 출발했다고 해서 누가 뭐라고 하겠는가? 심지어 우리가 드리는 예배가 이제 너무 무덤덤하고 지루해서, 더 이상 사람들이 교회에 올 생각조차 하지 않는 것이 아닌가 걱정스러울 때가 있지 않은가? 그러니 예배가 어서 끝나기를 기다리는 사람들을 누가 비난할 수 있겠는가?

언젠가 알렉스 뷰캐넌이 내게 이런 말을 하였다. "우리는 하나님의 말씀뿐만 아니라 그분 자신을 전해야 합니다." 이 말은 매우 충격이었다. 나는 하나님의 말씀을 전하는 것으로 족한 줄 알았다. 그것이 나의 부르심이라고 생각했다. 하지만 아니었다. 내 설교를 듣는 사람이 나의 설교를 통해 하나님을 경험하지 못한다면, 나는 임무수행에 실패한 것이다.

우리는 얼마든지 하나님의 영이 없이도 설교할 수 있다. 바울은 자신이 전하는 복음이 "말로만 이른 것이 아니라 또한 능력"(살전 1:5)으로

된 것이라고 말했다. 이 말 속에는 복음을 말로만 전할 수도 있다는 뜻이 내포되어 있다. 나 역시 이 점에 있어서 떳떳하지 못함을 인정한다. 앞으로 '예루살렘'으로 다시 돌아가기로 결정할 때, 과거의 일들이 다시 반복되지 않기를 바랄 뿐이다.

우리는 종종 하나님께서 아무 말씀도 하시지 않는 부분에 대해 억지로 말씀하시도록 '만들려고' 한다. 우리는 성경을 가지고도 그렇게 한다. 자신이 가진 신학적 편견에 끼워 맞추기 위해 없는 뜻을 만들어내고 내용을 왜곡하는 것이다.

옛말에 있듯이 "성경이 말하면 우리도 말하고, 성경이 말하지 않으면 우리도 말하지 않는다"는 것이 진리이다. 하나님께서는 악(惡)이 어디로부터 왔는지, 혹은 인간이 죄를 짓고 고통당하게 될 것을 아시면서 왜 세상을 만드셨는지와 같은 질문에 대해 설명하시지 않는다. 그것은 미스터리이다.

하나님의 미스터리를 풀기를 원했던 것은 우리뿐만이 아니다. 모세도 떨기나무가 불에 타지 않는 미스터리를 풀기를 원했다. 그래서 이렇게 말한다. "내가 돌이켜 가서 이 큰 광경을 보리라 떨기나무가 어찌하여 타지 아니하는고"(출 3:3). 그런데 하나님께서 직접 현장에 모습을 드러내셨다.

여호와께서 그가 보려고 돌이켜 오는 것을 보신지라 하나님이 떨기나무 가운데서 그를 불러 이르시되 모세야 모세야 하시매 그가 이르되 내가 여기 있나이다 하나님이 이르시되 이리로 가까이 오지 말라 네가 선 곳

은 거룩한 땅이니 네 발에서 신을 벗으라 출 3:4-5

하나님의 침묵은 거룩한 땅이다. 하나님을 기다릴 때, 우리는 신발을 벗고 그분을 예배해야 한다. 요셉과 마리아는 하나님의 침묵을 알지 못했다. 그들은 예수님이 자신들과 함께 계신 줄로 생각하고 갈릴리로 향했다. 마찬가지로 우리도 하나님의 침묵을 알지 못할 때가 많다. 하나님께서는 말씀하시지 않는데, 우리는 소통하고 있다고 생각하는 것이다. 우리는 "부족한 것이 없다"(계 3:17)고 여기며, 기쁘고 만족스러운 마음으로 우리의 길을 떠난다.

우리는 절대로 의도적으로 하나님께서 말씀하시도록 '만들어서는' 안 된다. 사기꾼이나 점쟁이, 사주쟁이들은 항상 말로써 사람들을 미혹한다. 종종 성경을 열자마자 처음 눈에 들어온 구절이 그날 하나님께서 주신 말씀이라고 여기는 사람들이 있다. 물론 하나님께서는 그렇게 하실 수도 있고, 실제로 나에게 그렇게 말씀해주신 적도 있다. 하지만 솔직히 말하면, 이런 즉흥적인 방법으로는 아무 말씀도 안 하실 때가 훨씬 더 많았다.

오래된 이야기 중 이런 이야기가 있다. 깊은 괴로움 속에 있던 한 남자가 어느 날 하나님의 음성을 듣기 위한 마지막 방법으로 성경을 펼쳐 보기로 했다. 그가 성경을 펼쳤을 때 처음 눈에 들어 온 구절은 "유다가 … 물러가서 스스로 목매어 죽은지라"(마 27:5)였다. 이 구절에 위안을 얻지 못한 남자는 다시 한 번 더 해보기로 했다. 이번에 나온 구절은 "너도 가서 그와 같이 하라"(눅 10:37)였다. 그는 죽기 전 마지막으로 한 번만 더 해보기로 생각했다. 그런데 마지막으로 본 구절은 "네가 하는 일을 속히 하라"(요 13:27)였다. 물론 이것은 결코 하나님께서 말씀하신 것이 아니었다.

요셉과 마리아가 갈릴리로 향하고 있을 때에도 하나님께서는 그들과 함께하셨다. 하지만 하나님의 특별한 임재는 그들과 함께하지 않았다. 때로 하나님께서는 구름기둥이 떠오르기 전에 우리가 먼저 움직이도록 허락하신다. 하지만 거기에는 지불해야 할 큰 대가가 따른다. 요나는 하나님을 피해 달아나다가 물고기 뱃속에 갇히는 신세가 되었다(욘 1:3, 2:2) 물론 하나님께서는 거기에도 함께 계셨다(시 139:8). 하지만 요나는 하나님의 특별하신 임재가 다시 돌아오기를 간구하였고, 하나님께서 응답해주셨다(욘 2:4, 3:1).

요셉과 마리아가 자신들의 실수를 깨달았을 때, 다시 예루살렘으로 돌아갔다. 우리도 마찬가지로 예수님을 잃어버렸던 그 자리로 되돌아가야 한다. 하지만 그들은 생각만큼 쉽게 주님을 찾을 수 없었다. 이것을 통해 우리는 하나님의 특별하신 임재를 잃어버리는 것은 쉽지만, 다시 찾는 것은 쉽지 않다는 점을 기억해야 한다. 하지만 되돌아갈 수 있는 길은 있다. 얼마나 자신이 무례했는지를 깨닫는다면 말이다.

Chapter 3
주님을 기쁘시게 하는 것

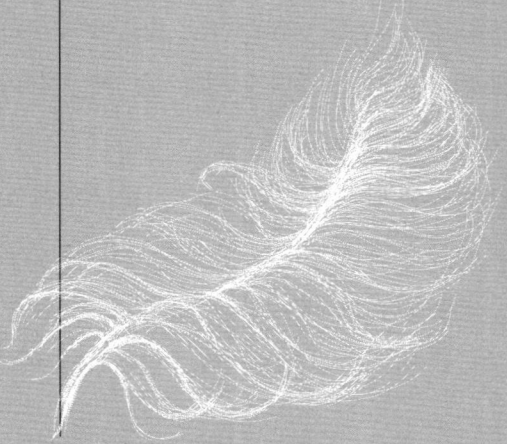

THE SENSITIVITY OF THE SPIRIT

주를 기쁘시게 할 것이 무엇인가
시험하여 보라
(엡 5:10)

　　우리는 가까운 사람들과 함께 시간을 보내면서 무엇이 그들을 기쁘게 하는지 배운다. 시도와 실수를 반복하면서, 그들이 좋아하는 것과 싫어하는 것을 알게 된다. 내가 소중하게 생각하는 사람을 기쁘게 하는 일은 곧 나에게도 즐거운 일이다.
　　때로는 오랫동안 알아온 사람인데도 무엇이 그를 기쁘게 하는지 알지 못할 때도 있다. 나의 아내 루이스가 자기는 깜짝파티를 좋아하지 않는다고 수년 동안 반복해서 말해왔지만, 나는 그 말을 한 번도 믿어본 적이 없었다. 왜냐하면 내가 그것을 좋아하기 때문이다. 아내는 생일이나 기념일에 무엇을 어떻게 할 것인지 미리 알고 계획을 세우고 싶어 했다. 하지만 내 생각대로 수도 없이 많은 시도를 하고 나서야 깜짝파티를 좋아하지 않는다는 아내의 말이 진심이란 것을 깨달았다. 그 이후로는 아내의 뜻에 따라 일정을 미리 의논하게 되었다. 아내 역시 나의 별난 요구들(예를 들면, 밤늦은 시간이나 아침에 커피 두 잔을 마시기 전에는 심각한 대화를 하지 않는 것 등)에 맞춰주었다.

하나님께서도 특별히 원하시는 방식이 있고, 우리가 그것을 잘 알고 거기에 맞춰주기를 원하신다. 당장 이해되지 않는 부분이 있을지라도 하나님을 하나님으로 인정하고 그분을 기쁘시게 하는 일에 맞춰 나갈 때, 우리는 엄청난 축복과 평안을 누리게 된다.

바울이 에베소 사람들에게 무엇이 주님을 기쁘시게 하는지 '시험하여 보라'고 말한 것을 보면, 이것이 충분히(신약성경이 주어지지 않았어도) 성취 가능한 일이라는 사실을 알 수 있다. 당시 에베소 교인들이 자료로 삼을 수 있었던 것은 바울에게서 온 그 편지 한 장뿐이었다(모든 교회에 신약성경이 주어진 것은 그로부터 수백 년이나 지난 뒤였다). 즉, 초대교회 사람들은 주님께서 무엇을 기뻐하시는지 오로지 시행착오와 경험을 통해 알아갔다. 그들은 무엇이 주님을 기쁘시게 하는지 알기 위해 주님과 많은 시간을 보내야 했으며, 성령님을 근심케 하지 말라는 경고를 심각하게 받아들일 수밖에 없었다(엡 4:30).

우리는 그들에 비해 성경 전권을 가지고 있다는 엄청난 이점을 가지고 있다. 그래서 우리에게는 변명의 여지가 없다. 하지만 만약 우리가 성령님의 직접적인 인도하심과 그분의 음성을 성경으로 대체해버린다면, 그것은 단숨에 성령님을 소멸케 하는 행동이 될 것이다. 왜냐하면 우리도 무엇이 주님을 기쁘시게 하는지를 경험으로 배워야 하기 때문이다. 그러기 위해서는 주님과 함께하는 시간을 갖고, 그분에 대한 민감함을 키워야 한다.

당시 요셉과 마리아만큼 예수님을 잘 아는 사람은 없었다. 그들은 자신들이 주님에게 특별한 사람이라고 생각했다. 물론 그들은 특별한 사람들이었다. 하지만 특별한 사람이라는 생각은 다른 사람들보다 한 수 위라는 인식을 낳기 쉽다. 보통 일반적인 사람들이 경험하는 것보다 훨씬 더 깊게 하나님을 만나고, 하나님과 남다른 친밀함을 경험했던 사람들에게서 이런 경향이 나타나기 쉽다. 그런데 이럴 때 조심하지 않으면, 자칫 교만에 빠질 뿐 아니라 성령께서 하시는 일에 순종하지 못하게 되고 만다. 이것은 우리 스스로 너무 잘 알고 있다고 생각할 때 빠지기 쉬운 함정이다.

부끄러운 고백이지만, 내가 나의 예루살렘으로 귀환하기 위해 애쓸 때, 주변 사람들이 기도하는 시간을 방해하면 심하게 짜증을 내곤 했다. 하루라도 빨리 하나님과의 친밀함을 회복하고 성령님을 근심케 하는 일을 하지 않으려고 노력하던 시기에, 주님과 개인적인 시간을 갖는 중에 전화가 온다든지 아내나 아이들이 방해하면 무척 화가 났다. 그런데 오히려 그런 나의 행동이 성령님을 멀리 쫓아버린 격이었다. 그때의 심정은 이랬다. "하나님, 제가 주님께 가까이 가기 위해 이렇게 노력하고 있습니다. 제가 방해받는 것을 싫어하는 걸 잘 아시면서 왜 그냥 내버려두시는 겁니까?"

솔직히 당시 나는 하나님과 더 많은 시간을 보내기 위해 노력하는 것을 기뻐하신다는 뜻으로 주님께서 뭔가 보상해주실 것이라고 기대하고 있었다. 그런데 그것은 오히려 악순환이 되었다. 나는 성령님을 기쁘시게 하려고 더 많은 기도를 했고, 그러느라 성령님을 더욱 근심하시게 했다. 나중에 이 모든 사실을 알게 되고 나서는 더욱 화가 났다. 성령님을 기쁘시게 한다는 것이 내게는 전혀 불가능한 일 같아 보였던 것이다!

이런 일들은 설교 준비를 할 때에도 반복되었다. 나는 혼자 있는 시간이 필요했고, 무엇보다 내적 평안이 필요했다. 그런데 주변 상황으로 인해 평안이 깨지곤 했다. 그런 상태로는 설교 준비가 잘될 리 없었다. 성령님으로부터 어떠한 영감도 얻을 수 없었다. 그럴 때면, 나는 이렇게 하소연하곤 했다. "하나님께서 저를 지금 이 자리에 세우셨고, 저는 지금 설교 준비를 해야만 합니다. 제가 하는 설교는 녹음도 되고, 아마도 전 세계의 많은 사람들이 듣게 될 것입니다. 그러니 도와주셔야만 합니다." 그런데 하나님께서는 이렇게 대답하시는 것 같았다. "과연 그럴까?"

하나님께서는 나를 위해 그분의 원칙을 변경하지 않으신다. 대신 내가 성령님께 순종하도록 몰고 가신다. 내가 화를 내고 상심하고 원망하는 마음을 품을 명분이 아무리 충분해도, 하나님께서는 조용히 '뒤에 남으시며' 내가 제멋대로 가도록 내버려두신다. 나는 오랜 시간이 지난 후에야 어떤 일로 화가 났으면, 먼저 그 문제를 해결하는 것이 바른 순서라는 것을 배우게 되었다. 언제나 하나님께서 나에게 맞춰주실 것을 기대하는 것이 아니라 내가 '예루살렘'으로 돌아가야 하는 것이다. 그것은 아내나 자녀, 성도나 동료 사역자, 혹은 친구에게 사과를 해야 하는 일일 수 있다. 그렇다. 그것은 정말 자존심 상하는 일일 수 있다. 하지만 원하는 것이 진정 성령의 기름부음이라면, 이것만이 유일한 방법이다.

성질내는 요나에게 그러셨던 것처럼 하나님께서 원하신다면 그분의 원칙을 조금만 양보하셔서 나를 달래주실 수도 있는데, 왜 내게는 그러시지 않는 것일까?(욘 4:4) 사실, 하나님께서는 이미 그렇게 하셨다. 하나님께서는 이미 우리에게 충분히 너그러우셨다. 그렇지 않았다면, 우리는 한 사람도 살아남지 못했을 것이다.

내가 깨달은 바에 의하면, 하나님께서는 내가 그분의 특별한 임재 바깥으로 벗어날 때 나와의 친밀함을 거두시는 경향이 있으시다. 아마도 더 큰 기름부음을 받기 원한다는 나의 기도를 하나님께서 매우 진지하고 철저하게 받아들이신 것이 분명하다! 하나님께서는 내게 더욱 하나님의 얼굴을 구하고, (필요하다면) 더 많이 사과하고, 용서하고, 감사할 것을 강권해오셨다.

왜 우리가 성령님께 맞춰야 하는가?

하나님께서는 왜 우리에게 맞춰주시지 않을까? 왜 우리만 하나님을 기쁘시게 하기 위해 노력해야 하는가? 우리가 부드러우신 성령님께 맞춰야 하는 데는, 그만한 이유가 있다. 여기서 그 이유를 몇 가지 들어보고자 한다.

주님의 성품을 닮기 위해

예수님께서는 하나님의 아들이시면서도 고난으로 순종함을 배우셨다(히 5:8). 내가 이 말의 의미를 온전히 이해한다고 말할 수는 없다. 하지만 나의 경험을 통해 볼 때, 가장 큰 고통은 하나님의 임재를 전혀 느낄 수 없는 상태가 되는 것, 즉 완전히 혼자가 되는 것이다. 하나님께서 히스기야에게 하신 일이 그것이었다. "하나님이 히스기야를 떠나시고 그의 심중에 있는 것을 다 알고자 하사 시험하셨더라"(대하 32:31).

내가 알기로 하나님께서 예수님께 그분의 얼굴을 숨기신 것은 주님께서 십자가에 매달리셨을 때뿐이었다. 예수님께서는 십자가 위에서 "나의 하나님, 나의 하나님, 어찌하여 나를 버리셨나이까"(마 27:46) 하며 소리지르셨다. 하나님께서 그분의 얼굴을 감추실 때, 우리는 주님께서 십자가에서 당하셨던 버림당한 그 고통 가운데로 들어가게 된다. 만약 그것이 고통으로 느껴지지 않는다면, 뭔가 잘못된 것이다.

하나님의 임재가 느껴지지 않으면, 우리는 그 이유가 무엇인지 알아야 한다. 이처럼 우리는 고통스러울지라도 성령님께 맞춰가는 과정을 통해 예수님의 성품을 닮아간다. 그분의 성품을 배우는 데 이것 말고 다른 길은 없다.

더 큰 순종을 배우기 위해

순종은 누군가 하라고 지시한 일을 하는 것이다. 우리는 그리스도인으로서 하나님의 계시된 뜻, 즉 성경으로부터 지침을 받는다. (종종 응급조치 역할을 해주는) 특별한 '지식의 말씀'만 좇고 성경을 건너뛰어서는 진정으로 하나님을 알 수 없다. 성경을 더 많이 읽을수록 우리는 하나님께서 우리에게 원하시는 것이 무엇인지 정확히 알게 된다. 하나님께서는 우리가 말씀을 배움으로써 그분을 더 잘 알기를 원하신다. 매일 그분의 말씀을 읽지 않고, 그분의 얼굴을 구하는 삶을 살지 않으면서 그분을 사랑한다고 말할 수 있을까?

우리가 하나님의 말씀에 맞춰야지, 그분의 말씀을 우리 수준으로 끌어내릴 수는 없다. 지도를 보며 여행하다가 길을 잃었다고 해서, 목적지가 갑자기 당신 앞에 나타나주지는 않는다. 그럴 땐, 다시 지도를 보고 경로를 잘 살핀 다음 방향을 잘 맞춰 나가야 목적지에 다다를 수 있다. 이처럼 성경은 지도와 같아서 우리에게 나아갈 방향을 알려준다.

살다 보면, 경로에서 벗어나게 되는 일이 종종 있다. 그러면 우리는 그 일을 우리 삶에 허락하신 하나님께 화를 내곤 한다. 재해와 재난의 소식을 접하게 될 때에도, 개인적인 삶 속에 불행한 일을 만나게 될 때에도 그렇다. 우리가 생각지 못한 우회도로로 빠진 것과 같은 사건들이 일어날 때 그 길을 헤쳐 나갈 수 있는 유일한 길은, 하나님의 말씀을 통해 이런 일들이 일어나야 했던 이유들을 알게 되는 것이다. 그분의 말씀은 승리를 위한 로드맵이다.

이런 예를 다윗의 삶에서 찾아볼 수 있다. 다윗은 적군의 땅에서 빼앗아 온 하나님의 법궤를 예루살렘으로 가져오겠다는, 하나님께 영광이 될 숭고한 계획을 가지고 있었다. 하지만 이 일을 실현하고자 했던 다윗의 시도는 실패로 돌아가고 말았다. 수레에 실려 있던 법궤가 떨어질 것 같아서 붙잡았을 뿐인데, 그 일로 인해 웃사가 그 자리에서 죽은 것이다. 운반해야 할 거리는 고작 30킬로미터 남짓이었다.

> 그들이 나곤의 타작 마당에 이르러서는 소들이 뛰므로 웃사가 손을 들어 하나님의 궤를 붙들었더니 여호와 하나님이 웃사가 잘못함으로 말미암아 진노하사 그를 그 곳에서 치시니 그가 거기 하나님의 궤 곁에서 죽으니라 삼하 6:6-7

이 일로 인해 다윗은 화가 났다. 어떻게 보면, 그럴 만도 했다. 다윗이 바랐던 것은 예루살렘에 하나님의 영광을 다시 모시고자 했던 것뿐이었다. 이것은 당연히 하나님께서도 기뻐하실 일 아닌가? 하지만 다윗의 의도가 얼마나 고귀하고 하나님을 영광되게 하는 것이었는지와 상관없이, 하나님께서는 그분의 법을 굽히지 않으셨다.

어느 정도 시간이 지난 후, 다윗은 감정을 가라앉히고 하나님을 구했다. 그렇게 하나님을 깊이 구하는 가운데 그는 자신이 하나님께서 지시하신 대로 순종하지 않았음을 알게 되었다. 다윗은 "우리가 규례대로 그에게 구하지 아니하였음이라"(대상 15:13)고 고백한다. 하나님께서는 법궤를 레위인이 메고 옮기도록 정하셨다.

다윗은 하나님과의 관계를 회복하기 위해 그분의 방식에 따라야 했다. 그는 수레에서 법궤를 내려 하나님의 말씀에 적혀 있는 대로 실행하여, 마침내 법궤를 예루살렘으로 옮겨오는 일에 성공하였다(삼하 6:14-19). 이처럼 일이 바로 풀리지 않는 데는 이유가 있음을 기억해야 한다.

우리가 성령님께 맞춰야 하는 필요성을 보여주는 예는 예수님께서 나사로를 다시 살리신 장면에서도 찾아볼 수 있다(요 11:6-44). 예수님께서는 나사로가 죽기 전에 그에게로 가서 낫게 하실 수 있었다. 하지만 주님께서는 좀더 기다리시다가 나사로가 죽은 지 나흘이 되어서야 나타나셨다. 마리아와 마르다는 이렇게 말했다. "주께서 여기 계셨더라면 내 오라버니가 죽지 아니하였겠나이다"(요 11:21, 32).

그들로서는 예수님께서 일찍 오시지 않은 이유를 도저히 이해할 수 없었다. 하지만 결론적으로 봤을 때, 예수님께서 그렇게 하신 데에는 필연적인 이유가 있었다. 예수님께는 나사로를 죽지 않게 하는 것보다 죽은 후에 다시 살리시는 것이 더 좋은 생각이었다. 이것은 처음엔 이해할 수 없지만, 나중에서야 이해하게 되는 일이 있다는 것을 잘 보여주는 예이다.

하나님을 얼마나 사랑하는지 보여드리기 위해

성령님을 근심하시게 하였다는 사실을 깨달을 때 어떤 반응을 보이는지를 보면, 우리가 하나님을 얼마나 사랑하는지를 어느 정도 알 수 있다. 다윗이 그랬던 것처럼, 우리의 첫 반응 역시 화를 내는 것일 수 있다. 다윗이 웃사의 행동이 뭐가 그리 잘못되었기에 하나님의 진노를 불러일으켰는지 이해할 수 없었던 것처럼 우리도 그럴 수 있다. 하지만 다윗이 그랬던 것처럼, 우리도 마음을 진정시키고 다시 생각해봐야 한다.

성령의 비둘기가 떠나가는 데는 언제나 이유가 있다. 우리가 하나님을 사랑한다면, 다윗이 그랬던 것처럼 다시 돌아가 그분께 구해야 한다. "내가 여호와께 바라는 한 가지 일 그것을 구하리니 곧 내가 내 평생에 여호와의 집에 살면서 여호와의 아름다움을 바라보며 그의 성전에서 사모하는 그것이라"(시 27:4).

자신이 하나님을 사랑하고 있다는 사실을 깨달을 수 있다는 것은 정말 좋은 일이다. 특히나 우리의 부족함과 미약함을 스스로 깨닫게 될 때는 더욱 그렇다. 그러면 주님은 우리가 그분을 얼마나 사랑하는지 잘 알고 계신다고 화답해주신다. 하지만 만약 하나님께서 이렇게 화답해주시지 않는다면, 어떻게 할 것인가? 하나님께서 나의 사랑을 알고 계신다는 확신이 들지 않을 때에는 화를 품음으로써 성령님을 근심케 하는 것이 아니라, 계속해서 하나님의 얼굴을 구함으로 우리가 그분을 사랑한다는 사실을 보여드려야 한다.

그러므로 너희 담대함을 버리지 말라 이것이 큰 상을 얻게 하느니라 너희에게 인내가 필요함은 너희가 하나님의 뜻을 행한 후에 약속하신 것을 받기 위함이라 잠시 잠깐 후면 오실 이가 오시리니 지체하지 아니하시리라 나의 의인은 믿음으로 말미암아 살리라 또한 뒤로 물러가면 내 마음이 그를 기뻐하지 아니하리라 하셨느니라 히 10:35-38

기록된 바 하나님이 자기를 사랑하는 자들을 위하여 예비하신 모든 것

Chapter 3 주님을 기쁘시게 하는 것

은 눈으로 보지 못하고 귀로 듣지 못하고 사람의 마음으로 생각하지도 못하였다 함과 같으니라 고전 2:9

죄에 대한 인식을 기르기 위해

성령세례를 받기 전까지 나는 죄에 대해 무지했다. 부끄럽지만, 그전까지는 내가 특별히 지은 죄가 없다고 생각했다. 그런데 어느 날 "만일 우리가 죄가 없다고 말하면 스스로 속이고 또 진리가 우리 속에 있지 아니할 것이요"(요일 1:8)라는 말씀이 새롭게 다가왔다. 그것은 크게는 잘못된 신학 탓이었고, 또 모든 죄를 실수, 오류 또는 '단점' 정도로 치부하였던 내 탓이기도 했다. 솔직히 나는 죄라는 단어를 입에 올리고 싶지 않았다.

그런데 그것이 바뀌었다. 하나님을 인식할수록 내 안에 죄에 대한 인식이 생겨나기 시작했다. 하나님의 영광을 본 이사야가 그랬다. "화로다 나여 망하게 되었도다 나는 입술이 부정한 사람이요 나는 입술이 부정한 백성 중에 거주하면서 만군의 여호와이신 왕을 뵈었음이로다"(사 6:5).

무엇이 성령님을 근심케 하는지 아는 만큼, 죄가 무엇인지 더욱 깊이 깨닫게 된다. 죄는 일부 그리스도인들이 생각하는 죄, 즉 특정계층 안에서 '속된 것'이라고 불리는 것들이나 유흥의 형태들이나 야한 옷차림과 같은 외적인 것보다 우리가 내면적으로 어떤 사람인지와 훨씬 더 깊은 관련이 있다. 물론 앞에서 열거한 죄들을 옹호할 생각은 전혀 없다. 다만 어떤 행위를 하지 않는다는 것을 경건함의 증거로 삼거나 자신이 의롭다고 생각하는 경향에 대해 경고하고 싶은 것이다.

나는 영화를 보러 간다거나 유행하는 옷을 입는 것에 대해서는 비난하면서, 교회 주차장에서 사람들과 언성을 높여 싸우는 것에 대해서는 아무렇지도 않게 생각하고 아무런 죄의식을 느끼지 못하는 사람들을 많이 봐왔다. 성령님께 맞춘다는 것은 무엇이 그분의 감정을 상하게 하는지 알게 됨으로써, 그분께 대한 민감함을 키워나가는 것을 의미한다. 이럴 때, 진정한 죄에 대한 인식을 길러나갈 수 있다.

성령님을 근심하게 하는 것이 무엇인지 경험으로 알기 위해

에베소서에는 무엇이 성령님을 근심하게 하는지 구체적으로 쓰여 있다.

하나님의 성령을 근심하게 하지 말라 그 안에서 너희가 구원의 날까지 인치심을 받았느니라 너희는 모든 악독과 노함과 분냄과 떠드는 것과 비방하는 것을 모든 악의와 함께 버리고 서로 친절하게 하며 불쌍히 여기며 서로 용서하기를 하나님이 그리스도 안에서 너희를 용서하심과 같이 하라 그러므로 사랑을 받는 자녀 같이 너희는 하나님을 본받는 자가 되고 그리스도께서 너희를 사랑하신 것 같이 너희도 사랑 가운데서 행하라 그는 우리를 위하여 자신을 버리사 향기로운 제물과 희생제물로 하나님께 드리셨느니라 음행과 온갖 더러운 것과 탐욕은 너희 중에서 그 이름조차도 부르지 말라 이는 성도에게 마땅한 바니라 누추함과 어리석은 말이나 희롱의 말이 마땅치 아니하니 오히려 감사하는 말을 하라 너희도 정녕 이것을 알거니와 음행하는 자나 더러운 자나 탐하는 자 곧 우상 숭배자는 다 그리스도와 하나님의 나라에서 기업을 얻지 못하리니 누구든지 헛된 말로 너희를 속이지 못하게 하라 이로 말미암아 하나님의 진노가 불순종의 아들들에게 임하나니 그러므로 그들과 함께 하는 자가 되지 말라 엡 4:30-5:7

이런 성경구절들은 읽자마자 금세 우리 마음에서 지워져 버리곤 한다. 우리는 이 경고의 말씀이 옳다는 것에 당연히 동의한다. 그래서 머릿속으로는 수도 없이 동의하지만, 우리의 가슴은 그것을 행동으로 옮겨내지 못한다. 내 친구 로버트 아메스는 '머리부터 가슴까지'가 가장 먼 거리라고 하였다. 지식이 우리의 가슴에 와 닿기 전까지는 아무런 변화도 일어나지 않는다.

많은 경우 성령의 비둘기가 자신으로부터 떠나갔다는 것을 깨닫고 나서야 비로소 에베소서 말씀 안에 있는 진실을 보게 된다. 각 문장 속에는 너무나 중요한 의미들이 들어 있지만, 우리는 실제로 무엇이 성령님을 떠나가시게 만드는지 경험해봐야만 제대로 이해한다. 말씀에 기록된 내용들이 처음에는 소소한 것들로 보인다. 그러다가 점차 매우 중요한 일로 인식되기 시작해서 결국에는 성령님을 근심하게 하는 일들을 하지 않으려는 노력이 하나의 생활방식으로 자리잡는다.

비둘기가 예수님 위에는 머물지 않았는가? 그러니 우리의 목표도 비둘기가 우리에게 가능한 한 오래 머물러 있고, 하나님의 근심치 않으시는 성령께서 언제나 우리와 함께 거하시는 것이 되어야 한다. 언젠가 하나님께서 우리를 본향으로 부르시고, 우리는 그분 앞에 서게 될 것이다. 그러므로 성령께서 근심하시지 않도록 힘씀으로써, 우리는 그 영광스러운 순간을 예비할 수 있다.

성령님을 근심하게 하였다는 것을 최대한 빨리 인식하기 위해
이 책의 초입에서부터 강조하였듯이, 성령께서 임재를 거두실 때 우리는 대부분 아무것도 느끼지 못한다. 하지만 항상 그런 것은 아니다. 이 책을 쓰는 가장 큰 목적 중 하나도 바로 이것이다. 나는 우리가 성령님을 근심하게 한 바로 그 순간 그것을 감지할 수 있게 되기를 바란다. 그분의 임재에 대한 그 정도 수준의 민감함을 훈련한다면, 성령께서 불편해하시는 순간에 그것을 느낄 수 있을 것이다. 또한 성령께서 기뻐하시는 것도 즉시 감지하게 될 것이다.

성령께서 불편해하시면, 나는 평안을 잃기 시작한다. 이것은 누군가와 대화를 나누거나 편지에 답장을 하다가도 종종 일어나는 일이다. 무언가 마음이 편치 않으면, 그것은 하나님을 기쁘시게 하지 않는 것을 내가 말하거나 듣거나 동의하고 있다는 비교적 부드러운 신호이다. 이럴 때 해야 할 일은 단 한 가지, 즉시 하던 일을 멈추는 것이다. 그리고 (너무 티 나지 않게) 대화의 주제를 바꾸자고 제안하거나 썼던 것을 지우고 새로 쓰는 것이다.

우리는 이러한 '점검'(아마도 가장 합당한 단어가 아닌가 한다)을 받음으로써, 하나님과의 교감을 잃는 것을 미연에 방지할 수 있다. 또한 이렇게 하면 나중에 후회할 일 하나를 덜게 된다. 정말 놀랍게도(어쩌면 당연한 일이지만), 이렇게 점검을 거치고 나면 놀라운 평안이 뒤따른다.

여기에 또 다른 긍정적인 면도 있다. 성령께서 나와 동의하실 때에는 넘치는 평안을 누릴 수 있다는 것이다. 그것은 내가 생각하는 대로 진행해도 된다는 초록색 신호등이 켜진 것과 같다. 이럴 때, 나는 내가 안전하다는 것을 안다.

이러한 평안과 함께 앞으로 나아가라는 사인이 들어오면, 앞에서 살펴본 여러 가지 죄의 덫을 피해갈 수 있다. 우리의 내면에서 증거하시는 성령님께 순종함으로써 죄의 덫을 모면할 수 있는 것이다. 성경책 전 권이 아직 주어지지 않았을 때 살았던 그리스도인들은 이렇게 살아갔다. 그리고 하나님의 완성된 말씀이 있는 지금의 우리 또한 그렇게 살아야 한다.

자비를 가르치기 위해

바울은 "너희 관용을 모든 사람에게 알게 하라"(빌 4:5)고 하였다. '관용'(gentleness)이라는 단어는 헬라어로 '사람에게 덤터기를 씌우지 않는, 사람을 곤란으로부터 벗어나게 하는' 이라는 뜻을 가지고 있다. 이 말을 쉽게 표현하면 '자비로움'(graciousness)이라고 할 수 있을 것이다.

자비로울 것인가 말 것인가는 우리의 선택에 달렸다. 어떤 사람에게 덤터기를 씌울 것인지 혹은 그를 곤란으로부터 벗어나게 해줄 것인지는 우리가 선택할 수 있다. 이것은 저절로 되거나 쉽게 되지 않는 일이다. 하지만 그것을 실천한다는 것은 예수님처럼 되는 일이다. 하나님께서는 우리를 이렇게 대하신다. 하나님께서 우리에게 보여주신 자비하심에 대해 감사함을 표현하는 길은 우리도 누군가에게 자비를 베푸는 것이다.

우리가 더 큰 기름부음을 갈망한다는 것을 보여드리기 위해

우리 부부의 친구인 도티 오츠가 어느 날 이런 질문을 했다. "성령으로 더 충만히 채워지길 원한다는 게 이기적인 것일까요?" 그는 나에게 성령으로 더욱 충만하게 되도록 기도 부탁을 하면서 이런 말을 하였다. 이것이 자신의 가장 궁극적인 갈망이라는 사실에 죄책감을 느끼고 있었던 것이다.

사실 더 큰 기름부음을 원하는 이러한 갈망은 초자연적인 것이다. 이것은 몇 년 전의 도티라면 생각지도 못했을 기도제목이다. 재키 플린저가 말했듯이 영적인 사람에게 초자연적인 일은 자연스러운 법이다. 그러므로 이것은 이기적인 것이 아니라 초자연적인 것이다.

우리가 더 큰 기름부음을 간절하게 원한다는 사실을 어떻게 보여드릴 수 있을까? 기도사역 시간에 앞으로 자주 나가거나 개인적으로 기도를 많이 한다고 해서 꼭 그런 것만은 아니다. 더 큰 기름부음을 원한다는 증거는 성령님을 근심하게 하였을 때 자신도 근심하고, 그분께 맞춰서 조정하는 것이다. 만일 당신이 하나님께 가장 간절히 원하는 것이 더 큰 기름부음을 받는 것이라고 기도했다면, 하나님께서는 수도 없이 많은 테스트를 치르게 하셔서 당신이 말한 것이 진심인지 확인하고자 하실 것이다.

성령님께 맞춘다는 것은 결코 쉽지 않은 일이다. 그것은 사실 매우 불편한 일이다. 그분은 이제까지 전혀 문제가 되지 않던 습관들을 바꿀

것을 요구하실 수도 있다. 문제는 성령님께 대한 민감함을 키우기 위해 우리가 어디까지 갈 준비가 되어 있느냐 하는 것이다. 나는 하나님께서 이스라엘 백성들에 대해 말씀하셨듯이 우리에 대해서도 "내 길을 알지 못한다"(시 95:10)라고 하시지 않기를 바란다. 이스라엘은 하나님의 길을 알지 못함으로 인해 소중한 유산을 잃어버렸다.

성령님께 맞춘다는 것은 그분의 임재를 환영하는 것이다. 그리고 그분을 떠나시게 할 만한 이유를 만들지 않는 것이다. 그렇다면, 어떻게 그분을 환영할 것인가? 한 가지 확실한 것은 그분께 직접 말씀을 드리는 것이다. 얼마나 자주 성령님께 "성령님, 당신을 환영합니다"라고 말하는가? 언제나 환영한다고 말씀드리길 바란다. 나는 이것이 (예수님의 보혈로 우리를 덮는 기도와 함께) 매일 아침 하나님께 가장 먼저 말씀드려야 할 것이라고 생각한다.

누군가 "성령께서는 이미 환영받고 계심을 아십니다"라고 말할지도 모르겠다. 과연 그럴까? 우리가 성령님께 환영한다고 말씀드리는 것을 듣고 싶어 하실 것이라고 생각하지 않는가? 누군가의 집을 방문했을 때 집주인이 "정말 환영합니다"라고 말하면, 기분이 훨씬 좋지 않은가? 성령님께서 너무 민감하신 분이라서 환영한다는 말씀을 드려야 하는 것일까? 어쩌면 그럴지도 모른다. 슬프게도 대부분의 사람들이 성령님과 아무 상관없이 살고 싶어 한다. 그렇기 때문에 환영한다고 말씀드림으로써 당신이 남들과 다르다는 것을 보여드릴 수 있다. 당신이 친한 친구와 그렇게 하듯 너무나 당연하고 단순한 말이지만, 하나님께 그것을 들려드림으로써 그분과의 깊은 친밀함 속으로 들어갈 수 있다.

우리는 성령님을 환영하되 그분께서 원하시는 방법으로 오시도록 해야 한다. 하나님께서는 당신이 얼마나 기꺼이 그렇게 하길 원하는지 테스트하실 수도 있다. 때로는 당신이 누군가를 대하는 태도가 옳지 않다고 부드럽게 지적하시며 당신에게 다가오실 수도 있다. 만약 당신이 이 음성을 무시해버린다면, 성령께서는 소리 없이 자취를 감춰버리실 것이다. 하나님께서 어떤 식으로 다가오실지는 당신이 선택할 수 없다.

우리가 성령의 음성을 무시하여 그분께서 떠나실 때, (이미 여러 번 말했던 것처럼) 우리는 종종 아무것도 느끼지 못한다. 오히려 당신은 자신의 태도가 정당했다고 자기합리화만 하고 있을지도 모른다. 또는 하나님께서 당신에게 '잘했어, 네가 상처받는 것이 당연해'라고 말씀하신다고 생각할 수도 있다. 하지만 그것은 성령님의 음성이 아니다.

나 역시 이런 상황에 수도 없이 많이 처해 보았다. 사람들이 어떻게 그럴 수가 있는지, 너무나 화가 났던 적도 많다. 가끔 나에게 무례하게 굴거나 상처를 준 사람에게 어떻게 말할 것인지를 상상하며 혼잣말을 하기도 하고, 내가 나서서 옳고 그름을 바로잡아야겠다고 생각한 적도 많다. 또한 상대방이 했던 일을 곱씹고 곱씹으며 '그건 절대 옳지 않아'라고 생각하기도 한다. 심지어 하나님조차 '맞아, 그건 옳지 않은 일이야'라며 동의해주시는 상상도 한다. 그러면, 하나님께서 내 편을 들어주신 양 기분이 좋아진다. 동시에 성령의 비둘기가 나와 함께하신다고 확신한다. 하지만 아니다. 만약 거기에 뭔가가 있다면, 그건 피죤에 불과하다! 이것에 대해서는 8장에서 살펴볼 것이다.

성령님을 환영할 때, 우리는 그분께서 어떤 모습으로 오시든 열려 있어야 한다. 내가 가장 바라는 것은 성령께서 나의 영을 기쁨과 평안으로 채우심으로 오시는 것이다. 때로는 성경을 읽는 중에 오셔서 특정한 구절을 부각시켜 주시며 그전에는 알지 못했던 무언가를 깨닫게 해주실 수도 있다. 이것 또한 내가 가장 바라는 것 중 하나이다. 나는 말씀을 특정한 상황 가운데 적용할 수 있도록 비춰주셔서 그날 할 일을 알게 해주시는 것도 사모한다. 그러나 아내나 장로, 친구 혹은 동료 사역자들에게 가서 먼저 사과하라는 말씀을 주실 때도 있다. 물론 순종하기는 쉽지 않지만, 그렇게 했을 때 특별히 큰 평안이 뒤따른다.

한 가지 확실한 것은 성령님이 나타나실 때 항상 내적 평안을 동반한다는 점이다. 평안함은 우리가 안전지대를 벗어나야 하는 고통을 충분히 감내하도록 돕는다.

성령께서 떠나가시는 것을 방지하는 방법

성령님께 맞추는 것은 그분의 임재를 환영하고 그분께서 떠나가실 만한 이유를 제공하지 않는 것이다. 성령의 비둘기가 조용히 날아가 버리는 것을 막기 위해서 우리가 할 수 있는 일은 무엇일까? '무엇이 하나님을 기쁘시게 하는지'를 연구하면서 알게 된 내용을 몇 가지 나누고자 한다. 다음의 원칙들은 대부분 우리가 두려움에 빠지거나 화가 날 만한 상황들과 연관되어 있다.

있는 그대로 두라

부정적이고 바람직하지 않은 일들을 바로잡으려고 노력하지 말라. 하나님께서 그분의 때에 그분의 방법으로 일하시도록 하라. 우리는 먼저 이 일을 하나님께 맡겨 드리겠다는 의도적이고 의식적인 태도를 가져야 한다. 나의 경우에는 성급하게 소매를 걷어붙이면서 '이에는 이, 눈에는 눈'으로 달려들지 않겠다고, 그리고 다른 사람을 비판하지 않겠다고 의식적으로 결단한다. 나는 성격상 늘 그런 식으로 반응하는 편이기 때문이다. 또한 나에게 있어서 있는 그대로 두는 것이란 말조심을 하는 것이다. 아마도 나와 비슷한 처지에 있는 사람들이 많을 것이다. 경험해봐서 알겠지만, 말조심한다는 것이 쉬운 일은 아니다.

> 이와 같이 혀도 작은 지체로되 큰 것을 자랑하도다 보라 얼마나 작은 불이 얼마나 많은 나무를 태우는가 혀는 곧 불이요 불의의 세계라 혀는 우리 지체 중에서 온 몸을 더럽히고 삶의 수레바퀴를 불사르나니 그 사르는 것이 지옥 불에서 나느니라 약 3:5-6

숲을 태울 수 있는 작은 불씨는 우리 삶에 언제나 존재한다. 좋지 않은 상황이나 기분 나쁜 일을 접했을 때, 우리가 무엇을 어떻게 말하는가가 성령의 비둘기가 계속 머물 것인지 조용히 날아가버릴 것인지를 좌우한다. 나는 성령께서 머물러주시기를 원하면서도 정작 말이나 행동으로 성령님을 쫓아버리는 경우가 너무나 많다. 그리고 그 유혹들은

(처음에는 대부분 다) 내가 이길 수 없을 만큼 강해 보인다!

하지만 이것은 진실이 아니다. 성경은 "사람이 감당할 시험 밖에는 너희가 당한 것이 없나니 오직 하나님은 미쁘사 너희가 감당하지 못할 시험 당함을 허락하지 아니하시고 시험 당할 즈음에 또한 피할 길을 내사 너희로 능히 감당하게 하시느니라"(고전 10:13)고 말한다. 이런 상황에서 '피할 길'은 있는 그대로 두는 것이다.

상황을 있는 그대로 둔다는 것은 내가 성령께서 진정으로 계속 함께하시길 원한다는 것을 보여드릴 수 있는 좋은 기회이다. 이렇게 함으로써 하나님을 결정권자의 자리에 앉아 계시도록 해드릴 수 있으며, 이것이 삶을 사는 가장 좋은 방법이다. 모든 일의 주권이 하나님께 있음을 알고 그분을 신뢰함으로 자신의 혀를 다스리는 자들에게 하나님께서 주신 약속은 다음과 같다.

> 주께서 심지가 견고한 자를 평강하고 평강하도록 지키시리니 이는 그가 주를 신뢰함이니이다 사 26:3

> 잠잠하고 신뢰하여야 힘을 얻을 것이거늘 사 30:15

> 말이 많으면 허물을 면하기 어려우나 그 입술을 제어하는 자는 지혜가 있느니라 잠 10:19

하나님의 주권을 이론으로 믿는 것과 실제로 그것을 인정해드리는 삶을 산다는 것은 전혀 다른 문제이다. 하나님께 주권이 있음을 확신하는 증거는 내가 임의로 하지 않는 것이다. 흥분할 필요도 없다. 그저 가만히 두고 잠잠히 있으라.

허물을 못 본 체하라

다른 사람의 허물을 못 본 체하는 것은 하나님께 주권이 있음을 삶 가운데 풀어내는 일이다. 못 본 체한다는 것은 '눈감아주다', '잘못에 대한 대가를 치르지 않도록 해주다'라는 의미를 가지고 있다. 다른 사람으로부터 비난이나(그것이 타당하건 부당하건 간에) 모욕 혹은 그와 비슷한 형태의 부당한 대우를 받았을 때, 그들의 잘못을 간과해준다는 것은 결코 쉽지 않은 일이다. 이것은 상황을 있는 그대로 두라는 원리에서 한 단계 더 발전된 형태이다. "노하기를 더디 하는 것이 사람의 슬기요 허물을 용서하는 것이 자기의 영광이니라"(잠 19:11).

이것이 자비이다. 눈치를 못 챘다는 듯이 (진솔한 마음으로) 넘어가주는 것이다. 나는 지금 우리 사회의 부도덕성을 눈감아주거나 범죄를 목격하였을 때 그것에 연루되는 것을 거부하라는 이야기를 하는 것이 아니다. 다만 우리가 다른 사람으로부터 폭언을 들었을 때, 어떤 마음의 자세를 취할 것인가를 말하는 것이다. 만약 육체적인 공격을 당한다면 자신을 방어할 수 있고, 또 다른 사람이 공격당하는 것을 보았다면 가서 도와줄 수도 있다. 이런 행동들은 성령님을 근심하게 하지 않는다. 오히려 그렇게 함으로써 성령님의 능력을 행사할 수 있다.

지금 여기에서 말하고 있는 덕목은 친구나 직장상사, 배우자 혹은

적으로부터 비방하는 말을 들었을 때, 그들의 허물을 간과하기로 결정하고, 그들에게 말할 때 말조심하는 것을 말한다. '일을 숨기는 것은 하나님의 영화'(잠 25:2)이다. 이것이 하나님께서 그분의 아들을 십자가에서 돌아가시게 함으로써 우리에게 행하신 일이다. 그분은 우리의 허물을 숨겨주셨다. "동이 서에서 먼 것 같이 우리의 죄과를 우리에게서 멀리 옮기셨으며"(시 103:12).

예수님께서 우리에게 그렇게 하셨다(눅 23:34). 그러므로 "하나님이 그리스도 안에서 너희를 용서하심과 같이"(엡 4:32) 우리도 용서해야 한다. 해야 할 말과 드러내야 하는 일을 우리가 숨겨줄 때, 성령께서 머무신다. 성령의 비둘기가 예수님에게서 떠나지 않았던 이유가 바로 여기에 있다.

부드러운 마음을 가지라

부드러운 마음을 가지라는 것은 겁쟁이나 '새가슴'이 되라는 말이 아니다. 사실 그와 정반대이다. 우뚝 솟은 기둥처럼 중심을 잘 잡는 것이다. 바울이 '장성한 사람'(고전 13:11)이 되었다고 말한 것이 바로 그 뜻이다. 그것은 스스로 완벽한 사람이라고 착각하지 않을 수 있는 건강한 내면을 소유하게 되는 것을 말한다. 부드러운 마음은 자신을 보호하고자 하는 욕심을 버리고 기꺼이 '다칠 수 있는' 자세를 갖는 것이다.

나의 친구 앨런 벨은 '자기 자신을 보호하지 않고 달려나가는 것'이 사랑이라고 하였다. 마음이 부드럽다는 것은 다시 말해서 자기방어적인 자세를 취하지 않는 것을 말한다.

지구에 존재했던 인물 중 가장 강한 사람은 예수님이시다. 주님은 십자가 사건을 중단시킬 수 있는 능력을 가지고 계셨다. 제사장들과 군사들이 예수님을 체포하기 위해 왔을 때 나타내신 것은 예수님의 능력의 일부에 불과했지만, 그것만 보아도 예수님의 능력을 짐작할 수 있다. 성경에 보면 군사들이 예수님을 둘러쌌을 때, 갑자기 그들이(어떤 학자는 몇 백 명이었다고 주장한다) 땅에 엎드러졌다고 쓰여 있다(요 18:6). 하지만 예수님께서는 '다치실 수 있는' 입장에 서시기로 결정하셨다. 기꺼이 약함을 선택하신 것이다(고후 13:4).

파경에 이른 결혼생활도 남편과 아내가 서로 부드러운 마음으로 방어적인 태도를 버리고 상대의 잘못을 지적하는 것을 멈춘다면, 하룻밤 사이에 회복될 수 있다. 그러나 오늘날 부부 사이에 일어나는 수많은 갈등 때문에 성령께서 근심하시게 되는 일이 너무나 많다.

자신을 지나치게 높이는 태도도 성령님을 근심하게 하고 기름부음을 사라지게 만든다. 사울 왕은 자신을 높이려 하다가 어제의 사람이 되고 말았다(삼상 13:9-14, 16:1). 오늘날 수많은 사역자들의 관심이 '공로가 누구에게 돌아갈 것인가'에 맞춰져 있으며, 너무나 많은 사람들이 알려지고 인정받고 싶어 한다. 하지만 이러한 마음들이 있는 곳에 성령께서 머물러 계실 리가 없다.

미국의 로널드 레이건 전(前) 대통령의 집무실 책상에는 이렇게 새겨진 명판이 놓여 있었다고 한다. "누구의 업적으로 남을 것인지 상관치 않는 사람에게 이루지 못할 것은 없다." 종종 자신이 받아야 할 인정을 받지 못하는 것을 참지 못한 나머지 더욱 큰 일을 할 수 있는 기회를 놓쳐버리는 사람들이 많다. 또한 자신이 한 일에 대한 공로를 다른 사람이 가져가는 것을 아무렇지 않게 받아들이는 사람도 별로 없다.

물론 그들의 입장을 이해할 수는 있다. 하지만 철저하게 자기 자신을 내려놓고 사람들의 칭찬을 포기할 때, 엄청난 내면의 자유함을 얻고 그 자체로 하나님께 영광이 된다. 하나님께서는 이런 사람에게 더 큰 사역을 맡기신다.

사람들을 자유하게 하라

예수님과 성령님의 사역은 결국 구속으로부터의 해방이다. 하지만 우리는 통제하기를 좋아한다는 것이 문제다. 누군가를 자유롭게 풀어 줄 수 있는 능력을 가지고 있으면서도 그 사람이 죄에 속박된 상태로 살아가도록 의도적으로 방치하는 것만큼 큰 죄는 없다.

다른 사람을 구속으로부터 자유롭게 풀어주는 일에는 몇 가지 단계가 있다. 먼저 우리는 그 사람을 전적으로 용서해야 한다. 그러면, 그 사람에 대해 알고 있는 바를 아무에게도 말하지 않을 것이다. 그리고 그 사람이 위협을 느끼지 않도록 배려해야 한다. 그 다음으로 그 사람이 자기 자신을 용서할 수 있도록 도와줘야 한다. 또한 그 사람의 체면을 세워줘야 한다. 영원한 친구가 되고 싶다면, 그 사람의 체면을 지켜 주어야 한다. 그 사람이 자존심과 자존감, 자부심을 가질 수 있도록 도우라.

애굽의 총리가 된 요셉은 보복을 당할지도 모른다는 생각에 두려워 하는 11명의 형제들에게 "나를 이리로 보낸 이는 당신들이 아니요 하나님이시라"(창 45:8)고 하며 형제들의 낯을 세워주었다. 22년 전 요셉을 해치려고 했던 형제들의 죄책감은 말할 수 없이 깊었다. 그것을 아주 잘 알았던 요셉은 형제들을 자유롭게 해주었다. 그는 "하나님은 그것을 선으로 바꾸사"라고 말해주었다(창 50:20). 이 말을 들은 형제들의 마음은 어땠을까?

우리는 죄책감을 이용해서 다른 사람을 통제할 수 있을 뿐만 아니라, 그 사람이 내 말에 복종하도록 조종할 수도 있다. 그러나 성령께서는 우리를 조종하지 않으시며, 우리에게 자유를 주신다. 통솔력이 강한 지도자들 중 대다수가 (주로 자신들의 내적 불안감 때문에) 따르는 사람들이 자신들이 원하는 대로 하지 않을 경우, 그들이 불성실한 것처럼 느끼게 만들어서 통제하는 경우가 많다. 그런 지도자들은 성령님을 근심하게 하고 사람들의 자유를 박탈할 위험이 많다. 성령께서 하시는 일은 우리를 자유케 하시는 것이다. 근심하지 않으시는 성령께서 온전히 우리와 함께하실 때, 우리도 사람을 조종하거나 통제하는 일을 멈추고, 사람들을 자유케 하는 성령님의 사역을 이어갈 수 있다.

하나님께서는 우리 모두에게 그 일을 행하셨다. 과거로부터 우리를 자유케 하셨다. 하나님을 사랑하는 자 곧 그의 뜻대로 부르심을 입은 자들에게는 모든 것이 합력하여 선을 이룰 것이라고 약속하셨다(롬 8:28). 우리에게는 다른 사람을 자유롭게 풀어줌으로써 주님의 역할을 대신할 수 있는 고귀한 특권이 있다. 성령께서는 우리가 이러한 특권을 행사하는 것을 기뻐하신다. 그분은 다른 사람의 체면을 지켜주는 사람을 아주 좋아하신다.

어쩌면 우리는 하나님께서 나를 위해 그분의 원칙을 어느 정도 양보해주시기를 기대할지도 모른다. 하지만 결국에는 하나님께서 우리에게 맞추지 않으시고 인내해주신 것에 대해 감사하게 될 것이다. 무엇보다 우리가 성령님께 맞춰가는 능력을 습득하고, 무엇이 하나님을 기쁘시게 하는 일인지 경험을 통해 배울 수 있었다는 것에 대해 감사하게 될 것이다.

Chapter 4

하나님은 왜 가끔 침묵하시는가?

THE SENSITIVITY OF THE SPIRIT

> 구원자 이스라엘의 하나님이여
> 진실로 주는 스스로 숨어 계시는
> 하나님이시니이다
> (사 45:15)

오스왈드 챔버스는 이런 질문을 던졌다. "하나님께서 침묵하셔도 불안하지 않을 정도로 그분과 친밀한가?" 당신은 하나님과 소통이 되어야만 하나님으로부터 인정받고 사랑받고 있다고 느끼는가? 바울은 디모데에게 "때를 얻든지 못 얻든지 항상 힘쓰라"(딤후 4:2)고 권면한다. '때를 얻었을 때'는 하나님께서 분명하게 얼굴을 보여주셔서 생기가 넘치는 시간이요, '못 얻었을 때'는 하나님께서 우리에게서 얼굴을 숨기시고 침묵하시는 시간이다. 우리는 리처드 뷰스가 적절하게 표현한 것처럼, 하나님과 '소원한 시기'에도 당황하지 않을 정도로 그분과 원숙한 관계를 맺고 있어야 한다.

하나님께서는 우리가 하나님의 임재 안에서 배우듯이 그분의 부재를 통해서도 배우기를 원하신다. 사람들은 종종 축복을 받을 때보다 하나님께서 얼굴을 숨기실 때, 더 많은 것을 배우게 된다. 그리고 하나님의 침묵은 우리에게 시험과도 같아서, 그동안 하나님의 '방법'을 얼마나 잘 배웠는지를 보여드리는 기회가 된다.

예수님께서는 예루살렘 성전에 남아 율법교사들과 이야기를 나누어야겠다는 계획에 대해 부모에게 침묵하셨다. 아마도 그 계획을 말씀하지 않으셨던 것은 주님이 성전에서 배우고 나누게 될 주제의 특성 때문이었을 것이다. 예수님께서 이 땅에 오신 것은 모름지기 육신의 부모에 대한 도리보다 훨씬 더 크고 중요한, 하늘에 계신 아버지의 일을 하시기 위함이었다. 하지만 하나님의 거룩한 계획 안에는 이것 말고 또 다른 측면도 있었다. 이 사건은 요셉과 마리아를 위한 배움의 기회이기도 했다. 그들에게 이 일은 첫 '연습'이었으며, 앞으로 배워야 할 것이 많았다.

요셉과 마리아는 예수님을 떠나보낼 준비가 되어 있지 않았다. 주님이 태어나시기도 전에 그들은 그분이 태어나실 것이라는 사실과 어떤 목적으로 이 땅에 오시는지 이미 알고 있었다. 그분의 출생에 얽힌 기적과도 같은 일들을 어떻게 잊을 수가 있었겠는가? 마리아가 아직 처녀였을 때, 천사 가브리엘이 와서 이렇게 말했다.

보라 네가 잉태하여 아들을 낳으리니 그 이름을 예수라 하라 그가 큰 자가 되고 지극히 높으신 이의 아들이라 일컬어질 것이요 주 하나님께서 그 조상 다윗의 왕위를 그에게 주시리니 영원히 야곱의 집을 왕으로 다스리실 것이며 그 나라가 무궁하리라 마리아가 천사에게 말하되 나는 남자를 알지 못하니 어찌 이 일이 있으리이까 천사가 대답하여 이르되 성령이 네게 임하시고 지극히 높으신 이의 능력이 너를 덮으시리니 이러므로 나실 바 거룩한 이는 하나님의 아들이라 일컬어지리라 눅 1:31-35

요셉도 예언적인 꿈을 통해 다음과 같은 말씀을 들었다.

다윗의 자손 요셉아 네 아내 마리아 데려오기를 무서워하지 말라 그에게 잉태된 자는 성령으로 된 것이라 아들을 낳으리니 이름을 예수라 하라 이는 그가 자기 백성을 그들의 죄에서 구원할 자이심이라
마 1:20-21

아마도 그들은 예수님의 얼굴을 바라볼 때마다 이 사건들을 떠올렸을 것이다. 그들은 언젠가 모든 것이 달라지고, 예수님을 아버지께로 돌려보내야 하는 날이 올 것이라는 사실을 알고 있었다. 하지만 그런 날이 '언젠가 오겠지'라고 생각하는 것과 '그날이 왔구나' 하고 깨닫는 것은 다른 일이다. 아마도 그들은 '그날은 아직도 멀었어'라고 생각했을 것이다. 사실 예수님께서 그들을 완전히 떠나신 것은 한참 지나고 나서였다.

결국 예수님의 바르 미츠바(유대인의 성인식 - 역주)는 요셉과 마리아에

게 충격을 가져다준 사건이었다. 그것은 아들 되신 예수님이 앞으로 장성하여 어떤 일을 하실지를 미리 엿볼 수 있는 기회였다. 이 사건은 요셉과 마리아를 위해서라도 필연적으로 일어나야 했다. 예수님은 나사렛으로 돌아와서 부모에게 다시 순종하여 받드셨지만(눅 2:51), 이날 이후부터 요셉과 마리아는 그분에 대해 어느 정도의 거리감(객관성)을 가질 수밖에 없었을 것이다. 이 일을 통해 예수님은 그분의 위치를 인식시킬 수 있으셨고, 요셉과 마리아 역시 자신들의 위치를 확인할 수 있었다.

우리 모두에게 이런 일이 일어나야 한다. 우리가 하나님과의 친밀함을 맛보아 안 다음에는 그분의 엄위하심을 알 필요가 있다. 그렇지 않으면 우리는 교만해지기 쉽고, 자신이 하나님과 매우 가까운 사람이라고 착각하여 그분을 만만하게 보게 된다.

하나님과의 친밀하고 독특한 만남을 경험한다는 것은 매우 중요한 일이다. 이것은 우리에게 일어날 수 있는 가장 신나는 일일 수 있다. 하지만 그것은 동시에 위험한 일이 될 수도 있다. 이런 경험을 하고 나면, 어느새 영적 자만과 교만에 빠져 자기가 보기에 덜 '특별한' 성도들 위로 자신의 위치를 격상시키게 된다. 이렇게 되었을 때, 우리를 겸손한 자리로 끌어내릴 수 있는 유일한 길은 하나님께서 잠시 동안 우리를 버려두시는 것이다.

영적 교만은 교만 중에서도 가장 고약하다. 종종 하나님과 직통으로 통하는 '핫라인'을 가지고 있다고 주장하는 사람들이 있다. 그러나 하나님께서는 그런 것을 누구에게나 무조건적으로 허락하시는 분이 아니다. 왜냐하면, 그것이 우리로 하여금 거만하고 잘난 체하는 안하무인의 사람이 되게 하여 결국 파멸에 이르게 하기 때문이다. 또한 하나님과 이러한 관계를 맺고 있다고 생각하는 사람들에게는 배우고자 하는 자세와 책임감이 결여되기 쉽다. 자신에게 도움을 주고자 하는 사람들보다 자신이 영적으로 우위에 있다고 생각하기 때문이다. 이러한 사람들이 주제 넘는 줄 모르고 자신들의 길을 갈 때, 이들을 도와줄 수 있는 유일한 방법 역시 하나님께서 '뒤에 남으시는 것'이다.

나도 이런 경험을 하였다. 그 고통은 매우 극심했고, 한동안 이해할 수도 없었다. 마치 하나님께서 나를 배신하시고, 나의 원수가 되신 것 같았다. 주님께서 나를 잊으신 것 같았다. 그분과의 대화도 끊어지고, 모습도 아예 감추셨다. 물론 처음에는 그것을 눈치 채지 못했다. 과거에 누렸던 친밀함의 잔재와 기억을 가지고 하나님께서 계속 나와 함께 하신다고 착각했기 때문이다. 그러다가 마침내 그분의 부재를 인식하는 날이 오고야 말았다.

내가 보기엔 성령님을 특별하게 경험한 대부분의 사람들이 이러한 경험을 하는 것 같다. 하나님께서는 어느 날 갑자기 예고도 없이 얼굴을 숨기시고 한마디 말씀도 하시지 않은 채 떠나가신다. 그리고 그분이 왜 그러셔야 했는지는 (대체적으로) 한참 지나서야 밝혀진다.

하나님은 왜 뒤에 남으실까

하나님께서는 왜 그러실까? 그분은 왜 뒤에 남으실까?

우리 마음에 무엇이 있는지 보여주시기 위해

모세는 이스라엘 백성들에게 이렇게 당부했다. "네 하나님 여호와께서 이 사십 년 동안에 네게 광야 길을 걷게 하신 것을 기억하라 이는 너를 낮추시며 너를 시험하사 네 마음이 어떠한지 그 명령을 지키는지 지키지 않는지 알려 하심이라"(신 8:2). 하나님의 예사롭지 않은 능력을 경험한 사람들은 하나님께 영원히 충성할 수 있을 것이라고 장담하는 경우가 많다. 베드로도 그랬다. "모두 주를 버릴지라도 나는 결코 버리지 않겠나이다"(마 26:33). 그는 자기가 남들보다 낫다고 생각했다. 하지만 그것은 착각이었다.

모세 역시 하나님께서 등을 돌리신 듯한 '배신'을 경험해야 했다. 모세는 '죄악의 낙을 누리는 것보다'(히 11:25) 하나님의 백성과 함께 고난 받는 것이 낫다고 여겨 바로의 궁을 떠나겠다는 용감한 결정을 내렸지만, 그 이후에 어떤 일이 기다리고 있는지 전혀 알지 못했다. 어쩌면 그는 자신의 결정을 축하하는 의미로 하나님께서 천사들의 무리를 보내주실 것이라고 기대했을지도 모른다.

모세는 쉽게 승리를 거두고, 이스라엘 백성들도 자신을 환영해줄 것이라는 경솔한 판단을 하였다. 그는 자신이 애굽 사람을 죽였기 때문에 이스라엘 백성들의 환심을 살 수 있을 것이라고 생각했다. 하지만 아니었다. "그는 그의 형제들이 하나님께서 자기의 손을 통하여 구원해 주시는 것을 깨달으리라고 생각하였으나 그들이 깨닫지 못하였더라"(행 7:25). 모세가 하나님께 쓰임 받기 위해서는 40년을 더 기다려야 했다. 마틴 로이드 존스는 "인간에게 일어날 수 있는 가장 불행한 일은, 미처 준비되기 전에 성공하는 것이다"라고 했다.

히스기야는 많은 업적을 남긴 매우 훌륭한 왕이었다. 하나님께서는 놀라운 방법으로 그의 삶에 수차례 개입하셨다.

> 히스기야가 이스라엘 하나님 여호와를 의지하였는데 그의 전후 유다 여러 왕 중에 그러한 자가 없었으니 곧 그가 여호와께 연합하여 그에게서 떠나지 아니하고 여호와께서 모세에게 명령하신 계명을 지켰더라 여호와께서 그와 함께 하시매 그가 어디로 가든지 형통하였더라 왕하 18:5-7

하지만 이야기는 여기에서 끝나지 않았다. 안타깝게도 시간이 지나면서 히스기야의 마음이 교만해졌다(대하 32:25). 그 결과 다음과 같은 일이 일어났다. "하나님이 히스기야를 떠나시고 그의 심중에 있는 것을 다 알고자 하사 시험하셨더라"(대하 32:31).

하나님께서는 때로 강력한 초자연적 경험을 허락하심으로써 우리를 테스트하기도 하신다. 또한, 가만히 뒤에 남으심으로써 우리를 버리신 듯 내버려두기도 하신다. 우리의 실제 모습을 깨닫게 하기 위해서는 이 방법밖에 없기 때문이다. 우리가 실제로 어떤 모습인지 스스로 들여다볼 수 있으면 좋겠지만, 우리에게는 선한 것이 없다. "만물보다 거짓되고 심히 부패한 것은 마음이라 누가 능히 이를 알리요"(렘 17:9).

우리 자신을 객관적으로 볼 수 있도록 하기 위해

이것은 앞에서 설명한 이유를 살짝 다르게 표현한 것이다. 자기 자신에 대해 객관성을 갖는다는 말은 자신이 갖고 있는 감정이나 선입관을 넘어선다는 뜻이다. 자신이 기대하는 모습이 아니라 있는 그대로의 모습을 보는 것이다. 로버트 번스는 이것을 다음과 같이 표현하였다.

오, 주님 우리에게 이런 능력을 주사
다른 사람이 보는 대로 우리를 볼 수 있도록 하소서![1]

다른 사람의 눈을 통해 조금이나마 자신의 모습을 볼 수 있다는 것은 하나님의 은혜다. 다른 사람들의 시선은 냉정하다. 하나님께서는 성령님의 직접적인 개입으로 우리의 모습을 알게 하실 수도 있지만, 누군가를 보내셔서 진실을 깨우쳐주기도 하신다. 그런 말을 해주는 사람은 진정한 친구라고 할 수 있는데, 나에게도 그런 친구가 한두 명 있다. 진정한 친구는 나에 대해 모든 것을 알면서도 나를 좋아해주는 사람이다. 그들은 나에게 해줄 말이 있을 때, 조심스럽게 그리고 사랑을 담아 그 말을 전한다. 그러나 때로는 적을 통해서 진실을 듣게 하시는 경우도 있다. 적들이 그런 말을 할 때는 좋은 의도를 가지고 한 것은 아니겠지만, 그 말 속에 들어 있는 진실을 수용하면 매우 큰 도움이 된다.

이사야의 경험을 통해서도 알 수 있듯이(사 6:1-6), 주님의 임재가 우리 삶에 임할 때 죄를 인식하게 되는 경우가 많다. 하지만 항상 그런 것은 아니다. 때로는 주님께서 임재를 거두실 때 죄를 인식하게 되는 경우도 있다. 요셉과 마리아가 그랬듯이, 주님께서 우리와 함께하신다는 것을 너무나 당연하게 받아들이는 경향이 있기 때문이다.

내가 뼈아프게 얻은 교훈 중 나사렛신학교 1학년 시절에 얻은 것이 하나 있다. 당시 나는 18살이었고, '신약입문' 과정에 등록해 있었다. 학기가 끝나갈 즈음 담당교수가 이렇게 말했다. "다음주부터 요한계시록을 시작하게 됩니다. 저 역시 계시록을 충분히 이해하진 못하지만, 한 번 다뤄보기로 하겠습니다. 물론 아무도 없겠지만, 혹시 이 교실 안에 계시록을 이해하고 있는 사람이 있나요?"

한 사람 있었으니, 바로 나였다. 나는 당당하게 손을 들어올렸다. "아, 켄달 군! 계시록을 이해한단 말이지요?" 교수가 물었다. "예, 그렇습니다." 나는 정색을 하고 대답했다. 그러지 못할 이유가 없었다. 계시록을 읽어보기도 했고, 게다가 내가 다니던 교회의 힉스 목사가 엄청나게 큰 총천연색 도표를 가지고 매주 수요일 밤마다 계시록을 강의해주었다. 당시 내 눈엔 그런 혜택을 받지 못한 듯한 그 교수가 안쓰러워 보였다.

교수가 말했다. "그럼 켄달 군이 다음주에 수업을 맡아보겠습니까?" '드디어 나의 시대가 왔구나. 바로 이때를 위하여 내가 이곳에 보내졌으리라!' 나는 들뜬 마음으로 제의를 수락했다.

드디어 그날이 왔다. 나는 계시록에 대해 내가 알고 있던 모든 지식을 동원하여 강의했다. 그렇게 50분이 지나고 종이 울리자, (어떻게 그럴 수들 있는지) 모든 학생들이 자리에서 일어나 밖으로 나갔다. 어떻게 경이로워하지 않을 수 있는지, 심지어 교실을 떠날 수 있다는 사실을 기뻐하는 듯한 그들의 반응이 나에겐 충격이었다. 나는 내심 그들이 줄을 서서 나에게 고개를 숙이며 찬사를 보낼 것이라 기대했지만, 다들 교실을 나갔다. 그런데 한 친구가 나에게 다가왔다. 나는 속으로 '올 것이 왔구나'라고 생각했다. 친구는 이렇게 말했다. "너는 왜 항상 머리를 그렇게 한쪽으로 비딱하게 한 채 턱을 넣었다 뺐다 하면서 말을 하냐?"

나는 너무나 창피했다. 그나마 교수는 친절하게 마지막까지 남아 내게 고맙다고 말해주었다. "그런데 교수님은 어떻게 생각하십니까?" 내가 물었다. "물론 다 들어본 내용이긴 하지. 누가 아나? 자네 말이 맞을지." 그가 대답했다. 그제서야 나는 내 주제를 알게 되었다. 그 충격은 아직도 완전히 회복되지 않아서, 지금도 계시록을 다 이해한다고 자랑할 생각이 전혀 없다!

하지만 이 일을 통해 얻은 긍정적인 성과도 있다. 그것은 나 자신에 대해 어느 정도 객관성을 갖게 되었다는 것이다. 하나님께서는 내가 으스대며 어리석은 일을 벌일 때, 가만히 뒤에 남으셨다. 지금 생각해보면, 이 일은 내게 일어난 일 중 가장 좋은 일이었다.

신학교에서 잘난 척했던 나의 아픈 경험과 비슷한, 어느 유명한 설교가의 이야기가 있다. 이 목사는 청년 시절에 테네시 주(州)에 있는 한 시골교회에서 첫 설교를 하였다. 설교가 끝나자, 그는 자신의 설교에 대한 사람들의 반응이 궁금했다. 그런데 아무도 말을 하지 않았다. 함께 차를 타고 집으로 돌아오는 길에 어느 누구도 입도 뻥끗하지 않았다. 그러다 마침내 한 농부가 침묵을 깨고 말했다. "젊은 목사 양반, 내가 한마디 해주리다. 끝도 없이 길고 지지리도 지루하고, 내가 이제까지 들어본 설교 중에 가장 얻을 게 없는 설교였소." 그것은 매우 잔인한 말이었다. 하지만 나의 오랜 친구 C. B. 푸겟 목사는 나에게 이렇게 말하였다. "나는 그동안 사람들로부터 받았던 칭찬과 격려 때문에 좀더 나은 사람이 될 수 있었지. 하지만 그동안 받았던 모든 질타와 질책 그리고 비평 때문에 얻은 것은 이루 말할 수 없을 정도라네."

하나님께서는 때로 뒤로 물러나 계시면서 우리의 주변 사람들을 사용하여 우리에게 말씀하시기도 한다. 그럴 때 방어적인 자세를 버리고 이야기를 귀 기울여 들어야 자신을 객관적으로 볼 수 있게 된다.

물론 타인들이 말해주는 부정적인 평가만이 우리 자신에 대해 객관성을 갖게 하는 것은 아니다. 1970년 포트 로더데일에서 목회할 당시, 나는 캘리포니아에 있는 클라이드 내래모어 박사의 상담과정에 참석하게 되었다. 다른 10여 명의 참가자와 함께 난생 처음으로 20시간짜리 카운셀링을 받았는데, 이 경험을 통해 나는 전혀 생각지도 못했던 객관적인 나의 모습을 보게 되었다. 물론 고쳐야 할 부분들도 있었지만, 내가 가진 긍정적인 측면을 알게 됨으로써 자신감을 갖게 되었다.

우리가 어떻게 반응하는지 보시기 위해

하나님께서 우리와 함께하신다고 믿고 계속 길을 갈 것인가, 아니면 그분의 부재를 즉시 알아챌 것인가? 요셉과 마리아는 예수님이 자신들과 동행하신다고 믿었기 때문에 그분의 부재를 인식하지 못했다. 주님께서 그전에 한 번도 이런 행동을 하신 적이 없었기 때문에, 그들로서는 그분이 함께하시지 않는다고 생각할 이유가 전혀 없었다.

주님께서 우리와 함께하신다는 것이 느껴지는 한, 믿음에 대한 테스트는 거의 없다. 그러다가 어느 날 처음으로 하나님께서 그분의 얼굴을 숨기시는 경험을 하게 된다. 앞에서 보았듯이 히스기야도 이런 일을 경험했다. "하나님이 히스기야를 떠나시고 그의 심중에 있는 것을 다 알고자 하사 시험하셨더라"(대하 32:31).

때로는 하나님께서 너무 갑자기 떠나셔서 그 즉시 그분의 부재를 인식하게 되는 경우도 있다. 그때 우리는 뼈저린 상실감을 느끼게 될 수도 있다. 또한 내가 가지고 있던 생각이 옳지 않았거나 혹은 남에게 옳지 않은 조언을 해주었기 때문에 비롯된 일이라는 것을 깨닫게 될 수도 있다. 혹은 하나님께서 분명히 무슨 말씀을 하셨다고 생각했는데, 그것이 전혀 하나님께로부터 온 것이 아니었다는 것을 깨닫게 될 수도 있다. 어떤 식의 경험을 하든지 간에, 이 모든 것이 하나님의 부재를 인식하게 되는 경우이다.

> 주님께서 나와 함께하시지 않으면
> 삶은 얼마나 지루하고 밋밋한지
> 눈앞의 아름다움, 달콤한 새와 꽃도
> 내게는 아무런 기쁨도 주지 못하네
> 한여름의 태양은 빛을 잃고
> 푸른 언덕은 생기를 잃었네
> 하지만 주님 안에 거할 때
> 12월도 5월처럼 상쾌하네[2]

주님께서 이렇게 깨우쳐주신 다음 조용히 뒤로 물러서셔서, 우리가 어떻게 헤쳐 나가는지 보시는 때가 있다. 부모님의 말씀에 따르면, 나는 약 10개월 즈음부터 걷기 시작했다고 한다. 부모님은 기저귀를 내 허리춤에 핀으로 고정시킨 다음 그걸 잡고 옆에서 나란히 걸으시다가 나중에는 나 혼자 걷도록 두시고 뒤에서 지켜보셨다. 나는 분명 스스로 걸을 수 있었다. 하지만 부모님이 계시지 않는다는 것을 깨달았을 때, 주저앉아 울었다. 허리춤에 있는 기저귀 때문에 나는 부모님이 옆에 있는 줄로만 알았다. 우리도 종종 그렇게 생각한다. 우리의 안전지대에 묶여 있을 뿐인데, 그것 때문에 예수님이 함께하신다고 착각하는 것이다.

찰스 피니에 대해 전해 내려오는 유명한 이야기가 있다. 한 집회에서 청중들은 찰스 피니가 나오기를 기다리고 있었다. 그런데 그는 모습을 드러낼 생각을 하지 않았다. 찬송가를 몇 곡이나 불렀는데도 그는 여전히 보이지 않았다. 모임을 주관하던 사람들은 그가 이미 교회에 와 있다는 사실을 알고 있었다. 그런데 단상에 설 시간이 되었는데도, 그는 나오지 않았다. 한 사람이 그를 데리러 갔을 때, 닫힌 문 너머로 피니 목사의 기도 소리가 들려왔다. "당신이 함께 가시지 않으면, 저도 가지 않겠습니다."

피니 목사를 데리러 갔던 남자는 조바심을 내며 기다리고 있던 청중에게 이 상황을 알렸다. 그러자 청중은 기꺼이 기다려주었다. 그것은 충분히 기다릴 만한 가치가 있는 일이었다. 마침내 피니 목사가 단상에 나타났을 때, 엄청난 기름부음이 청중들에게 임했다. 설교도 한마디 하지 않았는데, 수많은 사람들이 단상 앞으로 달려나가 무릎을 꿇고 죄를 고백하기 시작했다.

피니 목사가 경험한 것은 모세가 경험했던 것과 유사했다. 이스라엘 민족을 약속의 땅으로 인도하기 위해 모세에게는 하나님께서 함께 하신다는 확신이 필요했다. 출애굽기 33장 15절에서 모세는 이렇게 말했다. "주께서 친히 가지 아니하시려거든 우리를 이 곳에서 올려 보내지 마옵소서." 이것과 관련하여 한 가지 경험을 소개하고자 한다.

나는 히브리서 4장 16절을 주제로 수도 없이 설교를 했다. 설교자마다 즐겨 하는 '레퍼토리'가 있게 마련인데, 내게는 이 설교가 그랬다. 1996년 1월에 '토론토 블레싱'(Toronto Blessing) 2주년을 맞이하여 존 아노트 목사로부터 초청을 받았다.[3] 그런데 그날 무슨 설교를 해야 할지 결정할 수가 없었다. 솔직히 말하자면, 하나님께서 아무 말씀도 주시지 않았다.

마침내 소개를 받고 강단에 섰을 때, 나는 나의 단골 '레퍼토리'를 꺼낼 수밖에 없었다. 말씀을 전하기 위해 히브리서 4장 14-16절을 읽는데, 웬일인지 제대로 읽을 수가 없었다. 그런 경험은 그때가 처음이었다. 설교를 시작하는데, 첫 문장부터 말이 제대로 나오지 않았다. 나의 말실수에 청중들은 즐거워했다. 나의 아내조차 존 아노트 목사 부부 뒤에 앉아서 웃고 있었다. 아내 옆자리에 앉아 있던 오랜 친구 린던 보우링도 킥킥대고 있었다.

나는 애써 태연한 척하며 설교를 이어갔다. 그런데 설교를 하려 할 때마다 이상한 문장이 반복되었다. "히브리인들에게 쓰여진 이 편지는 낙망한 그리스도인들에게 쓰여진 것입니다." 이제 청중들은 본격적으로 웃기 시작했다. 그들은 내 설교가 잘 풀리지 않고 있다는 것을 눈치 챘다. 정말이지 괴로운 순간이었다. 더 이상 계속할 수가 없었다. 악몽과도 같았다. 아니, 차라리 악몽이길 바랐다. 마음속으로 아무리 기도를 해도, 하나님은 아주 먼 곳에 계신 것만 같았다.

'하나님 도와주세요.' 다급해진 나는 전심으로, 사력을 다해 기도했다. 그리고 네 번째 문장을 내뱉었다. "이 구절은 많은 것을 말해주고 있어요." 청중의 웃음소리는 이제 떠나갈 듯해서 내 머릿속에는 이 설교에 대한 소문이(아니, 내가 설교를 못했다는 소문이) 대서양을 건너가 토론토 블레싱 때문에 내가 말씀사역을 포기하게 될 것이라고 우려했던 반대세력들에게 나를 공격할 빌미를 제공하면 어쩌나 하는 걱정뿐이었다.

그날 밤 끝내 설교를 하지 못하고 4천 명의 청중과 몇 대씩이나 되던 비디오카메라가 지켜보는 가운데 창피만 당하고 끝났다면(이것은 내가 가장 두려워하는 것이다), "내가 그럴 줄 알았어"라고 말하고 싶어 안달이 난 사람들의 생각이 그대로 들어맞게 되는 것이었다. 다섯 번째 실수가 이어졌다. "질문을 하는 의문형의 문장을 우리는 의문형이라고 합니다." 상황이 이 정도가 되자 청중들은 하나님께서 나의 설교에 개입하고 계시다는 사실을 보기 시작했다.

분명 하나님께서 개입하고 계신 것이었다. 평생에 그런 경험을 해본 적이 없었다. 그때 상황으로는 누가 백만 달러를 세금도 없이 현금으로 준다고 해도, (이미 50번도 넘게 한 설교였지만) 다시는 그 설교를 하고 싶지 않을 정도였다. 평생 처음으로 무언가에 취한 것 같았다. 나는 다시 설교를 이어가기 위해 시도했다. "이 구절은 많은 것을 묻고 있습니다. 누가, 어떻게, 무엇을 ···." 나는 더 이상 말을 이어갈 수 없었다. 모든 정신력과 에너지를 집중해보았지만, 아무것도 할 수 없었다.

결국 나는 이 설교를 포기해야 했다. 하나님께서 뒤에 남으셨던 것이다. 15분이 흐른 후, 감사하게도 히브리서 13장 13절 말씀이 떠올랐다. 그 구절이 무슨 말씀인지 얼른 성경을 펼쳐보았다. "그런즉 우리도 그의 치욕을 짊어지고 영문 밖으로 그에게 나아가자."

나는 곧 평정을 되찾고 설교를 해나가기 시작했다. 순식간에 웃음이 잦아들었다. 청중들이 설교에 집중한 나머지 바늘 떨어뜨리는 소리조차 들을 수 있을 정도였다. 그렇게 사전 준비 전혀 없이, 예수님께서 당하신 비난을 짊어지고 우리도 영문 밖으로 나아가야 한다는 내용의 설교를 마쳤다. 그러자 사역자들을 포함하여 2백 명이 넘는 사람들이 헌신을 다짐하며 앞으로 나왔다. 나는 그 이후에도 그날 밤 자신들의 삶이 달라졌다고 고백하는 사람들을 많이 만났다.

하나님께서 왜 내가 설교하러 올라가기 전에 히브리서 13장 13절 말씀을 주시지 않았는지에 대해서는 아직도 모르겠다. 나중에야 알게 된 사실이지만, 그날이 그 교회가 '공항빈야드교회'(Airport Vineyard Church)에서 '공항크리스천펠로우십교회'로 이름을 바꾼 첫날이었다. 빈야드교단으로부터 그 이름을 사용할 권리를 박탈당한 그들은 이제 영문 밖에 서 있는 것이었다. 나는 몰랐지만, 하나님께서는 그들을 위한 말씀을 히브리서 13장 13절로 준비하고 계셨다. 하나님께서는 그 말씀을 전달하는 일에 나를 사용하시기 위해 나의 시선을 붙드셔야 했던 것이다.

혼자 남겨졌을 때에도 주님께 배운 대로 행할 수 있는지 보기 위해

하나님께서 특별한 임재를 거두시는 순간 우리가 쓰러져버리고 만다면, 그것은 우리가 그동안 별로 배운 게 없었다는 뜻이다. 우리는 그분과 함께가 아니라면 나아가지 않겠다고 결정할 수도 있지만, 때로는 그럼에도 불구하고 주어진 상황에서 최선을 다할 수밖에 없는 경우도 있다. 하나님께서는 찰스 피니에게 그러셨던 것처럼 나에게도 주일 아침마다 방에서 기다리라고 하지는 않으실 것이다. 만약 그러셨다면, 나는 어쩌면 영영 방을 나서지 못했을지도 모른다.

어느 날, 고(故) 페스토 키벤지 목사가 설교를 앞두고 아내와 싸웠다. 시간이 되어 설교를 하기 위해 문을 열고 나가려고 하는데, 하나님께서 이렇게 말씀하셨다. "가지 마라." 페스토 목사가 이렇게 말했다. "가야 합니다." 하나님께서 다시 말씀하셨다. "가지 마라." 이번에도 페스토 목사는 소신을 굽히지 않았다. "가야 합니다. 사람들이 기다리고 있습니다." 그러자 하나님께서 말씀하셨다. "그럼 가라. 나는 여기에 네 아내와 함께 있겠다." 결국 페스토 목사는 남아서 부인과 화해를 했고, 그러고 나서야 방을 나설 수 있었다.

나는 매일 시간을 정해 놓고 주님 앞에서 조용히 묵상하는 시간을 가지려고 노력한다. 가장 이상적인 경우, 주님의 임재가 느껴지는 중에 말씀을 읽으면 의미가 잘 깨달아지고 사역에 임할 때에도 자신감으로 충만하다. 하지만 항상 이렇지는 않다. 오히려 묵상 중에 하나님의 임재를 느끼는 일은 그리 흔치 않다.

오래된 흑인영가 중에 이런 가사가 있다. "내 마음속에 성령께서 움직이실 때마다 나는 기도하리." 이 가사의 문제점은 내 마음속에 성령께서 움직이실 때까지 기다리다가는 기도할 일이 거의 없을 것이라는 점이다. 바울이 "때를 얻든지 못 얻든지 항상 힘쓰라"(딤후 4:2)고 한 것도 이런 이유 때문이다. '때를 얻었을 때'는 주님의 임재를 느낄 수 있는 때이고, '못 얻었을 때'는 주님께서 뒤에 남으셔서 우리가 그동안 배운 대로 잘 해나가는지를 보시는 때이다.

주님께서 함께하실 때보다 그렇지 않을 때 더욱 큰 믿음과 기도에 대한 헌신과 신뢰와 순종을 필요로 한다. 따라서 나는 '때를 얻었을 때' 그분께 신실한 것보다 '때를 못 얻었을 때' 신실한 것이 하나님을 더욱 기쁘시게 해드리지 않을까 생각한다.

> 믿음이 없이는 하나님을 기쁘시게 하지 못하나니 하나님께 나아가는 자는 반드시 그가 계신 것과 또한 그가 자기를 찾는 자들에게 상 주시는 이심을 믿어야 할지니라 히 11:6

우리는 종종 주님에 대해 건강하지 못한 감정적 유착을 갖게 되는 경우가 있다. 예수님이 예루살렘에 남으신 이유에는 이것도 포함된다. 예수님으로서는 하나님 아버지께서 시키신 일을 수행하는 것이었을 뿐, 딱히 이 이유 때문이라는 것을 알지 못하셨을 수도 있다. 그러나 요셉과 마리아는 아들로부터 건강한 방법으로 분리될 필요가 있었다. 예수님께서는 나중에 제자들에게도 이러한 일을 행하셔서, 열두 제자를 보내시고(마 10:5-15), 직접 가실 수 없는 곳으로 따로 칠십 인을 세워서 보내셨다(눅 10:1-12). 말하자면, 그들은 예수님께 배운 것들을 실행하기 위해 따로 떨어져보아야 했다.

또한, 예수님께서는 제자들로 하여금 배를 타고 '앞서' 가게 하셨다(마 14:22). 부활하신 후에도 주님께서는 40일간 열한 제자와 늘 함께 계셨던 것이 아니라 오셨다가 가시곤 했다. 성령님의 특별한 기름부음도 마찬가지다. 그분의 임재가 느껴지든 아니든 우리는 하던 일을 계속 해 나가야 한다. 나 역시 그렇지 않았다면, 어쩌면 거의 아무 일도 하지 못했을 것이다.

우리가 교만하지 않도록

요셉과 마리아가 성전에서 예수님을 다시 만났을 때 보인 반응을 보면, 이들이 자신들을 과대평가하고 있었다는 것을 알 수 있다. "아이야 어찌하여 우리에게 이렇게 하였느냐"(눅 2:48). 그들은 자신들의 감정에 집중한 나머지 예수님이 예루살렘에 남아 있기로 하신 것을 자신들에게 미리 알려주지 않으신 것에 대해 화를 냈다.

나 역시 매일 이런 가능성 앞에 처한다. 하나님께서 더 큰 기름부음을 허락하셨을 때, 혹시 내가 교만해져서 하나님께 외면당하면 어쩌나 늘 두렵다. 자신을 과대평가한다는 것은 자신이 실제보다 더 중요한 사람이라고 생각하는 것이다. 그래서 응당 받을 만큼의 존경과 관심보다 더 과분한 것을 기대한다. 그렇기 때문에 만약 하나님께서 교회를 향한 새로운 계획을 가지고 계시다면 다른 누구보다 자기가 먼저 그것을 알아야 하고, 그 계획 속에는 항상 자신이 포함되어 있어야 한다고 생각한다.

예수님께서는 이 내용을 포도원 품꾼의 비유를 통해 설명하셨다. 모든 품꾼은 일에 대한 대가로 정해진 금액을 받기로 되어 있었다. 따라서 오후 늦게 일하러 온 품꾼들도 아침부터 와서 일한 품꾼들과 같은 금액의 대가를 받았다. 그러자 일찍 온 사람들이 불평하기 시작했다. "나중 온 이 사람들은 한 시간밖에 일하지 아니하였거늘 그들을 종일 수고하며 더위를 견딘 우리와 같게 하였나이다"(마 20:12).

가장 오래 그리고 아마도 가장 열심히 일한 사람들이 더 많이 받기를 기대했다. 그러나 주인은 이렇게 대답했다. "친구여 내가 네게 잘못한 것이 없노라 네가 나와 한 데나리온의 약속을 하지 아니하였느냐 네 것이나 가지고 가라 나중 온 이 사람에게 너와 같이 주는 것이 내 뜻이니라 내 것을 가지고 내 뜻대로 할 것이 아니냐 내가 선하므로 네가 악하게 보느냐 이와 같이 나중 된 자로서 먼저 되고 먼저 된 자로서 나중 되리라"(마 20:13-16).

오랫동안 그리고 열심히 일을 했을 때, 우리는 더 많은 인정을 받을 것이라고 기대한다. 그런데 마지막 순간에 누군가가 나타나서 우리가 받아야 할 인정과 대가를 낚아채버리면, 우리는 '열받아' 한다! 그런데 이것은 우리가 얼마나 독선적인가를 보여주는 것일 뿐이다.

혹시라도 베드로와 요한과 같은 제자들이 처음에는 다소 사람 사울이 받은 풍성한 은혜를 못마땅하게 생각했다 하더라도 전혀 놀랄 일이 아니다. 거룩한 분노의 심판을 받아야 마땅할 사울에게 자비와 은혜가 임했기 때문이다. 천사들조차 하나님께 이렇게 말했을 법하다. "사울이란 자를 정말 벌하지 않으실 생각인가요?" 하나님께서는 분명 이렇게 대답하셨을 것이다. "사울을 변화시켜서 나의 일을 하게 할까 하노라." 실제로 사도 바울은 어느 누구보다 많은 지혜와 계시를 받았다. 아무리 그렇다 해도, 베드로와 요한이 바울에게 자리를 내어준다는 것은 아마 쉽지 않은 일이었을 것이다.

하나님께서는 우리 각자에게 맞는 자리를 허락하신다. 만약 하나님을 진정으로 영광의 주님으로 인정한다면, 하나님께서 그분의 영광을 드러내시기 위해 (우리가 보기에) 적절치 못하다고 생각되는 사람을 사용하신다 해도 놀라지 않을 것이다. 하나님께서는 모세에게 이렇게 말씀하셨다. "나는 긍휼히 여길 자에게 긍휼을 베푸느니라"(출 33:19). 우리는 하나님께서 주권적인 권리를 행사하시는 것에 대해 화를 내서는 안 된다. 우리 중 누구도 교만해질 권리를 가진 사람은 없다. 그리고 무엇보다 하나님께서는 이미 우리 모두에게 긍휼을 베풀어주셨다!

주님께 순종하며 사는 삶을 살기로 작정했다 하더라도, 우리는 여전히 교만해질 수 있는 위험을 안고 있다. 우리도 '엘리야 콤플렉스'에 빠질 수 있다. 그 훌륭한 엘리야도 자기 자신을 필요 이상으로 높이는 실수를 범하였다. 엘리야는 자신이 조상들보다 낫지 못하다고 푸념하다가, 나중에는 '오직 나만 남았거늘'이라고 말하였다. 하지만 하나님께서는 그럼에도 불구하고 '세미한 소리'를 통해 하나님의 영광을 드러내셨다(왕상 19:4-12).

쌍둥이처럼 꼭 빼닮은 자기의(義)와 자기연민이라는 두 가지 죄는 우리 안에서 언제고 고개를 치켜들 준비를 하고 있다. 예를 들어, 중보기도자 치고 자신의 사역에 대해 자랑하지 않는 사람은 드물다. 지도자를 위해 중보기도 하면서, 그 지도자에게 조언하지 않는 사람은 드물다. 오늘까지 하나님의 일을 위한 통로로 쓰임 받다가 내일부터 다른 사람이 쓰임 받을 수 있도록 기쁘게 자리를 내어주는 사람은 드물다. 하나님께서 자신의 기도에 응답해주셨을 때, 왜 다른 기도제목들은 응답해주시지 않느냐고 묻지 않는 사람은 드물다. 어제는 주님과 달콤한 친밀함을 즐겼는데, 오늘 주님께서 임재를 감추신 것에 대해 하나님께 섭섭해하지 않을 사람은 드물다.

성공을 잘 다스리기란 매우 어려운데, 특히 하나님을 아는 영역에서 더욱 그렇다. 우리가 성공을 제대로 다룰 줄 모를 때, 우리를 다루실 수 있는 분은 오직 하나님 한 분뿐이시다. 하나님께서 우리의 관심을 다시 그분께로 향하게 하시는 방법은 때로 사정없이 침묵하시는 것이다. 그러므로 하나님의 침묵을 두려워하지 말라. 오히려 그것을 우리의 마음과 동기를 살피는 계기로 삼으라. 당신의 삶 속에 다시 한 번 하나님의 영광이 임함으로 인해 침묵이 깨어질 것을 기대하며 귀를 기울이라.

Chapter 5

위험한 추정

THE SENSITIVITY OF THE SPIRIT

동행 중에 있는 줄로 생각하고
하룻길을 간 후
(눅 2:44)

1994년 말, 영국 교회의 몇몇 지도자들이 런던의 한 호텔에 모여 '토론토 블레싱'이라고 불리는 일을 놓고 기도하기로 했다. 그해 초 토론토에 있는, 당시 공항빈야드교회라 불리던 교회에 성령께서 아주 독특한 방법으로 나타나신 일이 있었다. 손을 얹어 기도했을 때 쓰러지거나 웃는 일들이 특징적으로 많이 나타났던 이 부흥이 런던에도 상륙하여, 브롬턴에 있는 홀리트리니티교회에서 처음으로 그와 동일한 현상들이 일어났다. 그리고는 들불처럼 영국 전역으로 번져갔다. 이로 인해 30여 명의 교회 지도자들이 런던의 한 호텔에 모여 24시간 기도모임을 가진 후 적절한 방침을 세우기로 한 것이다. 여기에는 다양한 입장의 지도자들이 포함되어 있었다. 일부는 이러한 현상에 대해 우호적이었고, 일부는 반대했으며, 또 일부는 중립적이었다.

월요일 오후 4시부터 기도를 시작했다. 누군가가 역사적 관점을 기술한 글을 한두 편 읽었다. 그리고 내가 사도행전 2장을 본문으로 하여 '무엇이 부흥인가?'라는 제목의 설교를 하였다. 그러고 나서 다 같이 기도하고 다시 소그룹으로 나뉘어 기도했다. 그렇게 기도를 한 지 얼마 되지 않아 몇몇 사람들이 벌써 발표문을 손에 들고 소그룹들 사이를 돌아다니기 시작했다. 발표문은 24시간 기도모임을 다 마치고 나서, 하나님께서 우리에게 말씀하신 내용을 근간으로 하여 작성하기로 되어 있었다. 당시 우리는 이제 막 기도를 시작했고, 아직 저녁 먹을 시간도 되기 전이었다. 그런데 이미 우리의 입장이 정리되어 나왔다!

내심 놀랐지만, 나는 아무 말도 하지 않았다. 기도를 시작하기도 전부터, 이미 일부는 자신의 생각을 정해놓고 있었다. 어쩌면 기도모임을 하기도 전에 발표문을 써서 공표할 수도 있었겠다는 생각도 들었다. 물론 그 발표문의 내용이 누구에게라도 피해를 줄 만한 것이 아니었고, 좋은 의도로 쓰였다는 것은 알고 있었다. 그리고 다양한 성격의 교회 지도자들이 함께 기도하기 위해 한 곳에 모였다는 것 자체만으로도 좋은 일이라는 것도 알고 있었다. 하지만, 나는 '정말 하나님께서 말씀하신 것일까? 정말 우리가 하나님의 음성을 들은 것인가? 하나님께서 뭐라고 말씀하실 것인지에 대해 우리가 마음으로 미리 정해놨다면, 하나님께서 뭐라고 말씀하실지 들어보기 위한 기도모임을 갖는 것이 대체

무슨 의미가 있는가?' 하는 생각을 떨칠 수가 없었다.

문득 켄터키에 있던 한 목사의 이야기가 떠올랐다. 교회 일로 어려움을 겪고 있던 그는 갑자기 하와이에 있는 한 교회로부터 담임목사로 와달라는 제의를 받게 되었다. 그 목사는 부인에게 이렇게 말했다. "당신은 짐을 싸요. 난 기도를 해볼 테니." 이렇듯 이미 우리의 마음이 정해진 상태에서 주님의 마음을 알기란 쉽지 않다.

나는 매우 엄격한 환경에서 자랐다. 우리 집에서는 극장이나 서커스 관람을 가는 것조차 허락되지 않았다. 내가 몸담고 자란 교단에서는 '혼탕'(남자와 여자가 함께 수영하는 것을 이렇게 불렀다)에 대해 중립적인 태도를 취했지만, 유독 아버지만은 혼탕에 가는 것을 허락하지 않았다. 수영복 입은 여자들과 함께 있으면, 내가 유혹될지도 모른다고 생각했기 때문이다. 나는 가게 해달라고 한참이나 졸랐다. 마침내 아버지는 나에게 한 가지 제안을 해왔다. 그것은 수영을 가도 되는지 하나님께 기도해보라는 것이었다. 물론 나는 그러겠다고 한 뒤, 기도해보았다. 하나님께서는 내게 가도 된다고 하셨다!

결국 혼탕에 가도록 허락해주셨다는 것, 그리고 내가 주님께 받은 응답을 신뢰해주셨다는 것에 대해서는 아버지께 평생 고맙게 생각한다. 내가 기도를 하려고 무릎을 꿇는 순간, 정말 하나님께서 가도 된다고 말씀하시는 것 같았다. 가면 안 된다고 나를 설득시키려 하셨다면, 아마 꽤나 힘드셨을 것이다. 당시 내 마음이 이미 정해져 있었기 때문이다. 이미 마음을 정해놓고 기도했던 것이 이때만은 아니었다. 이와 비슷한 경험들을 통해 내가 배운 것은, 정말 열린 마음으로 듣지 않는다면 하나님의 음성을 정확히 듣기란 매우 어렵다는 것이다.

우리는 이미 하나님의 뜻을 알고 있다고 추정하는 경우가 많다. 또한 하나님의 특별하신 임재를 어느 정도 경험하고 나면, 그분의 임재가 언제나 나와 함께할 것이라고 추정하기 쉽다. 특히 우리가 자신만의 안전지대 안에 거하고 있을 때 더 그렇다. 그러나 이러한 추정은 우리를 어려움에 빠뜨릴 수 있다.

추정에 유의하라

이번 장에서 우리는 "동행 중에 있는 줄로 생각하고"(눅 2:44)라는 구절을 집중적으로 살펴볼 것이다. 킹제임스성경은 이 구절을 "그들은 그가 동행자들 중에 있는 줄로 생각하고"라고 번역하였다. 이러한 일은 누구나 쉽게 저지를 수 있는 실수다. 우리의 생각이 뭔가 옳고 마땅한 것이라고 여겨지는 일에 사로잡혀 있을 때 특히 그렇다. 주님의 무덤을 찾은 막달라 마리아가 예수님을 처음 발견하였을 때, 그분이 동산지기인 줄 알았다(요 20:15). 기적적으로 감옥에서 풀려난 베드로는 자신이 '환상을 보는가'(행 12:9)라고 생각하였다. 이 두 구절에서는 모두 같은 의미의 헬라어가 사용되었다. 야곱이 피 묻은 요셉의 겉옷을 보았을 때에도 그가 죽었다고 생각했다. "내 아들의 옷이라 악한 짐승이 그를 잡아 먹었도다 요셉이 분명히 찢겼도다"(창 37:33). 하지만 요셉은 멀쩡하게 살아 있었다.

추정은 받아들이기 쉽지만, 종종 큰 대가를 요구한다. 그런데 살다 보면, 우리는 쉽게 추정하곤 한다. 추정한다는 것은 무언가를 당연시하거나 혹은 '사실일 것이라고 간주하는 것'을 의미한다. 즉, 아무런 증거도 없이 뭔가가 옳다고 믿는 것이다. 이렇게 근거 없이 추정하지 않기 위해서, 우리는 매일 기도해야 한다. 이제껏 많은 이들이 잘못된 추정 때문에 어려움을 겪게 되거나 파멸에 이르렀다. 이것에 대해 경각심을 불러일으키는 잠언이 있다. "어떤 길은 사람이 보기에 바르나 필경은 사망의 길이니라"(잠 14:12).

요셉과 마리아가 추정한 것은 무엇인가? 그들은 자신들이 떠났기 때문에, 당연히 예수님도 함께 출발하셨을 것이라고 생각했다. 상황적으로는 그렇게 추정하는 것이 적절했다. 그렇게 생각하지 않을 이유가 없었다. 하지만 이 일은 그들에게 결코 잊을 수 없는 교훈을 깨우쳐주었다. 어쩌면 예수님께서 태어나셔서 공생애를 시작하시기 전까지 이 일은 마리아에게 있어서 가장 충격적인 일이었을지도 모른다. 이 기간 중 일어난 일들 중 마리아가 유일하게 누가에게 이야기한 사건이 바로 이 사건이다. 이 일은 다른 복음서에는 나오지 않는다. 마리아는 예수님의 성장기에 관해 많고 많은 이야기를 할 수 있었지만, 오로지 이 사건만을 누가에게 전해주었다.

이 이야기를 통해서, 우리는 하나님과 아무리 가까운 관계를 맺고 있다고 해서 그분이 어떠하실 것이라고 추정해선 안 된다는 것을 배울 수 있다. 당시 예수님께 부모만큼 가까운 사람은 없었다. 그 이상으로 가까워질 수 있다는 것은 불가능했다. 만약 그런 사람들이 이런 실수를 했다면, 우리는 얼마나 더 조심해야겠는가?

우리는 우리 자신이 실제보다 하나님과 더 가깝다고 상상하곤 한다. 이것은 요셉과 마리아의 추정보다 더 나쁜 것이다. 나는 종종 '하나님께서 왜 갑자기 예고도 없이, 특히 우리와 친밀한 시간을 가지시고 나서 그분의 얼굴을 감추시는 것일까?' 하며 의아해하곤 했다. 그 이유 중 하나가 바로 우리가 추정하는 것을 막기 위함이다.

이사야가 한 다음의 말씀을 살펴보자. "구원자 이스라엘의 하나님이여 진실로 주는 스스로 숨어 계시는 하나님이시니이다"(사 45:15). 나는 이사야가 왜 이 구절을 다른 곳이 아닌 45장에 넣었는지 알고 싶었다. 왜냐하면 내용이 앞뒤와 전혀 어울리지 않기 때문이다. 하지만 어쩌면 바로 그것이 포인트인지도 모른다. 하나님께서 특별한 이유 없이, 전혀 기대치 않았던 순간에 그분의 얼굴을 감추기로 작정하시기 때문이다. 그래서 때로는 우리에게 그분의 모습을 드러내신 바로 다음 순간에 모습을 감추기도 하신다.

하나님의 임재는 특별한 이유 없이 찾아들기도 한다. 물론 우리가 성령님을 근심하게 했기 때문에 그럴 수도 있다. 하지만 때로는 우리가 하나님께 너무 무례하게 굴지 않도록, 우리의 신분을 잊지 않도록 하기 위해 그렇게 하기도 하신다.

하나님께서 그분의 영광을 보여주시고, 연속적으로 우리의 기도에 응답해주시고, 세밀하게 인도해주실 때, 우리는 교만해지기 쉽다. 우리가 원하는 대로 하나님을 움직일 수 있다고 생각하게 되는 것이다. 그럴 때, 하나님께서는 갑자기 그분의 얼굴빛을 거두신다. 우리는 다음의 말씀을 기억해야 한다.

> 너는 하나님 앞에서 함부로 입을 열지 말며 급한 마음으로 말을 내지 말라 하나님은 하늘에 계시고 너는 땅에 있음이니라 그런즉 마땅히 말을 적게 할 것이라 전 5:2

요셉과 마리아는 자신들이 길을 떠나면 예수님도 따라올 것이라고 생각했을 뿐만 아니라, 주님이 뭔가 중요한 것을 말씀하신다면 그것을 들어야 할 사람이 당연히 자신들이라고 추정하였다. 사실 예수님은 성전에서 많은 것들에 대해 말씀하셨다. 하지만 요셉과 마리아는 그분과 함께하지 않음으로 인해서 그것들을 모두 놓치고 말았다. 주님은 예루살렘의 전문가들을 놀라게 할 만한 탁월한 내용들을 말씀하셨지만, 요셉과 마리아는 그분에게 화를 내고 말았다.

한번은 하나님께서 내가 없는 곳에서 중요한 말씀을 하셨다는 것에 대해 서운한 감정을 느꼈던 적이 있다. 그것은 내가 하나님과 친밀하다고 생각했기 때문에, 하나님께서 어디론가 자리를 옮겨 임재를 나타내실 계획이었다면, 그곳이 어디든 그 사실을 내게 말씀해주실 것이라고 생각했기 때문이다. '그동안 내가 얼마나 어려운 결정들을 감행해가며 하나님을 향한 나의 사랑을 증명했던가? 그렇다면 성령께서 다음에 어디에서 강력하게 임하실 것이라는 것 정도는 내게 말씀해주시는 것이 마땅하지 않은가?' 하지만 아니었다. 나에게는 그것을 요구할 권리가 없었다.

하나님의 아들께서는 성전에 있는 선생들에게 사역을 하러 가실 때, 육신의 부모에게조차 그것을 알리지 않기로 하셨다. 주님은 "저를 두고 갈릴리로 가지 마세요"라고 말씀하시지 않았다. 그분은 아무 말씀도 하지 않으셨다. 물론 이 일은 요셉과 마리아의 마음을 상하게 했다.

하나님께서는 우리에게 아무것도 말씀하지 않기로 결정하실 수 있다. 우리는 그분의 침묵에 대해 불편해해서는 안 되며, 그분의 권리를 인정해드려야 한다. 그분은 주권적이시다.

요셉과 마리아의 추정에는 몇 가지 요인이 작용하였다. 그 중 하나는 익숙함, 즉 그들이 이미 익숙하게 잘 알고 있다고 여긴 것이었다. 그들은 아들 예수님에 대해 잘 알고 있었고, 그분이 어떻게 행동하시는지도 알고 있었다. 아니, 그렇다고 생각하였다. 하지만 그것이 문제였다. 그들은 주님이 자신들에게 익숙하지 않은 일을 하실 것이라는 사실에 대해 준비되어 있지 않았다.

하지만 요셉과 마리아는 다른 사람들이 전혀 알지 못하는, 예수님에 대한 중요한 사실을 알고 있었다. 그들은 그분의 출생의 비밀을 알고 있었다. 예수님에게는 육신의 아버지가 없으며, 그러므로 그분이 하나님의 아들이심이 분명하다는 결론을 가지고 있었다. 나중에 주님께서 "내가 내 아버지 집에 있어야 될 줄을 알지 못하셨나이까?"(눅 2:19)라고 물으신 것을 보면, 그들이 알고 있는 것이 당연하다는 의미를 내포하고 있다. 하지만 그들은 아직 이런 일이 일어나는 것에 대해 아무런 준비가 되어 있지 않았음이 분명했다.

우리는 언제나 준비되어 있지 않다. 우리는 대부분 지금까지 가꿔

온 하나님과의 익숙한 관계를 그대로 지속해나가기를 원한다. 이것이 우리의 안전지대이다. 이제껏 하나님과의 관계에서 친밀함을 누리기 위해 부단히 노력해왔고 어느 정도 그것이 성취되었다고 생각되면, 어느새 우리는 현재의 상태 그대로 머물러 있기를 원한다. 물론 우리가 과거의 안전지대로부터 떠나왔기 때문에 지금의 영적 상태에 도달할 수 있었던 것이며, 이것은 매우 가치 있는 일이다. 하지만 우리는 현재 머물고 있는 장소가 또 다른 안전지대가 되어버릴 수도 있다는 것을 기억해야 한다!

어제의 새로움이 오늘의 안전지대가 될 수 있다

어제 아무리 태풍과도 같았던 논란을 돌파하여 하나님 나라를 향해 한 걸음 전진하는 성과를 거두었다 할지라도, 오늘은 바로 그 일이 잔잔한 수면과 같은 안전지대가 되어버릴 수 있다. 이런 일들은 지나간 교회사에서 어렵지 않게 찾아볼 수 있다. 4세기 초, 하나님의 말씀에 대한 매우 큰 논란이 있었다. 아리우스가 예수님이 하나님과 '비슷'(유사본질, homoiousion)하지만, 동일(동일본질, homoousion)하지는 않다는 주장을 펼친 것이다.

이 논란의 중심은 헬라어 철자 중 하나인 '이오타'(iota) 즉 'i'를 넣느냐 마느냐 하는 문제였는데, 'i'를 넣음으로써 예수님이 하나님과 '비슷한' 존재에 불과하다는 의미가 되었다. 이러한 아리우스의 주장은 한동안 정설로 받아들여졌다.

하지만 아타나시우스가 등장하여 이 주장에 대해 강력하게 이의를 제기했다. 그는 말씀(예수)이 곧 하나님이시며, 하나님이 하나님이신 것만큼 예수님도 하나님이시라는 불굴의 확신을 표방하였다.

"세상이 모두 자네를 반대한다네." 아리우스가 아타나시우스에게 말했다. 그러자 아타나시우스는 이렇게 되받아쳤다. "세상이 나를 반대한다면, 내가 세상을 반대하겠습니다." 그는 이 논란의 태풍을 견뎌 냈고, 결국 자신의 주장을 관철시켰다. 오늘날 기독교 안에서 예수님의 신성을 두고 반론을 제기하는 사람은 없다.

교회사 가운데 이러한 예는 수없이 많다. 오늘날 우리가 기본적으로 받아들이고 있는 교리 중에는 눈물과 고통의 논란을 거쳐 정립된 것들이 많은데, 이러한 예는 성경에서도 찾아볼 수 있다.

신약시대의 바리새인들은 고대의 예언자들이 박해를 감내하며 보전하고 전수해온 율법을 수호해야 한다고 믿었다. 그들은 선지자 이사야의 가르침을 열심히 지켰다. 하지만 정작 이사야가 예언한 예수님이 오셨을 때, 오히려 그분을 증오했다. 예수님께서는 안전지대에 빠진 나머지 사고가 마비되어버린 바리새인들을 이렇게 질타하셨다.

> 화 있을진저 외식하는 서기관들과 바리새인들이여 너희는 선지자들의 무덤을 만들고 의인들의 비석을 꾸미며 이르되 만일 우리가 조상 때에 있었더라면 우리는 그들이 선지자의 피를 흘리는 데 참여하지 아니하였으리라 하니 그러면 너희가 선지자를 죽인 자의 자손임을 스스로 증명

함이로다 마 23:29-31

바리새인들에게 있어서 선지자들의 가르침을 지키는 것은 하나님의 말씀에 충실하기 위한 노력이었다. 하지만 그들의 사고가 안전지대에 갇히자, 이사야가 오실 것이라고 예언했던 그 메시아가 바로 눈앞에 나타나도 깨닫지 못했다. 우리는 주님을 부인하고 그분을 죽음에 이르게 했던 자들이, 바로 당대에 가장 바람직하다고 여겨지는 신조들을 맹렬하게 주장하는 종교지도자들이었다는 사실을 잊지 말아야 한다. 만일 우리가 대다수의 신앙인들이 인정하는 교리에만 부합될 뿐 오늘날 하나님께서 하시는 일에 대해 적대적이라면, 하나님께 진정한 영광과 존귀를 올려드리고 있다고 할 수는 없다.

아서 블레싯은 1960년대에 헐리우드에서 '커피하우스' 사역을 시작하였다. 그는 커피하우스의 한쪽 벽에 커다란 목조 십자가를 제작하여 세워두었다. 그러던 어느 날 하나님께서 그에게 이 십자가를 떼어 등에 지고 세계 전역을 다니라고 하셨고, 그는 말씀대로 순종하였다. 나중에 그가 이렇게 말했다고 한다. "그걸 짊어지고 온 세계를 다니게 될 줄 알았더라면, 그렇게 크게 만들진 않았을 겁니다."

쉽지 않은 일이었지만, 아서 블레싯이 말씀에 순종하여 십자가를 지고 순례여행을 한 결과, 수천 명의 사람들이 예수님을 영접했다. 또한 여러 나라의 정상들이 그를 집으로 초대하였다. 그는 이스라엘의 베긴 수상의 집에도 머물렀고, 여러 장성은 물론 야세르 아라파트(팔레스타인 지도자 - 역주)와도 만났다. 예루살렘에서 카이로에 이르는 역사적 도 보여행을 한 공로로, 그는 시나이 평화상을 수상하였다.

1982년 5월, 나는 그를 웨스트민스터채플에 초청하였다. 지금 돌이켜보니, 그 일은 내가 웨스트민스터채플에 부임한 이래 내린 결정 중 가장 중요한(그리고 최고의) 결정이었다. 그는 웨스트민스터채플을 뒤집어 놓았다. 그야말로 우리를 안전지대로부터 쫓아냈다.

사실 그것은 매우 힘든 여정이었다. 이 일로 교회 역사상 가장 큰 위기가 찾아왔다. 4년이나 지속된 이 논란의 시간을 우리는 잘 견뎌냈다. 마침내 모든 논란이 사라졌을 때, 나는 이렇게 생각했다. '더 이상 논란이 될 만한 일은 벌이지 말자. 내 몫은 다 치렀고, 내가 말씀 앞에 순종한다는 것도 보여드릴 만큼 보여드리지 않았는가?' 나는 위기 끝에 찾은 새로운 안전지대에 안주할 준비를 하고 있었다. 하지만 하나님께서는 다른 생각을 하고 계셨다. 그 이후 그분은 우리가 안전지대 밖에 있을 때 더 안전하다는 사실을 여러 차례 보여주셨다.

요셉과 마리아 또한 그동안 익숙했던 예수님과의 관계가 그대로 지속되기를 원했다. 그 결과, 그들은 값비싼 대가를 지불해야 했다. 해마다 유월절을 지키기 위해서 예루살렘으로 올라가는 것은 이들에게는 오랜 관습이었다. 이 일은 그들에게 너무나 익숙해진 일이었다. 따라서 특별한 일이 일어날 것이라고는 전혀 기대하지 않았다.

바로 이것이 오늘날 교회에서 자주 볼 수 있는 모습이 아닌가 한다. 우리도 성탄절, 고난주간, 부활절 등을 '거룩한 날'로 정하여 교회의 절기로 지키고 있다. 하지만 그런 절기에 뭔가 특별한 일이 일어날 것이라고 기대하는 사람은 아무도 없다.

몇 년 전, 나는 '만약 성탄절에 부흥이 온다면?'이란 주제로 설교를 한 적이 있다. 결국 부흥은 오지 않았지만, 올 것이라고 기대한 사람도 아무도 없었다. 아마 부흥이 왔더라면, 나를 포함한 모든 사람들의 스케줄은 엉망이 되었을 것이다. 모두가 그날 밤 가족들과 선물도 풀어보고, 칠면조도 먹고, TV나 좋아하는 영화를 볼 계획을 갖고 있었기 때문이다.

우리는 하나님께서 전혀 익숙하지 않은 방식으로 모습을 드러내시고 개입하시는 것에 대해 준비되어 있지 않다. 아서 블레싯이 처음 웨스트민스터채플에 왔을 때, 많은 성도들이 불편해했다. 그가 전하는 메시지와 그것을 전달하는 방법은 우리 교회 공동체의 안전지대를 심각하게 위협하였다. 하지만 오래 전부터 우리 교회가 원하는 것이 부흥이라고 하나님께 고백해왔기 때문에, 나는 이렇게 주장했다. "만약 이 시간들을 통해 우리가 부흥에 더 가까이 갈 수만 있다면, 불편한 감정은 감수해야 합니다."

하지만 교회의 상황은 갈수록 나빠졌고, 한 장로가 나를 찾아와 이렇게 물었다. "아직도 부흥이 오기를 원하십니까?" 그의 질문에 함축된 의미는, 자신은 더 이상 원치 않는다는 것이었다. 진정한 부흥은 때로 그것을 회피하고 싶을 만큼 우리에게 많은 것을 요구한다.

요셉과 마리아가 이제는 잔치도 다 끝났으니 집으로 돌아갈 시간이라며 나사렛으로 향하던 바로 그 시간에 예수님께서 성전에서 하셨던 일은 그 시대 유대인들을 진정한 부흥의 현장으로 한 발짝 더 다가서게 하는 일이었다. 진정한 부흥에는 항상 사람들을 놀라게 하는 일들이 포함되어 있다.

"예수께서 열두 살 되었을 때에 그들이 이 절기의 관례를 따라 올라갔다가"(눅 2:42). 관례란 '늘 해오던 행동방식 혹은 어떤 일을 하는 방법'을 뜻한다. 이것은 어떤 면에서 '안전지대'와 의미가 거의 같다.

우리는 일반적으로 교회도 그러하기를 기대한다. 잭 디어가 '왜 교회에 가는가?'라는 제목으로 설교를 한 적이 있다. 그가 우리 교회에 와서 할 설교의 주제가 이것이라는 것을 알았을 때 나는 잠시 생각에 잠겼다. '그러게, 우리는 왜 교회에 가지?' 그는 내가 전혀 생각지도 못했던 새롭고 참신한 이유들을 설명했다. 하지만 나는 예배 시간에 놀랄 만한 일들이 계속해서 일어난다면, 사람들이 예배에 참석할 것이라고 믿는다. 물론 그래도 안 올 사람들은 안 오겠지만 말이다.

세상은 참된 것을 원한다

세상은 뭔가 특별하면서도 참된 것을 원한다. 예수님께서 그 시대의 선생들을 놀라게 만드신 것과 같은 그런 신선한 일들을 보기 원한다. 또한 사람들은 예수님의 참된 권위가 선포될 때 주목한다.

유월절은 유대인의 전통의식으로, 고대 율법에 있어서나 이스라엘의 전통에 있어서 매우 중요한 위치를 차지하는 의식이었다. 그것은 BC 1300년경 이스라엘 백성들을 애굽의 속박으로부터 풀어내시기 위해 하나님께서 행하신 일을 기념하는 절기였다. 마찬가지로 예수님께서 최후의 만찬을 통해 궁극적인 유월절의 완성을 보여주신 것도, 어떤 면에서는 주님께서 오신 이유와 오셔서 무엇을 하셨는지를 우리가 잊지 않도록 하시기 위해서였다(마 26:17-29, 고전 5:7).

하지만 예수님과 그의 부모가 참석한 그해의 유월절은 예수님께서 하나님의 아들로서의 모습을 드러내시는 놀라운 사건으로 인해 이 전통적인 절기의 의미가 뒷전에 묻혀버리고 말았다. 오늘날 성찬식에 동참하는 우리도 그와 같은 일이 일어나기를 소원해야 한다. 미국의 '제2차 대각성운동'이라고 불리는 케인 릿지 부흥(1801년)도 한 교회에서 성찬식을 거행하던 중 그 교회의 목사가 성령님께 담대하게 순종함으로 시작되었다.

우리는 의식을 거행하는 일에 익숙하다. 결혼식, 장례식, 세례식, 성찬식, 안수식, 입교식은 '종교적인 혹은 공적인, 일련의 형식을 갖춘 의례'에 포함된다. 이런 의식들은 모두 '정중한 예의'를 지킨다는 특징을 가지고 있다. 그러나 마리아가 영광을 드러내고 계시던 예수님을 발견하였을 때 보인 반응은 이것과 거리가 멀었다.

종종 평소에는 매우 예의 바른 사람이 의례적인 일이 무시되었을 때 크게 분노하는 경우가 있다. 다윗의 아내였던 미갈이 여호와의 궤가 예루살렘으로 들어왔을 때 다윗이 "여호와 앞에서 뛰놀며 춤추는 것을 보고"(삼하 6:16) 어떻게 반응하였는지 생각해보라. 미갈은 이렇게 비꼬아 말했다. "이스라엘 왕이 오늘 어떻게 영화로우신지 방탕한 자가 염치 없이 자기의 몸을 드러내는 것처럼 오늘 그의 신복의 계집종의 눈 앞에서 몸을 드러내셨도다"(삼하 6:20).

예수님이 빠진 교제

요셉과 마리아의 안전지대가 지닌 또 하나의 특징은 그것이 익숙한 사람들과의 동행이었다는 점이다. "동행 중에 있는 줄로 생각하고 하룻길을 간 후"(눅 2:44). 이날 요셉과 마리아와 동행했던 사람들이 몇 명이었는지는 알 길이 없다. 하지만 이날 함께 길을 갔던 사람들은 확실히 다음 두 가지의 공통점을 가지고 있었다. 먼저, 그들은 모두 유대인의 절기를 지키는 사람들이었다. 그리고 그들은 모두 동향(同鄕), 즉 나사렛 사람들이었을 것이다.

'동행한다'는 것은 함께 모인 몇 명의 여행자 혹은 사람들이 함께 시간을 보내며 교제를 나누는 것을 의미한다. 요셉과 마리아는 예수님이 자신들과 동행한다고 생각했다.

'코이노니아'(koinonia)는 교제(fellowship)라는 뜻의 헬라어이다. "그가 빛 가운데 계신 것 같이 우리도 빛 가운데 행하면 우리가 서로 사귐(koinonia)이 있고 그 아들 예수의 피가 우리를 모든 죄에서 깨끗하게 하실 것이요"(요일 1:7).

우리에게는 교제가 필요하다. 우리는 서로를 필요로 한다. 하지만 우리의 교제에 누구보다 예수님께서 함께하셔야 한다. 킹제임스성경에서는 바울이 최후의 만찬을 이야기하는 대목에서 코이노니아를 '성찬'(communion)으로 번역하고 있다. "우리가 축복하는 이 축복의 잔은 그리스도의 피의 성찬이 아니며 우리가 떼는 이 빵은 그리스도의 몸의 성찬이 아니냐"(고전 10:16).

Chapter 5 위험한 추정

그래서 주님의 마지막 식사를 우리는 성찬식이라고 부른다. 정확하게 표현해서 우리는 예수님과의 성찬을 가져야 한다. 예수님을 인식하며 성찬식을 행할 때 그것이 가능하다. 우리가 성찬식에 참예할 때 그 자리에 주님께서 함께하신다는 것이 느껴진다면, 그것은 정말 놀라운 일이다. 하지만 우리가 주님을 인식할 수 있든지 없든지 혹은 주님께서 그분의 영광을 뚜렷하게 드러내시든지 않든지 간에, 우리가 주님의 이름으로 나아가면 주님께서 그곳에 함께하신다. "두세 사람이 내 이름으로 모인 곳에는 나도 그들 중에 있느니라"(마 18:20).

예수님께서는 우리가 그분의 상에서 먹고 마시는 날 함께하시겠다고 약속하셨다(마 26:29). 하지만 그전에 주님의 몸을 분별하는 일(교회의 의미를 정확히 인식하는 것 - 역주)은 너무나 중요하다. 고린도 교회의 교인 중에는 그렇지 못한 사람들이 더러 있었는데, 그 결과 그들은 엄중한 대가를 치러야 했다(고전 11:27-30).

요셉과 마리아는 예수님이 동행 중에 계신 줄 알았다. 혹은 그렇게 추정했다. 함께 동행한 사람들이 그들의 안전지대였으며, 익숙한 영역이었기 때문이다. 그들은 익숙한 생김새와 옷차림과 직업을 가진 사람들과 함께 있었다. 그들은 그것으로 족했지만, 주님은 거기에 계시지 않았다.

연합 혹은 분열

하나님께서 특별한 방식으로 그분의 영광을 드러내실 때, 그에 대한 사람들의 반응에 따라 공동체가 얼마나 빨리 분열되는지 여러 번 놀랐던 경험이 있다. 특별하신 하나님의 임재는 연합을 가져오기도 하고, 분열을 초래하기도 한다.

> 내가 세상에 화평을 주러 온 줄로 생각하지 말라 화평이 아니요 검을 주러 왔노라 내가 온 것은 사람이 그 아버지와, 딸이 어머니와, 며느리가 시어머니와 불화하게 하려 함이니 사람의 원수가 자기 집안 식구리라
> 마 10:34-36

십자가는 우리로 하여금 하나되게 만든다. 심지어 원수들마저 하나로 연합하게 만든다. "헤롯과 빌라도가 전에는 원수였으나 당일에 서로 친구가 되니라"(눅 23:12). 나는 과거에는 서로 말도 하지 않던 사람들이 하나님의 영광 앞에서 친구가 되는 것을 여러 번 보았다. 하나님의 일을 사랑하는 사람들은 잘 알지 못하는 사람들과도 쉽게 친분을 나누며 우정을 쌓는다.

하지만 그 반대의 경우도 있다. 십자가는 분열을 초래하기도 한다. 때로는 분열과 연합, 두 가지 다 가능하기도 하다. 특정한 시대에 하나님께서 하고 계시는 일에 동조하지 않는 사람들은 신기하게도 같은 뜻을 가진 자들과 잘 통한다. 그리고 그들은 하나님의 역사하심을 반대하는 쪽으로 연합한다. 마찬가지로 하나님께서 하시는 일을 사랑하는 자들도 같은 뜻을 가진 자들을 찾아 연합한다.

요셉과 마리아는 예수님이 자기들과 같은 편일 것이라 생각했지만,

사실은 그렇지 않았다. 그들은 자신들의 안전지대를 신뢰하였지만, 주님은 거기에 계시지 않았다. 우리가 아는 사람이 있다고 해서 무조건 예수님께서도 그곳에 함께하실 것이라고 믿는 일이 얼마나 위험한지 모른다. 당신이 잘 아는 사람이 (당신이 기대하는 것처럼) 그렇게 주님과 친밀한 관계를 맺고 있지 않을 수도 있다. 당신이 아는 사람들이 실제로 하나님과 어떤 관계를 맺고 있는지를 알게 된다면, 매우 큰 충격을 받을 수도 있다. 우리 모두에게 적용되는 조언이 바로 이것이다. 당신이 좋아하거나 사랑하는 사람들이 모두 하나님의 일에 대해 당신과 같은 열심을 가지고 있을 것이라고 기대하지 말라. 요셉과 마리아가 그랬던 것처럼, 당신도 예수님께서 당신이 속한 그룹에 계실 것이라고 착각할 수 있다.

나는 토론토 블레싱이 어떤 사람들에게는 이미 안전지대가 되어버렸을지도 모른다고 생각한다. 이 일은 1994년에 금세기 교회사 가운데 가장 극심한 분열을 초래했던 논란 중 하나였다. 그것에 반대했던 많은 사람들은 토론토 블레싱의 여파로 전 세계로 퍼져나갔던 '정신 못 차리게 웃는' 현상만큼이나 '분노로 정신을 잃을 만큼' 극성맞게 반대했다.

하지만 오늘날 기도 중에 웃음을 터뜨리는 일은 이제 성탄절에 '고요한 밤 거룩한 밤'을 부르는 것만큼 자연스러운 일이 되어버렸다. 과거의 논란이 오늘의 안전지대가 되는 것이 특별히 문제 될 것은 없다. 오늘날 아타나시우스의 교리를 인정하는 것에 아무런 문제가 없듯이 말이다. 그러나 과거에 논란을 일으켰던 이슈를 줄기차게 밀고 나가는 것이 오늘날 우리에게 주어진 십자가를 지는 일이라고 착각해서는 안 된다.

하나님께서는 여전히 뒤에 남으심으로 우리가 그분의 부재를 인식하는지 못하는지를 시험하시곤 한다. 뒤에 남으셔서 우리가 정말로 하나님의 영광을 보기 원한다는 사실을 행동으로 보여드리길 기다리신다. 그것이 하나님의 방법이다.

예전에 하나님의 특별하신 임재가 함께했다고 해서 지금도 그분이 우리와 함께하실 것이라고 믿는다면, 그건 큰 오산이다. 우리가 이미 하나님의 뜻을 안다고 생각하고 먼저 움직이면, 한참 지나고 나서야 그분이 우리와 함께하지 않으신다는 것을 발견하게 될 것이다.

Chapter 6

우리는 언제 성령님께 둔감해지는가?

THE SENSITIVITY OF THE SPIRIT

나의 길 알기를 즐거워함이
(사 58:2)

어렸을 때, 아버지는 출근 준비를 하면서 항상 인디애나폴리스에 있는 캐들교회가 생방송으로 진행하던 라디오 방송을 들었다. 매일 아침 6시 15분이 되면, 다음과 같은 오프닝 음악이 들려왔다.

오늘 집을 나서기 전
기도했나요?[1)]

이 가사는 아주 어렸을 때부터 나의 뇌리에 깊이 각인되었다. 아버지는 이 원리를 매우 진지하게 받아들여서, 매일 출근하기 전에 30분씩 기도하였다. 목회자도 아닌 평신도로서, 아버지는 오늘날 많은 목회자들을 부끄럽게 할 만한 기도생활을 하였다. 최근 한 조사에 의하면, 영국 교회 지도자들의 하루 평균 기도시간은 겨우 4분이라고 한다!

예수님께서도 이러한 기도생활의 원리를 몸소 보여주셨다. 마가복음은 이렇게 기록하고 있다. "새벽 아직도 밝기 전에 예수께서 일어나 나가 한적한 곳으로 가사 거기서 기도하시더니"(막 1:35).

마태복음에 의하면, 예수님께서는 저녁에도 기도하셨다. "무리를 보내신 후에 기도하러 따로 산에 올라가시니라 저물매 거기 혼자 계시더니"(마 14:23).

예수님께서는 열두 제자를 정하시기 전날 밤에도 기도로 밤을 보내셨다. "이 때에 예수께서 기도하시러 산으로 가사 밤이 새도록 하나님께 기도하시고 밝으매 그 제자들을 부르사 그 중에서 열둘을 택하여 사도라 칭하였으니"(눅 6:12-13).

만약 하나님의 아들이 기도하셔야 했다면, 우리는 얼마나 더 많이 해야 할까? 예수님께서 기도하셨다는 것은 놀라운 일이다. 그분은 하나님이시지 않은가? 주님은 항상 시선을 하나님께 맞추고, 그분이 하시는 일을 보지 않고서는 아무 일도 하지 않으셨다(요 5:19, 30). 주님께서 기도하셔야 했다는 사실이 아직은 충분히 이해되지 않지만, 아마도 예수님은 아버지의 뜻을 앞서가지 않기 위해 그렇게 하셨을 것이다.

대부분의 사람들이 성령님께 둔감해져도 처음에는 그 사실을 인식하지 못한다. 그것은 우리가 깨어나기 전에는 자신이 잠들었다는 사실을 모르는 것과 비슷하다. 성령님께 무뎌지면 우리는 우리 방식대로 생각하게 되는데, 이것은 그리스도인에게 매우 위험한 상황이다. 이렇듯 성령님께 둔감해지는 것을 피하기 위한 방법 중 하나는 매사에 그분과의 관계를 잘 살피는 것이다. 우리가 그분의 음성을 듣거나 임재를 경험하게 될 때, 성령님을 근심하게 하거나 소멸하지 않도록 주의해야 한다.

만약 요셉과 마리아도 시종일관 예수님에게서 눈을 떼지 않았더라면, 그분을 남겨두고 떠나는 일은 없었을 것이다. 우리 역시 예수님께 시선을 집중한다면, 후회할 일을 미연에 방지할 수 있다.

그럼, 우리가 어떤 상황에서 요셉과 마리아처럼 주님을 뒤에 두고 떠나는 실수를 저지를 수 있는지 자세히 알아보자.

주님의 마음 알기를 구하지 않을 때

"너는 범사에 그를 인정하라 그리하면 네 길을 지도하시리라"(잠 3:6). 이것은 너무나 귀한 교훈이며 약속이다. '범사에'라는 말은 우리에게 관계된 모든 일을 말한다. 어떤 이들은 소소한 일까지 하나님께 아뢰는 것이 그분을 귀찮게 하는 것은 아닌지 염려한다. 하지만 짐 심발라 목사는 이것에 대해 이렇게 말했다. "작은 일을 하나님께 아뢰는 것에 대해 너무 걱정하지 마세요. 하나님께는 어차피 모든 일이 작은 일이니까요!" 예수님께서도 말씀하시기를 "지극히 작은 것에 충성된 자는 큰 것에도 충성되고 지극히 작은 것에 불의한 자는 큰 것에도 불의하니라"(눅

16:10)고 하셨다. 매일의 삶 속에서 모든 것을 주님께 가져가는 습관을 들이면, 어려운 일을 하나님 앞에 가지고 나아가는 일도 쉬워진다.

오, 어찌하여 평안을 잃어버리고
고통을 안고 있는가?
모든 것을 주님께
기도로 고하지 않은 까닭이네2)

여호수아가 기브온 주민들의 거짓말에 속는 장면은 그의 삶 가운데 가장 안타까운 장면 중 하나다(수 9장). 모세는 죽기 전에 가나안 족속과는 "어떤 언약도 하지 말라"고 당부하였다(신 7:1-2). 하지만 이 사실을 알았던 기브온 사람들은 초라한 행색으로 자신들이 가나안이 아닌 먼 지방에서 온 사람들이라고 속여 인정 많은 여호수아의 마음을 샀다. 이 수법에 넘어간 여호수아는 결국 그들과 화친조약을 맺고, 족장들까지도 그들과 맹세하고 말았다(수 9:15). 이스라엘 백성들은 며칠이 지나서야 자신들이 속았다는 것을 깨달았다. 하지만, 이미 하나님 앞에서 맹세하였기 때문에 상황을 돌이킬 수 없었다(수 9:19). 이 일로 인해 이스라엘은 어려움을 겪어야 했다.

이스라엘 백성들이 이러한 어려움을 겪게 된 것은 '여호와에게 묻지 아니하고'(수 9:14) 결정을 내렸기 때문이다. 그들은 하나님의 뜻을 구하는 방법을 너무나 잘 알고 있었음에도 불구하고 그 과정을 생략하고 지나간 대가로 하나님 없이 떠나가는 실수를 저지르고 말았다.

모든 것을 하나님께 의뢰하지 않을 때, 우리도 이러한 실수를 저지르고 반복할 수 있다. 그러므로 모든 것을 주님께 아뢰어야 한다. 요셉이나 마리아 그리고 여호수아가 하나님께 시선을 집중하지 않은 상태에서 일을 진행하도록 내버려두셨다면, 우리에게도 그와 비슷한 일이 얼마든지 일어날 수 있다는 것을 알아야 한다. 나 역시 거절했어야 할 초청이나 약속을 성급하게 수락했던 적이 있다. 그러다가 약속을 이행해야 할 시점이 오면, '내가 왜 이 일을 하겠다고 했지?' 하는 생각을 하곤 했다. 그래서 이제는 아무리 사소한 일이라도 되도록이면 신중하게 기도하고서 결정하려고 한다.

부끄러운 고백이지만, 나는 사람들의 칭찬에 잘 넘어가는 편이다. 특별히 나의 설교를 칭찬하는 사람의 의견에 쉽게 휘둘린다. 한동안 예배가 끝나자마자 나에게 달려와서 잔뜩 바람을 넣는 한 성도에 대해 아내가 여러 번 조심하라고 경고하였다. "저분에 대해 조심하시는 것이 좋을 것 같아요." 하지만 나는 그를 교회의 제직으로 받아들였고, 이 일은 비극적인 결말로 이어졌다. 그때 주님께 귀 기울일 뿐만 아니라 아내의 말도 잘 들어야 한다는 것을 절실히 깨달았다! 이런 일을 수차례 겪은 나는 이제 강연에 초청받거나 중직자를 임명해야 할 일이 있을 때마다 기도를 통해 확인을 받고자 노력한다.

하나님께서는 내가 그분의 뜻을 분명하게 알지 못했다고 해서, 매번 바보 같은 실수를 저지르도록 놔두지는 않으셨다. 주님께서는 너무나 자비로우셔서 나의 성급한 결정들을 여러 차례 없던 일로 해주시거나 그로 인한 어려움을 모면하게 해주셨다. 하지만 이제는 삶의 연륜이 있다 보니 큰일이든 작은 일이든 하나님을 전심으로 그리고 끊임없이 구하는 일에 더욱 힘쓰게 되었다.

그렇다고 해서 내가 매번 옳은 선택을 한다는 말도 아니다. 당시에는 매우 올바른 선택을 한 것 같은데, 나중에 보면 옳지 않았던 것으로 드러나는 일이 여전히 있다! 어느 한쪽이 너무 옳아 보일 때, 중립을 지키거나 양쪽에 대해 동일하게 열려 있기는 쉽지 않다. 그 중 어느 한 가지에 사심이 있을 때는 더욱 그렇다.

말씀이 아닌 감정을 따를 때

우리는 감정에 속기 쉽다. 감정은 우리들의 바람과 두려움, 편견과 과거의 경험들이 어우러져 만들어낸 산물이다. 살면서 무엇이 옳고 그른지를 느낌으로 아는 '육감'이란 것을 갖게 되는데, 이것도 그다지 믿을 것이 못 된다. 더 나쁜 것은 처음에는 분명 성령의 인도를 받았는데, 나중에는 자신의 생각을 따르는 바람에 일을 그르치는 것이다.

성령님의 인도하심을 따라 요셉과 마리아는 유월절을 지키기 위해 예수님과 함께 예루살렘으로 갔다. 그렇게 함으로써 그들은 율법을 지켰다. 하지만 유월절이 끝나자 그들은 주님이 자신들과 함께 동행하신다고 생각하고 먼저 길을 떠났다.

나에게 복음을 차별 없이 모든 사람에게 전해주어야 한다고 가르쳐 준 사람은 아서 블레싯이다. 예수님께서도 "모든 사람을 위하여 죽음을 맛보려"(히 2:9) 하셨다는 것을 보면, 모든 사람에게 복음을 전한다는 것은 분명 옳은 일이다. 하지만 나는 이 '모든 사람들'이 모든 종류의 사람들을 의미한다고 생각해본 적은 없었다.

블레싯 목사가 우리 교회에 초청되어 집회를 인도할 당시, 그는 전도하기 위해 우리 교회 교인들을 이끌고 거리로 나갔다. 그때 나는 길을 가다가 멈춰 서서 우리의 이야기를 듣는 사람들이 은행가나 국회의원이 아니라는 사실을 알게 되었다. 노방전도를 통해 회심한 대부분의 사람들은 노숙자나 부랑자나 거지였다.

그때까지 내가 가지고 있던 감정에 따르면, 이 사역은 내가 기꺼이 수용할 만한 영역이 아니었다. 금세기 내내 웨스트민스터채플은 중산층을 위한 교회였기 때문이다. 그것이 나에게도 어울렸다. 하지만 이것을 지속해가고자 했던 것은 옳지 못했다. 예수님께서는 이사야서를 펼치신 후 다음의 구절을 읽으셨는데, 그것은 그분께 부여된 임무였다.

> 주의 성령이 내게 임하셨으니 이는 가난한 자에게 복음을 전하게 하시려고 내게 기름을 부으시고 나를 보내사 포로 된 자에게 자유를, 눈 먼 자에게 다시 보게 함을 전파하며 눌린 자를 자유롭게 하고 주의 은혜의 해를 전파하게 하려 하심이라 눅 4:18-19

하나님께서 우리에게 주신 말씀 안에는 가난한 자와 포로된 자들에 대한 내용이 많다. 그러나 나는 강도당한 자를 보고 '피하여'(눅 10:31-32) 지나간 제사장처럼 행동한 적이 얼마나 많은지 모른다. 성경에는 다음과 같은 하나님의 명령들이 있다.

가난한 자와 고아를 위하여 판단하며 곤란한 자와 빈궁한 자에게 공의를 베풀지며 가난한 자와 궁핍한 자를 구원하여 악인들의 손에서 건질지니라 하시는도다 시 82:3-4

가난한 자를 불쌍히 여기는 것은 여호와께 꾸어 드리는 것이니 그의 선행을 그에게 갚아 주시리라 잠 19:17

잔치를 베풀거든 차라리 가난한 자들과 몸 불편한 자들과 저는 자들과 맹인들을 청하라 그리하면 그들이 갚을 것이 없으므로 네게 복이 되리니 이는 의인들의 부활시에 네가 갚음을 받겠음이라 하시더라 눅 14:13-14

예수님이 정말 '오실 그이'인지 의구심이 들었던 세례 요한이 제자를 보내어 그분께 여쭤봤을 때, 주님께서 이렇게 대답하셨다.

너희가 가서 보고 들은 것을 요한에게 알리되 맹인이 보며 못 걷는 사람이 걸으며 나병환자가 깨끗함을 받으며 귀먹은 사람이 들으며 죽은 자가 살아나며 가난한 자에게 복음이 전파된다 하라 눅 7:22

만약 1982년 5월 이전에 나에게 가난한 자들에게 복음을 전하려고 노력해보았냐고 물었다면, 나는 솔직하게 "노력은 하고 있지만, 그쪽 방면의 사역에 특별히 부르심을 받았다고는 생각하지 않습니다"라고 대답했을 것이다. 그러나 사실 나는 주관적인 감정 때문에 그런 사람들에게 다가가는 일을 꺼리고 있었다. 이 말은 그들이 우리를 찾아왔을 때 쫓아냈다는 것이 아니라, 단지 그들에게 다가서기 위해 노력하는 일에 적극적이지 않았다는 뜻이다.

지금 생각해보면, 나는 그때 성령님의 음성을 듣지 않고 있었다. 왜냐하면 성령께서 내가 좋든 싫든, 그쪽으로 부르심을 받았다고 느끼든 아니든 상관없이 그렇게 할 것을 성경에 객관적으로 명시해두셨기 때문이다. 우리가 우리의 감정이 아닌 말씀에 순종하는 삶을 살려면, 평소에 성령께서 주시는 감동에 민감하게 반응하는 훈련이 되어 있어야 한다.

어느 날 한 여성이 아서 블레싯 목사에게 와서 이렇게 물었다.

"하나님께서는 왜 목사님에게는 그렇게 분명하게 말씀하시면서, 저에게는 한 번도 그렇게 말씀하시지 않지요?" 블레싯 목사는 이렇게 대답했다.

"모르는 사람에게 예수님에 대해 이야기를 하고 싶다는 충동을 느껴본 적이 있습니까?" 그러자 그 여성이 대답했다.

"네, 있어요." 블레싯 목사는 그 여성을 바라보며 이렇게 말했.

"그 충동에 순응해보세요. 그러면 주님의 음성이 점점 더 선명하게 들리기 시작할 겁니다."

성령께서 주시는 감동은 비둘기처럼 매우 부드러워서 자칫 무시되기 쉽다. 우리가 받은 감동이 하나님의 말씀에 비추어 옳은 것이면, 순종해도 된다. 그로 인한 상급은 너무나 커서, 성령님의 음성을 인식하는 능력이 점점 증가될 것이다.

　나 역시 하나님의 말씀보다 나의 감정을 중시하고 살면서도, 그것에 대해 전혀 문제의식을 갖지 못했다. 특별히 나는 가난한 자들에게 관심을 가져야 한다는 사실을 간과하고 있었다. 그런 사역에 부름 받은 사람은 나 말고 따로 있다는 핑계로 나의 감정을 합리화했던 것이다. 물론 어떤 면에서는 내 생각이 틀린 것은 아니었다. 웨스트민스터채플의 주된 부르심은 복음을 가르치는 것이지, 빈민·노숙자 사역은 아니었기 때문이다. 하지만 우리가 문화나 배경에 상관없이 모든 계층의 사람들에게 복음으로 다가가기 위해 힘쓰지 않았던 것은 그들을 향한 성령님의 열정을 몰랐기 때문이다.

　요셉과 마리아가 예루살렘에 예수님을 남겨두고 나사렛을 향해 걸어가면서도 뭔가가 잘못되었다는 것을 느끼지 못했던 것은 주님이 함께 계시지 않는다는 사실을 몰랐기 때문이다. 그들의 감정과 생각이 행동을 지배하고 있었던 것이다. 이처럼 우리도 주로 감정의 지배를 받으며 사는 경우가 많다. 그러면서 예수님의 가르침 중 어려운 것들은 요리조리 피해 간다. 교리를 수용할 때에도 그렇고, 성경의 가르침을 적용할 때에도 그렇다.

　결혼 초기에 나는 하나님께 빚을 갚는 것보다 이웃에게 갚는 것이 더 옳다고 생각하여 십일조를 하지 않았다. 그리고 그것에 대해 전혀 문제의식을 갖지 않았다. 그렇게 2년이 지나자 우리는 더 많은 빚에 허덕이게 되었다. 그런데 십일조를 하기 시작하면서부터, 거짓말처럼 우리의 재정 상태가 회복되기 시작했다. 이와 관련하여 내가 하나님의 말씀을 찾아보았을 때, 말라기 3장 10절에 재정에 관한 실질적인 원리가 나와 있었다. 하지만 내가 말씀에 순종하기 전까지는 나의 주관적인 생각이 나를 지배하였다.

하나님의 말씀보다 우리의 감정과 생각을 따르는 것에 관한 예는 아주 많다. 아마도 거의 모든 신앙인들이 그런 경험을 했을 것이다. 우리의 주관적인 생각들, 안전지대라고 불리기도 하는 이것들은 종종 하나님의 음성인 양 위장하고, 우리는 이러한 주관적인 느낌을 따라 결정을 내리는 경우가 많다.

아무리 어려운 사람을 도와주고, 십일조를 하고, 생면부지의 사람에게 복음을 전하고, 소문에 귀 기울이거나 불평하거나 비난하지도 않고, 모든 잘못을 용서하며, 성경적 원리와 관련된 모든 가르침을 지킨다 하더라도, 우리는 너무나 자주 우리의 감정과 생각을 따라 결정을 내린다.

요셉과 마리아는 주님이 '동행 중에 있는 줄로 생각하고' 나사렛으로 돌아가고 있었다. 어쩌면 우리도 현재 나의 행보가 하나님의 뜻을 거스르는 것이라는 사실을 전혀 인식하지 못한 채 길을 가고 있을 수도 있다.

그리스도의 몸 안에 들어가지 않을 때

문제를 일으키는 사람들을 보면, 주로 누군가의 권위 아래에 들어가려 하지 않을 뿐더러 그것에 대해 문제의식조차 느끼지 못하는 경우가 많다. 그리고 그런 이들은 보통 경건한 어투로 이렇게 말한다. "저는 오직 하나님의 말씀만 듣습니다." 이것은 듣기에는 그럴 듯하지만, 전혀 바람직하지 못한 일이다. 우리는 교회의 구성원이 되어 그 안에서 교제하며 지도자의 권위 아래 속해 있어야만 한다. 하나님께서 말씀을 통해 그렇게 하라고 하셨는데도, '난 참여하라는 감동을 못 받았는데' 하고 자신의 주관적인 판단을 따르는 것은 매우 위험하다.

> 모이기를 폐하는 어떤 사람들의 습관과 같이 하지 말고 오직 권하여 그 날이 가까움을 볼수록 더욱 그리하자 히 10:25

우리는 서로를 필요로 한다. 그런데 매우 유명한 몇몇 사역자를 포함하여 많은 교회의 지도자들이 이 원칙에 있어서 자신들은 예외라고 생각한다. 그러다 보니 이들 중 적지 않은 수가 이런저런 문제에 빠지게 됨은 물론이고 때로는 성적인 죄를 범하기도 한다. 그들은 자신이 주변 사람들의 영적 분별력을 뛰어넘는 차원의 사람이라고 믿으며, 자신 외에는 누구도 신뢰하지 않는다. 그러나 우리가 주변 사람들이나 자신보다 높은 권위의 자리에 있는 사람들과 유기적인 책임관계를 맺지 않을 때, 특별히 죄에 빠지기 쉽다.

누구든 때로 규칙에서 예외이기를 바랄 때가 있다. 내가 처한 시험이나 시련이 다른 사람의 상황보다 특별해서 이번 한 번만은 하나님께서 '나를 봐주실 것'이라고 기대하게 되는 것이다. 그러나 이것은 원수의 거짓말을 믿는 것이다. 하나님께서는 이렇게 말씀하신다.

> 사람이 감당할 시험 밖에는 너희가 당한 것이 없나니 오직 하나님은 미쁘사 너희가 감당하지 못할 시험 당함을 허락하지 아니하시고 시험 당할 즈음에 또한 피할 길을 내사 너희로 능히 감당하게 하시느니라 고전 10:13

하나님께서는 그분의 백성을 위해서 (설령 그가 가장 '우수한' 백성이라 할지라도) 원칙을 굽히지 않으신다. 그래서 성경에 등장하는 어떤 영웅도 그들의 잘못을 대충 얼버무리고 넘어갈 수 없었다.

사울 왕은 자신을 높이려다가 '어제의 사람'이 되고 말았다. 성경에서 유일하게 하나님의 '마음에 합한' 사람이라는 칭찬을 들은 다윗 왕도 간통하고 무사할 줄 알았지만, 결국 들통나고 말았다(삼상 13:14, 행 13:22, 삼하 12:1-12). 당신은 권위 아래 속해 있는가? 당신을 알고, 당신이 무슨 일을 할 때 그 동기를 살펴주고, 당신이 좁고 곧은 길로 갈 수 있도록 도와줄 사람들 사이에 속해 있는가? 반드시 신뢰할 수 있는 동역자, 지도자와의 건강한 책임관계 속에 들어가 있으라.

모세는 이스라엘 사람들에게 책임을 분명히 하였다. 본격적인 가나안 정복을 시작하기 전, 갓 자손과 르우벤 자손과 일부 므낫세 자손이 모세를 찾아와 요단 강 동쪽의 기름진 땅을 달라고 청하였다(민 32장). 그러자 모세는 그들에게 하나님께서 이스라엘 백성에게 약속의 땅으로 취하라고 명령하신 곳이 요단 강 서쪽이라는 사실을 일깨워준다. 또한 하나님께서 약속의 땅에 가서 적을 물리칠 것을 명령하셨고, 그 일을 위해서 모든 지파가 힘을 합해야 한다고 촉구하였다.

그래도 그들이 뜻을 굽히지 않자, 모세는 결국 합의점을 찾아냈다. 그들에게 다른 지파들과 함께 가나안 전투에 참여하여 그 땅을 모두 정복한 후에 요단 강 동편에서 살아도 된다고 허락한 것이다. 그들은 모세의 제의를 수락하였다. 모세는 그들에게 다음과 같이 책임을 물을 것을 경고하였다. "너희가 만일 그같이 아니하면 여호와께 범죄함이니 너희 죄가 반드시 너희를 찾아낼 줄 알라"(민 32:23).

나는 이제껏 다른 사람의 충고를 거부하여 심각한 문제에 빠진 사람들을 많이 봐왔다. 그들은 자신에게 사랑과 염려의 마음으로 충고해 주는 사람들의 말을 들으려 하지 않았다. 이런 사람들은 대체로 다른 사람의 말을 들어야 한다는 사실에 대해 방어적인 태도를 취한다. 그 결과, 좋은 친구들을 마다하고 자신을 사랑하지도 않는 새로운 사람들과 어울린다. 그리고는 그들이 언젠가 서로 책임을 지는 관계를 요구하면, 또다시 어디론가 떠나버린다. 우리가 주님께서 나와 동행하신다는 착각에 빠져 주위 사람들의 조언과 권고를 거절하면, 언젠가 후회할 일이 생길 것이다.

마음에 '쓴뿌리'가 자랄 때

악독(마음속의 '쓴뿌리')은 성령님을 근심하게 하는 대표적인 요인이다. 바울은 다음과 같이 훈계한다.

하나님의 성령을 근심하게 하지 말라 그 안에서 너희가 구원의 날까지 인치심을 받았느니라 너희는 모든 악독과 노함과 분냄과 떠드는 것과 비방하는 것을 모든 악의와 함께 버리고 서로 친절하게 하며 불쌍히 여기며 서로 용서하기를 하나님이 그리스도 안에서 너희를 용서하심과 같이 하라 엡 4:30-32

모든 죄는 짓는 당시에는 그럴 수밖에 없는 이유가 충분한 것처럼 보인다. 그렇게 죄를 지은 우리는 그것을 은밀한 곳에 숨겨놓고, 아무 일 없는 듯 살아간다. 하지만 죄 중에서도 '쓴뿌리'는 가장 기만적이다. 왜냐하면, 그것이 너무나 정당한 반응인 것처럼 보이기 때문이다. '쓴뿌리'가 생기는 배경에는 항상 합당한 이유, 즉 불만이나 부당함과 같은 요인이 있다. 부모로부터 학대를 받았을 수도 있고, 사기를 당했거나 믿었던 사람에게 배신을 당했을 수도 있다. 이처럼 마음에 원한이나 '쓴뿌리'를 품는 것이 당연해 보이는, 너무나 그럴 듯한 이유들이 항상 존재한다.

나도 '쓴뿌리'를 가져 본 적이 있다. 그 이유가 어찌나 정당해 보였던지, 당연히 주님께서도 내 편이실 것이라 생각했다. 아마 누구나 그런 적이 있을 것이다. 하지만 몇 해가 걸리든 몇 초가 걸리든, 우리가 품었던 마음속의 '쓴뿌리' 때문에 성령의 비둘기가 조용히 날아가 버렸다는 사실을 직면해야 되는 때가 반드시 온다. 또한 '쓴뿌리'를 품는다는 것이 옳지 않은 일이라는 사실을 인정해야 하는 순간도 온다.

이 말은 '쓴뿌리'가 생길 만한 상황을 부정하는 것이 아니다. 살다 보면, 배반을 당하거나 믿었던 사람에게 속임을 당할 수 있다. 어쩌면 동료 신앙인이나 심지어 부모로부터 상처를 받았을 수도 있다. 또는 친구들이 더 이상 필요 없다며 멀리했을 수도 있다. 이처럼 마음에 '쓴뿌리'가 찾아올 수 있는 상황은 아주 많다. 이렇게 상처를 받았을 당시에는 분노를 느끼는 것이 오히려 정당해 보인다.

마리아도 예수님에게 분노했다. "아이야 어찌하여 우리에게 이렇게 하였느냐"(눅 2:48). 요나 또한 니느웨의 회개로 그들을 멸하기로 하셨던 뜻을 돌이키신 하나님께 화를 냈다. 그러자 하나님께서는 요나에게 이렇게 물으셨다. "네가 성내는 것이 옳으냐"(욘 4:4). 물론 옳지 않았다.

성령께서는 우리에게 맞춰주시지 않는다. 만약 그분께서 우리에게 머무시기를 원한다면, 우리가 그분께 맞춰야 한다. 이 말은 우리를 아프게 한 사람들을 온전히 용서해야 한다는 뜻이다. 예수님께서는 우리에게 "우리가 우리에게 죄 지은 자를 사하여 준 것 같이 우리 죄를 사하여 주시옵고"(마 6:12)라고 기도하라고 가르쳐주셨다. 그러나 우리는 이 기도대로 우리에게 잘못한 사람들을 용서해주지 못하는 경우가 많다. 그러면 우리의 말과 행동에 대해 하나님께 책임이 있단 말인가? 아니다. 우리가 성령님께 맞춰야 하고, '우리가 우리에게 죄 지은 자를 사하여 준 것 같이 우리 죄를 사하여 주시옵고'라고 기도할 때 정말 그렇게 하고자 하는 마음을 담아 기도해야 한다.

이것에 대해 내 친구는 이렇게 말했다. "용서하지 않는 사람은 용서받지 못한다." 용서를 구하는 기도는 나의 죄를 면제해달라고 하나님께 청하는 것이다. 반대로 나에게 죄 지은 자를 용서해준다는 것은 내가 그의 죄를 면제해주는 것이다. 우리가 진실한 마음으로 그렇게 기도할 때, 성령께서 다시 돌아오신다.

모든 '쓴뿌리'는 궁극적으로 하나님을 향한 것이다. 물론 하나님을 원망하는 것은 아니라고 말할지 모르지만, 우리의 생각을 분석해보면 다음과 같은 생각을 품고 있다는 것이 드러난다. '하나님께서는 이렇게 못된 사람을 왜 가만두시는 거지?' '하나님은 왜 이 사람에게 이런 일을 하도록 허락하신 거지?' '어떻게 이런 일이 나한테 일어날 수 있는 거지?' 물론 그 일이 일어난 것은 하나님께서 허락하셨기 때문이다. 하나님께서 개입하실 수도 있었지만, 그러지 않으신 것이다. 그러므로 우리가 하나님의 계획을 이해하기 위해 노력하지 않으면, 결국 그분을 원망하게 된다. 요셉과 마리아가 그랬던 것처럼 말이다.

유대인 수용소에서 기적적으로 살아남은 코리 텐 붐에 관한 감동적인 이야기가 있다. 어느 날 말씀을 전하기 위해 강단에 선 코리는 수용소에서 지내던 시절 자신을 괴롭혔던 교도관이 맨 앞자리에 앉아 있는 것을 보았다. 그를 발견한 코리는 속으로 자신의 마음을 주님의 사랑으로 가득 채워달라고 간절히 부르짖었다. 그러자 하나님의 임재가 함께하여 수월하게 말씀을 전할 수 있었다. 예배가 끝난 후 그 교도관과 만난 코리는 놀랍게도 자신의 내면이 용서와 긍휼의 마음으로 충만함을 느낄 수 있었다. 성령께서 머무셨던 것이다.

로드니 하워드 브라운은 치유와 희락의 축복을 잃어버리는 사람들이 대부분 그들에게 상처를 준 사람들을 완전히 용서하지 못해서 그렇게 되는 경우가 많다고 하였다. 결과적으로 그들은 더욱 쓴 마음을 품게 되고, 그로 인해 질병이 찾아오고 기쁨은 잦아들고 만다.

마음에 '쓴뿌리'를 지닌 목회자라 할지라도, 다음의 조건들이 만족될 때 말씀사역을 감당할 수 있다.

• 설교 내용을 잘 안다.
• 기름부음 '받은 것처럼' 보이는 방법을 안다.
• 하나님의 은사와 부르심에는 후회하심이 없다(롬 11:29).

하나님께서는 이러한 자들의 설교를 통해서도 사람들을 만지신다. 하지만 이들은 결국 성령의 비둘기가 일찌감치 날아가버렸음을 깨닫게 될 것이다. 성령께서 부어주신 진짜 기름부음이 사라져버렸음을 발견하게 되는 것이다. 이 원리는 모든 그리스도인에게 동일하게 적용된다. 언제까지나 그렇지 않은 척할 수는 없다.

우리가 앙심을 품고 누군가를 비난할 때, 성령께서 근심하신다(고전 13:5, 사 58:9). 하지만 우리는 그것을 전혀 느끼지 못할 수도 있다(처음에는 말이다).

'의로운 일'이지만, 하나님께서 원하시는 일이 아닐 때

요셉과 마리아가 예수님을 예루살렘에 데리고 갔던 일은 의로운 일이었다. 여기까지는 다 좋았다. 그들은 아마도 유월절을 지키는 율법적 책임을 다한 것으로 인해 마음이 뿌듯했을 것이다. 하지만 예수님을 남겨두고 떠난 것은 옳지 않았다. 이사야도 이와 유사한 병폐를 지적하였다.

크게 외치라 목소리를 아끼지 말라
네 목소리를 나팔 같이 높여
내 백성에게 그들의 허물을
야곱의 집에 그들의 죄를 알리라
그들이 날마다 나를 찾아
나의 길 알기를 즐거워함이
마치 공의를 행하여
그의 하나님의 규례를 저버리지 않는 나라 같아서
의로운 판단을 내게 구하며
하나님과 가까이 하기를 즐거워하는도다
우리가 금식하되
어찌하여 주께서 보지 아니하시오며
우리가 마음을 괴롭게 하되
어찌하여 주께서 알아주지 아니하시나이까
보라 너희가 금식하는 날에
오락을 구하며 온갖 일을 시키는도다
보라 너희가 금식하면서
논쟁하며 다투며 악한 주먹으로 치는도다
너희가 오늘 금식하는 것은

너희의 목소리를 상달하게 하려는 것이 아니니라
이것이 어찌 내가 기뻐하는 금식이 되겠으며
이것이 어찌 사람이 자기의 마음을 괴롭게 하는 날이 되겠느냐
그의 머리를 갈대 같이 숙이고
굵은 베와 재를 펴는 것을 어찌 금식이라 하겠으며
여호와께 열납될 날이라 하겠느냐

사 58:1-5

이스라엘 백성들은 자신들이 금식과 같은 의로운 행위를 하였기 때문에 하나님께서 자신들과 동행하신다고 믿었다. 그나마 높이 평가해줄 만한 것은 하나님께서 그것을 보지 아니하셨다고 인정하는 부분이다. "우리가 금식하되 어찌하여 보지 아니하시오며 우리가 마음을 괴롭게 하되 어찌하여 주께서 알아주지 아니하시나이까?" 문제는 그들이 금식하는 것과 마음을 괴롭게 하는 일을 즐겼다는 점이다. 그들에게 이것은 놀이와도 같았다. 이사야는 그 시대 이스라엘 백성들이 '하나님께서 자신들에게 가까이 오시기를' 열렬히 구하였다고 말한다. 우리들도 이 점에서 그들과 크게 다르지 않다. 우리도 하나님께서 능력으로 임하시기를 열심히 구한다.

우리는 교회의 여러 가지 일에 관여하는 등 '의로운' 일들을 하느라 바삐 움직이면서, 내심 하나님께서도 기뻐하고 계실 것이라고 생각하기 쉽다. 그러나 하나님께서는 전혀 함께하고 계시지 않는데, 우리만 바쁘게 돌아다닐 수도 있다.

나는 하나님께서 우리 삶의 한 영역에서는 함께하시면서 동시에 다른 영역에서는 함께하지 않으실 수도 있다고 생각한다. 웨스트민스터채플에서의 목회 초기에 내가 나의 '예루살렘'으로 다시 돌아가고자 몸부림치고 있을 때, 하나님께서는 몇몇 영역에서 나를 강력하게 회복시켜 주셨다. 먼저는 내가 가지고 있던 두 가지 문제점, 즉 불평하는 마음과 마음속의 '쓴뿌리'를 고쳐주셨다. 그 결과 개인의 삶에서는 물론이고 사역적 측면에서도 신선한 성령의 기름부음이 임했다. 가정에서의 삶도 편안해지고, 설교도 어느 정도 발전하게 되었다.

하지만 안타깝게도 삶 가운데 여전히 실패하고 있던 영역이 있었다. 그것은 아버지로서의 역할에 관한 것이었다. 나는 '의로운 일들' 즉 설교하고 기도하고 그리고 때때로 금식하는 일을 쉬지 않았고, 내가 쓴 책들도 알려지기 시작했다. 나의 설교와 글을 통해 축복을 누리게 되었다는 사람들도 있었다. 하지만 나는 내 가족을 등한시하였다. 나는 교회와 사역을 중시하는 것이 하나님을 우선시하는 것이라고 여겼다.

그러나 나는 역설적인 삶을 살고 있었다. 하나님께서는 내 삶의 한 영역에서는 함께하셨지만, 다른 영역에서는 내가 먼저 가도록 놔두시고는 뒤에 남아 계셨다. 설교할 때는 기름부음이 나타났지만, 자녀들과의 관계에 있어서는 그렇지 못했다. 그 결과, 나는 만만치 않은 대가를 치러야 했다. 만일 내가 그때 가족을 더 우선시했더라면, 어쩌면 더 나은 설교를 할 수 있었을지도 모른다. 이 사실을 최근에 들어서야 깨달았다. 이미 지나간 세월을 되돌릴 수는 없기에, 지금 내가 할 수 있는 것은 하나님께서 '메뚜기가 먹어 치운 햇수'(욜 2:25)들을 회복시켜 주실 것을 신뢰하는 것뿐이다.

이런 점에서 나는 우리가 주님께서 임재하시는 동시에 부재하시는 삶을 살 수 있다고 믿는다. 이 말이 이상하게 들릴지 모르지만, 하나님께서는 얼굴을 나타내 보이시는 동시에 가리기도 하신다. 성령께서 삶의 한 방면으로는 강력하게 함께하시지만, 다른 방면에서는 조용히 날아가 버리기도 하신다.

혹자는 이렇게 질문할 수도 있다. "하나님께서 왜 가족과 더 많은 시간을 보내라고 말씀해주시지 않았을까요?" 아니다. 하나님께서는 그렇게 말씀해주셨다. 그런데 내가 듣지 않고, 계속해서 내 갈 길을 갔던 것이다. 그럼에도 불구하고 하나님께서는 사역적인 부분에서는 함께해주셨다. 요셉과 마리아가 예수님을 남겨놓고 떠났다고 해서 하나님께서 그들과 함께하시지 않았던 것은 아니었던 것처럼 말이다. 하나님께서는 요셉과 마리아를 사랑하셨고, 결국 주님에게로 다시 인도해주셨다. 하지만 우리는 하나님께서 일부 영역에서 우리에게 자비를 베풀어주신다고 해서, 우리와 우리가 하는 모든 일을 기뻐하신다고 오해하지 말아야 한다.

하나님께서는 우리가 행하는 의로운 행위에 관심을 두지 않으신다. 하나님께서는 우리의 중심을 보시며, 우리가 의로운 행위들을 하느라 정작 우선이 되어야 할 것들을 도외시할 때가 많다는 사실을 알고 계신다.

내가 기뻐하는 금식은 흉악의 결박을 풀어 주며
멍에의 줄을 끌러 주며

> 압제 당하는 자를 자유하게 하며
> 모든 멍에를 꺾는 것이 아니겠느냐
> 또 주린 자에게 네 양식을 나누어 주며
> 유리하는 빈민을 집에 들이며
> 헐벗은 자를 보면 입히며
> 또 네 골육을 피하여 스스로 숨지 아니하는 것이 아니겠느냐
>
> 사 58:6-7

이 구절들은 우리가 하나님의 심장에 귀를 기울여야 한다는 사실을 가르쳐준다. 하나님의 뜻을 온전하게 이루어드린다는 것은 (슬프게도 거의 언제나 그렇듯이) 더 힘들고 덜 재미있는 일들을 해야 함을 의미할 수 있다.

감사를 잊을 때

요셉과 마리아는 역사상 가장 감사해야 할 사람들이었다. 하나님의 독생자의 부모가 되는, 누구도 누릴 수 없는 특권을 갖는다는 것은 얼마나 큰 영광인가! 물론 그들도 이 사실을 알았으리라 생각한다. 그리고 하나님께 쓰임 받을 수 있도록 선택되었다는 사실에 무한한 경외심을 가졌을 것이다. 그런데도 예루살렘에 그 아들을 두고 떠날 수 있었다는 사실은 어떤 점에서 그분이 자신들과 함께 있는 것을 당연하게 여

기게 되었다는 것을 보여준다.

우리 모두가 그럴 수 있다. 살다 보면, 어느새 나도 모르게 하나님께 감사를 표현하는 일에 소홀해진다. 만일 우리가 진심으로 감사함을 느낀다면, 절대로 하나님에게서 눈을 떼거나 그분의 임재 없이 움직이지는 않을 것이다. 우리는 말로는 참 잘한다. "내가 감사하고 있다는 걸 하나님도 아셔요." 과연 그런가? 만약 그렇다면, 그분께 그것을 구체적으로 말씀드리고 보여드려야 한다.

내가 나의 '예루살렘'으로 돌아가는 여정 중에 있을 때, 하나님께 더욱 감사해야 한다는 사실을 깨달았다. 빌립보서 강해를 하던 중 내가 감사하지 않고 있다는 것을 처음으로 인식하게 된 것이다. 그러다가 결정적으로 4장 6절에 이르렀다.

아무 것도 염려하지 말고 다만 모든 일에 기도와 간구로, 너희 구할 것을 감사함으로 하나님께 아뢰라

이 말씀을 보는 순간, '감사함으로'라는 표현이 눈에 들어왔다. 그렇게 한 적이 없었기 때문이다. 그동안 수만 가지의 기도를 드리고 간구를 올려드렸지만, 감사함으로 하지는 않았다. 나는 마틴 로이드 존스 목사에게 이 고백을 하면서 "하지만 하나님께서는 제 마음을 이미 알고 계시겠죠?"라고 말했다. 그 뒤에 이어진 그의 대답은 매우 명쾌했다. "말씀드리세요!" 그것은 매우 간단한 문제였다.

나는 삶 가운데 일어나는 중요한 일들을 매일 기록하는 습관을 가

지고 있다. 그래서 1983년 4월 8일 오후 3시에 내가 어디에 있었는지를 지금도 안다. 빌립보서 4장 6절을 가지고 설교한 바로 그날부터(1988년 11월 13일이다) 나는 새로운 일을 시작하였는데, 그 이후로 그야말로 하루도 빠지지 않고 그 일을 계속해오고 있다. 그것은 매일 아침 그 전날의 일기를 다시 읽으면서 내가 어제 무슨 일을 했는지를 상기하는 것이다. 그러면서 모든 감사할 일들에 대해 하나님께 감사를 드린다. 이것을 위해 걸리는 시간은 1분 남짓이지만, 매우 중요한 일과가 되었다.

예수님께서는 한 번에 10명의 나병환자를 고치셨다. 그러나 그 중 오직 한 사람만 돌아와서 감사하다고 말했다. "열 사람이 다 깨끗함을 받지 아니하였느냐 그 아홉은 어디 있느냐"(눅 17:17). 이것을 보면 하나님께서도 우리가 그분께 감사를 표현하는 것을 얼마나 중요하게 생각하시고 눈여겨보시는지를 알 수 있다.

감사와 찬양은 우리를 진정한 예배로 인도하며, 그곳에서 하나님을 만나게 해준다. 이 놀라운 경험은 하나님께 "감사합니다"라고 말하는 것에서부터 시작된다. 이것이 내가 성령님께 맞추기 위해 조정해야 했던 부분이다. 어쩌면 당신에게도 이것이 필요할지도 모른다.

'상한 갈대'를 보지 못할 때

이 부분에 있어서 내가 얼마나 많은 실수를 저질렀는지 그 횟수를 센다면, 아마도 나는 부끄러워서 얼굴을 들지 못할 것이다. 사실 이것에 대해 아예 생각조차 하지 못했던 시절도 있다. 하지만 어느 날, 내 주변 사람들의 감정에 대해 내가 얼마나 둔감했었는지 깨닫게 된 일이 있었다.

나는 성격이 무척 급한 편인데, 특별히 어리석을 일을 하는 사람을 보면 그냥 넘어가는 법이 없다. 그리고 대부분의 경우 상대방이 나 때문에 '기분 상하지는 않겠지?'라고 생각했다. 그랬던 내 눈에 상한 갈대가 보이기 시작했다는 것은 적지 않은 변화였다. "상한 갈대를 꺾지 아니하며"(마 12:20). 이것을 배우고 나니 삶이 바뀌었다. 나는 하나님께서 이미 다친 사람은 더 아프게 하시지 않는다는 것을 알게 되었고, 나도 그렇게 해서는 안 된다는 것을 알게 되었다.

상한 갈대를 보지 못했던 나의 둔감함 때문에 얼마나 자주 성령님을 떠나시게 했는지를 생각하면, 지금도 마음이 아프다. 상한 갈대는 깊은 상처를 가진 사람, 크게 실망하고, 사랑받지 못하고, 오해받고, 소외되고, 비난받고, (언어적으로 혹은 육체적으로) 학대받은 사람이다. 그것은 오래된 상처일 수도 있고, 오래되지 않은 것일 수도 있다. 그들은 사랑받기 원하고, 한 번만이라도 더 인정받기를 갈망한다.

하지만 그들은 대부분 거절당할지도 모른다는 두려움 때문에 다른 이들로 하여금 그들을 꺼리게 만드는 행동을 한다. 하지만 사실 이것은 상처를 드러내는 그들의 방식일 뿐이다. 때로 어떤 사람들은 지나치게 과민하기도 하고, 사람들과 쉽게 어울리지도 못한다. 이들이 자신의 상처를 드러내는 방법은 너무나 다양하다. 조용히 주변을 돌아보면, 너무나 많은 상한 갈대들이 보인다. 거울을 들여다보면, 바로 거기에 한 사람이 서 있을지도 모른다.

우리 삶 속에서 조우하는 상한 갈대들을 인식하지 못하고 그냥 지나칠 때, 우리는 성령님께 둔감해질 수 있다. 우리 모두가 상한 갈대이듯이 우리가 만나는 사람들 또한 그렇다는 것을 인식하고 대하면, 예수님을 조금 더 닮아가게 될 것이다.

성령님에 대한 우리의 둔감함을 인식할 때, 하나님께서는 우리에게 자비를 베풀어주신다. 그러면 바로 그 순간부터 성령님께 민감해지기 시작할 것이다. 성령님에 대해 둔감해졌다는 것을 인정하는 것은, 아직은 하나님의 음성을 듣지 못할 정도로 무감각해진 것이 아니라는 증거이다.

Chapter 7

하나님의 부재 인식하기

THE SENSITIVITY OF THE SPIRIT

동행 중에 있는 줄로 생각하고
하룻길을 간 후
친족과 아는 자 중에서 찾되
(눅 2:44)

요셉과 마리아가 아들인 예수님이 그들과 함께하시지 않는다는 사실을 모른 채 하룻길을 갔다는 것은 놀랄 만한 일이다. 그들은 친구와 친척들이 동행하고 있었기 때문에 주님도 그 무리 속에 계신 줄로 알았다. 우리는 그들이 걸어갔는지, 마차를 타고 갔는지 모른다. 우리가 아는 것은 적어도 1년에 한 번은 예루살렘을 다녀왔기 때문에 그들이 그 길에 익숙했다는 점이다. 아마도 그 여정이 습관처럼 익숙했기 때문에 예수님을 두고 왔을 가능성이 크다.

아무리 좋은 습관이라도 습관적으로 하는 일은 안전지대가 되어버리기 쉽다. 우리 모두에게 이러한 안전지대가 있으며, 사실 그것 자체가 나쁜 것은 아니다. 하지만 거기에는 위험 요소가 있다. 늘 해오던 일에 대한 익숙함을 하나님의 임재하심의 증거로 오인할 수 있기 때문이다.

예를 들어, 매일 기도하는 시간이나 묵상하는 시간을 갖는 것이 그렇다. 하나님과 규칙적으로 교제하는 시간을 갖는 것만큼 중요한 일은 없다. 게다가 이것은 매우 의로운 일이다. 하지만 우리가 본성상 스스로 자기의(自己義)를 취하기 쉽다 보니, 이러한 것들로 인해 자칫 자기의에 갇히기 쉽다.

한번은 분명 하나님께로부터 온 말씀인데도, 그것이 자신의 안전지대 밖에 있는 내용이라는 이유로 화를 내는 사람을 본 적이 있다. 그의 반응으로 미뤄보아, 아마도 이렇게 생각하는 듯했다. '내가 하나님과 이렇게 많은 시간을 보내며 친밀한 관계를 맺고 있는데, 이 말씀이 정말 하나님께로부터 온 것이라면 내가 먼저 알아차렸겠지.' 때로 신실하다고 소문난 사람들도 다른 사람으로부터 하나님의 말씀을 받았을 때, 그것을 거부하기도 한다. 자신이 하나님과 완벽하게 동행하는 삶을 살고 있기 때문에, 자신이 모르는 하나님의 말씀이 있을 수 없다고 확신하기 때문이다.

우리의 기도시간 역시 하나님께로부터 오는 불편한 말씀을 듣지 않기 위한 방어장치로 사용될 수도 있다. 하나님 앞에 나아가 그분의 말씀을 듣기보다는 자기가 하고 싶은 말만 쏟아내는 것이 그러한 예이다. 이때 우리는 하나님께서 임재를 감추셨는데도, 자기 말만 하느라 그것도 모른 채 하나님보다 앞서갈 수 있다.

사실 누구나 그러기 쉽다. 나 또한 나를 불편하게 만드는 하나님의 말씀을 받아들이는 데 시간이 오래 걸리곤 한다. 하나님께서 어떤 식으로 일하시는지 잘 안다고 우쭐대고 잘난 척할 때 특히 더 그렇다. 우쭐댄다는 것은 자기만족감에서 나오는, 깨어지기가 매우 어려운 자세다. 그렇기 때문에 우리는 성령님께 더욱 민감해질 수 있도록 도우심을 구해야 한다. 그렇지 않으면 성령께서는 가만히 뒤로 물러나 우리끼리 가게 하신 다음, 우리가 언제 그분의 부재를 깨닫는지 지켜보신다.

주님의 부재를 깨닫는 데 얼마나 오래 걸리는가?

하나님의 임재가 함께하지 않는다는 것을 깨닫는 데 얼마나 오래 걸리는가? 누가는 그들이 '하룻길'을 갔다고 했다. 하룻길을 가고 난 후에야 뭔가가 잘못되었다는 것을 깨달은 것이다. 누가는 그들이 그 사실을 깨달은 순간에 대해서는 설명해주지 않고 있다. 하룻길을 간 후 잠을 자려다가 그랬는지, 아니면 저녁을 먹으려다가 그랬는지는 모른다. 그것이 언제였건 간에 그들은 분명 당황했을 것이다.

규칙적인 습관을 갖는다는 것은 대체적으로 좋은 일이다. 그 덕분에 우리는 아침마다 일어나 제 시간에 일을 하러 갈 수 있다. 직장까지 얼마나 걸리는지 알기 때문에 적당한 시간에 집을 나설 수 있기 때문이다. 규칙적으로 성경을 읽고 기도하는 것도 필요하다. 교회에 가는 일에 있어서도 규칙적인 습관을 갖는 것은 여러모로 필수적이다. 그래야

제 시간에 예배에 갈 수 있고, 예배를 시작하고 드리는 일에 익숙해지는 것이 하나님의 임재를 더 깊이 경험하는 데 도움이 되기도 한다.

하지만 때로 너무 익숙해져서 하나님이 함께하시지 않는데도 전혀 알아차리지 못할 수도 있다. 아무리 형식이 없는 예배라 할지라도 예측 가능한 패턴을 가지고 있다. 예전에 잠시 바하마의 비미니에 있는 작은 교회를 다닌 적이 있다. 그 교회는 그 섬에 있던 다른 성공회 교회나 카톨릭 성당에 비해 형식을 거부하는 교회였다. 하지만 내가 아는 다른 어떤 예배만큼이나 그 교회의 예배 패턴도 예측 가능했다. 그 목사는 항상 이렇게 시작했다. "'주님을 찬양합니다'라고 말하세요! 예수님께 감사를 고백하세요!" 그들에게도 익숙한 안전지대가 있었고, 그들 역시 하나님께서 함께하시지 않아도 눈치 채지 못할 수 있다.

그러나 야곱에게는 정반대의 일이 일어났다. 어느 날 저녁 하나님께서 불쑥 그를 만나주셨고, 그로 인해 그의 삶은 완전히 달라지고 말았다. 에서의 보복이 두려워 도망가던 야곱은 하룻밤 쉬어가기 위해 작은 우물 옆에 누웠다. 그는 그곳에서 자신에게 뭔가 중요한 일이 일어날 것이라고는 전혀 기대하지 않았다. 생각지 못한 곳에서 하나님을 만난 그는 이렇게 외쳤다. "여호와께서 과연 여기 계시거늘 내가 알지 못하였도다"(창 28:16). 그는 그곳을 '벧엘'이라 명하였고, 그 지명은 지금까지 지도상에 남아 있다.

우리가 인식하지 못하는 상황에는 다음의 두 가지의 상반된 경우가 있다. 하나는, 하나님께서 함께하시지만 우리가 그것을 모르는 경우이다. 그리고 다른 하나는, 하나님께서 함께하시지 않는데 우리가 그것을 모르는 경우이다.

하나님께서 함께하신다는 것을 인식하는 데 얼마나 걸리는가? 또한 하나님의 부재를 인식하는 데는 얼마나 걸리는가? 어떤 경우든, 우리는 하나님을 믿는 자로서 영적 분별력을 가지고 상황을 인식할 수 있어야 한다.

성령의 은사 가운데 영들을 분별하는 능력이 있다(고전 12:10). 어떤 사람들은 이것이 단지 사단을 인식하는 것을 의미한다고 생각한다. 그러나 이것은 한쪽만 강조한 생각이다. 왜냐하면 진정한 분별력은 성령님을 인식할 수 있는 능력을 의미하기 때문이다. 사단적인 영역에서 '고수'인 것과 진정한 하나님의 임재를 분별할 수 있는 것과는 다르다. 굳이 말하자면, 가짜를 분별해내는 것보다 진짜를 인식하는 일이 더욱 상위의 영성을 필요로 한다. 그런데 안타깝게도 사사건건 사단과 마귀를 찾아내는 일에만 몰두하는 사람들이 있다. 그러나 사단이 활개치는 것을 분별하는 것 못지않게 하나님의 임재를 분별하는 것도 중요하다.

하나님의 임재 경험하기

하나님의 임재를 경험해보지 않고서는 그분의 부재를 분별할 수 없다. 하나님의 부재가 무엇인지 전혀 모르는 그리스도인은 특별하신 하나님의 임재를 한 번도 경험해본 적이 없을 가능성이 높다.

하나님께서 임재를 나타내시는 방법은 다양하다. 야곱이 벧엘에서 하나님의 임재를 느꼈을 때, 그는 두려워하였다(창 28:17). 어떤 이들은 두려움을 느끼는 것이 하나님께서 함께하시는 증거라고 생각하는 선입견을 가지고 있다. 반면에, 어떤 사람들은 격렬한 기쁨으로 그것을 표현하기도 한다. 매사에 두려움을 표현하는 데 익숙해진 사람들은 웃음 대신 슬픈 표정을 지어야 한다는 나름의 신학적 근거를 품고 있다. 따라서 우리 안에 기쁨이 충만하지 않을 때, 하나님의 영광은 언제나 두려움의 감정을 동반한다는 생각 뒤에 숨을 수 있다.

주님께서 갈릴리에서 사람들을 치유하셨을 때, 그 자리에 있던 사람들이 느낀 것은 경외감으로 인한 두려움이었다(눅 5:17, 26). 오순절 사건 직후에도(행 2:43), 재산을 속인 아나니아와 삽비라가 그 자리에서 죽었을 때에도(행 5:11) 사람들은 비슷한 감정을 느꼈다.

포로로 잡혔던 이스라엘 백성들이 예루살렘에 돌아와 여호와의 성전의 기초를 놓았을 때, "여러 사람은 기쁨으로 크게 함성을" 질렀다(스 3:12). 성전에 이어 성벽까지 재건한 기념으로 예배를 드리고 난 후, 느헤미야는 이렇게 말했다. "너희는 가서 살진 것을 먹고 단 것을 마시되 준비하지 못한 자에게는 나누어 주라 이날은 우리 주의 성일이니 근심하지 말라 여호와로 인하여 기뻐하는 것이 너희의 힘이니라"(느 8:10).

다윗도 "주의 앞에는 충만한 기쁨이 있고"(시 16:11)라고 말했다. 예수님의 탄생을 알리기 위해 목자들을 찾은 여호와의 천사는 "내가 온 백성에게 미칠 큰 기쁨의 좋은 소식을 너희에게 전하노라"(눅 2:10)고 말했다. 빌립이 사마리아에서 말씀을 전파하고 난 후 "그 성에 큰 기쁨이 있더라"(행 8:8)고 했다.

하나님께서 그분의 영광을 어떤 방식으로 드러내시든, 우리는 그것에 대해 열려 있도록 노력해야 한다. 그렇지 않으면, 자신만의 안전지대에 견고하게 둘러싸인 나머지 하나님의 임재를 느끼지 못할 수도 있다. 하나님께서 어떤 식으로 나타나시든, 그 특별하신 임재의 느낌을 적절하게 묘사한다는 것은 사실 불가능한 일이다. 우리 교회 성도의 말처럼 은혜로웠던 기도모임을 누군가에게 설명해준다는 것은 불가능하다. 그것은 직접 그 현장에 있어야만 느낄 수 있는 것이다. 하나님의 임재도 마찬가지다.

예전에 홍콩에서 사역하는 재키 플린저가 인도하는 예배에 참석한 적이 있다. 그 예배는 중국어와 영어가 공용되는 예배였는데, 그날 나는 예배드리는 내내 눈물을 멈출 수가 없었다. 왜 그랬는지는 나도 모른다. 그저 울고 또 울었다.

로드니 하워드 브라운이 인도하는 예배에 참석했을 때, 내가 느낀 것은 경외감이었다. 당시 자리를 가득 메운 수천 명의 사람들은 큰 소리로 웃고 있었다. 설교가 시작된 것도 아니었고, 단지 찬양을 드리고 있다. 그런데 나는 하나님의 임재에 온전히 붙들려 있었다. 미국 뉴올리언스에서 열린 로드니의 집회에 참석했을 때에도 같은 일이 있었다. 다른 사람들은 울고 웃을 때, 나는 계속해서 눈물만 흘렸다. 우리 교회 성도들을 그 자리로 데리고 올 수만 있다면, 어떠한 대가라도 치를 수 있을 것 같았다. 그 예배에서 느낀 것을 그들에게 제대로 설명해줄 수 없다는 것을 알았기 때문이다.

하나님의 실질적인 임재는 항상 어떠한 말보다 더 위대하다. 하지만 그것을 체험해보지 않은 사람은 그것을 기대하지 않는다. 그리고 그 임재가 떠나버렸는데도, 그것이 여전히 남아 있다고 믿을 수 있다. 과거에 경험한 임재에 대한 좋은 기억과 오늘도 함께하셨으면 좋겠다는 기대감 때문에, 실제로는 그분이 계시지 않는데도 계시다고 착각할 수 있다. 이것은 누구나 쉽게 저지를 수 있는 실수다.

모든 부흥에 끝이 있듯이, 모든 하나님의 영광스런 임재에도 끝이 있다. 이 말은 우리가 무언가 잘못했기 때문에 끝난다는 뜻이 아니다. 예수님께서 변화산에서 영광을 보이셨을 때, 베드로가 이렇게 말했다. "우리가 여기 있는 것이 좋사오니"(마 17:4). 하지만 그곳에서의 경험은 결국 끝이 났고, 그들은 하나님께서 계획하신 전략과 목적을 위해 산을 내려와야만 했다(마 17:9).

실제로는 임재를 거두셨는데, 계속해서 나타나고 있다고 믿는 것은 어리석은 일이다. 하나님의 부재를 경험해본 사람에게 그것만큼 고통스러운 것도 없다. 1993년 3월 어느 날 아침, 거실에서 기도를 하고 있는데, 내 마음은 그 어느 때보다 낙담으로 가득하였다. 당시 나는 매우 고통스러운 날들을 보내고 있었다. 매일 하던 기도였지만, 그날 나는 특별히 필사적으로 하나님을 구했다.

그러자 이전에 수년간 느껴보았던 것 중 가장 강력한 하나님의 임재가 찾아왔다. 예전에 나사렛 교단의 한 부흥사가 "하나님께서 내 영혼에 꿀 한 덩이를 던져주셨다"고 표현하곤 했는데, 바로 그날 아침 하나님께서 나에게 그 꿀을 주셨다. 그 맛은 하루 종일 나와 함께하였다. 그 느낌이 너무나 좋아서 나는 가능하다면 그 임재를 빼앗기지 않기로 작정했고, 그것을 지키기 위해 나의 마음과 생각과 삶을 세심하게 살폈다. 다음날까지는 어느 정도 여운이 남아 있었다. 그러나 3일째가 되자 임재는 거의 완전히 사라지고 말았다. 여전히 그 임재가 남아 있다고 우겨보았지만, 결국에는 사라졌음을 인정할 수밖에 없었다.

(지금까지 내가 알기로는) 당시 하나님께서 나를 버리셨거나 나로 인해 근심하셨던 것은 아니다. 그분께서는 그저 뒤에 남으셨고, 나는 그분을 찾아가야 했다. 물론 내 속에 해결되어야 할 것들이, 없다고 생각했던 '쓴 뿌리'들이 여전히 남아 있었다. 버려야 할 습관들, 특히 가족들과의 관계에 있어서 고쳐야 할 점들이 많았던 것도 사실이다. 하지만, 나는 성령께서 나에게 맞춰주시길 원했다.

한번은 플로리다 케이스에서 낚시 전문 가이드 일을 하는 두 명의 친구와 함께 기도파트너가 된 적이 있다. 나는 매일 그들을 위해 기도해주었고, 그들 역시 나의 기도제목을 놓고 기도해주었다. 나는 그들에게 내가 더욱 성령님께 민감해질 수 있도록 기도해달라고 부탁했다. 두 친구가 1년 내내 하루도 빠짐없이 '그가 더욱 성령님께 민감해질 수 있도록 도와주십시오'라고 기도하고 있다는 사실만 생각하면 꽤나 큰 힘이 되었다.

그러던 어느 날, 그들의 헌신이 내 삶에 중대한 변화를 일으켰다. 몇 달이 지나지 않아 이례적인 변화들이, 그것도 내게 필요했던 변화들이 일어나기 시작한 것이다. 한 예로, "내가 가령 주려도 네게 이르지 아니할 것은"(시 50:12)과 같은 성경구절이 새롭게 다가오기 시작했다. 하나님께서도 주리실 수 있다는 사실이 너무나 큰 충격이었다. 그리곤 '이것이 하나님께서 우리의 진정성을 시험하시는 방법 중 하나가 아닐까?' 하는 생각이 들었다.

이 구절을 깊이 묵상하면서, 이 말씀이 하나님을 새로운 장소에서 경험하기 위한 하나의 초청이라는 사실을 깨닫게 되었다. 하나님께서 그분을 경험하기 원하는 나의(혹은 누군가의) 진정한 갈망을 보신다면, 나에게(혹은 그 누군가에게) 배고프시다고 말씀해주실 것 같았다. 나는 이 구절을 마태복음 25장 44절의 "주여 우리가 어느 때에 주께서 주리신 것이나 목마르신 것이나 …"와 연관 지어 살펴보게 되었다.

내가 '거룩한 반어법'이라고 부르는 이 성경구절에는 한 가지 진실이 숨어 있다. 그것은 하나님께서 우리의 반응을 보시고자 진심과는 반대로 말씀하시거나 행동하신다는 것이다. 하나님께서는 때로 우리를 테스트하시기 위해 상황을 연출하신다. 또한 우리의 본질을 드러내시기 위해 그분의 임재와 의도를 감추기도 하신다. '거룩한 반어법'은 우리가 누구인지를 드러내기 위한 것이다. 물론 하나님께서 우리에 대해 새롭게 아시게 될 것은 하나도 없지만, 우리의 실체가 어떤지 우리 스스로 보게 하시기 위하여 그리고 때로는 주변 사람들에게 알리기 위하여 우리를 테스트하신다.

예수님께서 엠마오로 가는 두 사람에게 나타나셨을 때에도 길을 '더 가려 하는 것 같이' 연기하셨다. 원래부터 그렇게 하길 원하셨으면서도, 두 제자가 자신들과 함께 하룻밤을 유하시라고 강권하자 주님은 그제서야 못이기는 척 그렇게 하신다(눅 24:28-29).

주님은 풍랑이 이는 호수에서 제자들끼리 배를 타고 있을 때에도 그렇게 하셨다. 예수님께서는 물 위를 걸어 제자들에게 오셔서 그냥 '지나가려고' 하셨지만, 실제로는 배 위에 오르기 원하셨다. 그러다가 제자들이 주님을 부르자 배에 오르셨다(막 6:45-52).

야곱이 천사와 씨름하였을 때, 천사가 이렇게 말했다. "날이 새려 하니 나로 가게 하라." 하지만 야곱은 이렇게 대답한다. "당신이 내게 축복하지 아니하면 가게 하지 아니하겠나이다"(창 32:26). 천사가 "나로 가게 하라"고 말하였지만, 하나님께서는 야곱을 축복하기 원하셨다. 야곱에게 이것은 너무나 중대한 순간이었다. 천사는 야곱에게 이렇게 말했다. "네 이름을 다시는 야곱이라 부를 것이 아니요 이스라엘이라 부를 것이니 이는 네가 하나님과 및 사람들과 겨루어 이겼음이니라"(창 32:28).

우리 같았으면, (하나님의 말씀을 그대로 받아들여) 예수님께서 엠마오로 계속 가시게 두었거나 풍랑 중에 그냥 지나치시게 하였거나 천사와 씨름하다가 굴복하고 말았을 것이다. 하나님의 임재를 인식하는 일은 하나님의 길을 인식하는 것에서부터 시작한다. 하나님께서는 "그들이 내 길을 알지 못하는도다"(히 3:10)라고 하시며 탄식하신다.

우리가 성령님께 더욱 민감해져야 하는 것이 바로 이 때문이다. 우리가 그분께 더 민감할수록 하나님의 특별하신 임재나 부재를 더욱 신속하게 감지할 수 있게 된다.

사울 왕이 어제의 사람이 되었다는 것을 인식한 사람은 사무엘뿐이었다(삼상 16:1). 사무엘은 주권적이신 하나님께서 어디로 움직이시는지를 보았고, 그 방향으로 같이 움직였다. 우리도 사무엘과 같은 존재가 되어야 한다. 당대의 이스라엘 사람들은 사울 왕이 성령의 기름부음을 잃어버렸다는 사실을 알 수가 없었다. 사울 왕이 계속 왕관을 쓰고 있었고, 여전히 영예와 명성을 누렸으며, 그를 따르는 자들도 많았기 때문이다. 그에게는 은사도 있어서 예언을 하기도 하였다(삼상 19:23-24). 사울 왕은 왕위는 가지고 있었지만, 기름부음은 떠나고 없었다(삼상 18:12). 반면 다윗에게는 기름부음은 있었지만, 아직 왕위는 주어지지 않았다(삼상 16:13). 성령님께 대한 놀라운 민감함을 가지고 있었던 다윗은(삼상 24:5) 온전히 준비되기 전까지는 성공의 자리에 오를 수 없었다.

우리는 대체로 화려한 설교와 경쾌한 찬양이 있는, 그리고 청중이 운집해 있는 들뜬 예배에 속기 쉽다. 언젠가 한 남자가 사람들을 위해 기도해주는 것을 본 적이 있는데, 그는 예언이나 지식의 말씀을 전하기에 앞서 이렇게 말하였다. "이것은 과장이 아닙니다. 거짓이 아니에요. 하나님께서 하시는 겁니다!" 하지만 그 또한 나에게는 하나의 과장된 행동으로 보일 뿐이었다.

자유의 극치는 아무것도 증명해 보일 필요가 없는 것이다. 따라서 하나님께서 정말로 일하고 계시다면, 그것에 대해 어떠한 주장도 할 필요가 없다. 과장된 것이 아니라고, 거짓이 아니라고 외치는 것은 셰익스피어의 표현을 빌자면 '너무 지나치게 주장하는 것'과 다를 바 없다. 부흥이나 놀라운 하나님의 역사하심에 대한 주장이 있을 때마다 많은 신실한 그리스도인들은 정말로 성령께서 그러한 일들을 하셨다고 믿는다. 하지만 이런 많은 주장들을 면밀히 점검해보았을 때, 슬프게도 실제로는 하나님께서 전혀 함께하시지 않은 경우가 부지기수였다.

우리가 하는 일이 진정한 신앙에 의한 것인지 혹은 인간적인(또는 육

욕적인) 신앙에 의한 것인지는 그 일이 누구에 의해 주도되는지, 즉 그것이 하나님인지 우리 자신인지에 달려 있다. "여호와께서 집을 세우지 아니하시면 세우는 자의 수고가 헛되며 여호와께서 성을 지키지 아니하시면 파수꾼의 깨어 있음이 헛되도다"(시 127:1). 우리는 나무와 풀과 짚으로 거대한 집을 지었는데, 사람들은 그것을 보고 금과 은과 보석으로 지은 집이라고 생각할 수 있다(고전 3:11-15). 하지만 사람들은 곧 그것이 하나님께서 함께하신 일이 아니라는 것을 깨닫게 될 것이다.

선지자 스가랴가 이렇게 말했다. "만군의 여호와께서 말씀하시되 이는 힘으로 되지 아니하며 능력으로 되지 아니하고 오직 나의 영으로 되느니라"(슥 4:6). 여기에서 말하는 힘과 능력은 육체적이고 인간적인 능력을 말하는 것으로, 이것은 자연적인(초자연적인 것이 개입되지 않은) 과정일 뿐이다.

미혹은 우리가 당할 수 있는 최악의 일이다. 하지만 예수님께서는 많은 사람들이 미혹을 당할 것이라 경고하신다. "거짓 선지자가 많이 일어나 많은 사람을 미혹하겠으며"(마 24:11). 바울도 사람들이 진리를 거부하였기 때문에 '하나님이 미혹의 역사를' 보내어 사람들이 '거짓된 것을 믿게' 될 것이라고 하였다(살후 2:11).

내 이름이 R. T. 켄달로 지어지게 된 것은 우리 아버지가 R. T. 윌리엄스 목사를 존경하였기 때문이다. 그는 목사직 지원자들을 위한 설교에서 "보혈을 기리고, 성령님을 존중하라"는 말씀을 전했다. 보혈을 기리라는 말은 예수님의 십자가와 대속의 보혈을 설교함으로써 하나님께서 얼마나 독생자 아들의 피를 값지게 생각하시는지를 성도들이 잊지 않도록 하라는 말이었다. 또한 성령님을 존중하라는 말은 영적 분별력을 가지고 그분의 임재를 인식하며, 그분께서 특별한 방식으로 임하실 때마다 거기에 순복할 의지를 가지라는 뜻이다. 이 말은 필요하다면 준비한 설교마저도 포기하고 하나님께서 직접 일하실 수 있도록 내어드리라는 조언이다.

실제로 나는 그런 일이 일어나는 것을 본 적이 있다. 내가 10대였을 때, 애슐랜드에 있던 우리 교회에 한 부흥강사가 방문하였다. 그는 2주간 매일 밤 집회를 열었다. 하루하루가 지날수록 더 큰 은혜가 있었고, 설교도 점점 더 강력해졌다. 청중이 늘어나고 기대감도 증가되었다. 그리고 드디어 마지막날 밤이 되었다. 지금도 그때를 선명하게 기억하는데, 나는 맨 앞줄에 앉아 있었다. 강사 목사가 본문을 읽자, 모든 사람들의 시선이 그에게 집중되었다. 본문 읽기를 마친 그는 아무 말도 하지 않았다. 잠시 정적이 흘렀다. 곧 그의 눈에 눈물이 고이기 시작하더니, 그는 내가 잘 알고 있던 찬양을 부르기 시작했다.

너무나 좋으신 예수님
위로자, 평화의 왕, 전능하신 하나님
모든 죄와 수치로부터 나를 구하시고 지키시네
놀라우신 나의 구원자, 그 이름 찬양해[1])

다소 실망스러웠던 나는 속으로 '찬양만 부를 작정인가?' 하고 생각했다. 그는 계속해서 찬양을 불렀다. 나는 슬슬 짜증이 나기 시작했다. 나는 그의 설교를 듣고 싶었지만, 그는 끝까지 말씀을 전하지 않았다. 같은 찬양을 세 번째 부르기 시작하자 수십 명의 사람들이 자리에서 일어서더니 앞으로 달려나가 엎드려 울며 기도하기 시작했다. 그날 그가 하려고 했던 설교가 뭐였는지는 지금까지 알 길이 없다. 하지만 한 가지 분명한 것은 그 역시 윌리엄스 목사의 가르침을 따랐다는 것이다. 그는 자신이 설교하는 것보다 성령님을 존중하기로 선택했다.

그런 예배를 경험해보면, 하나님의 부재를 분별하기 쉬워진다. 성령께서 하시는 일을 실제로 보고 나면, 인간적으로 행하는 일들을 더 쉽게 분별해낼 수 있다. 그러므로 하나님의 임재를 인식하는 것만큼이나 그분의 부재를 인식하는 것도 중요하다. 만약 우리가 그런 분별력을 갖는다면, 미혹으로 인도하는 시대적 흐름으로부터 자신을 지킬 수 있을 것이다.

그분의 부재를 어떻게 인식할 수 있는가?

하나님의 부재를 알기 위해서는 그분이 떠나셨다는 것을 나타내주는 증표를 구별할 줄 알아야 한다. 그러면 그 증표란 무엇인가? 다음에 열거하는 것들은 성령께서 이미 떠나셨음을 나타내는 엄연한 증거들이다.

근심함

마리아가 예수님을 다시 만났을 때 "네 아버지와 내가 근심하여 너를 찾았노라"(눅 2:48)고 했다. 우리는 하나님께 속해 있을 때에도 근심할 수 있다. 하지만 성령님의 특별하신 임재가 우리 안에 임하시면 근심할 수 없다.

'근심하지 않음'(ungrieved)이야 말로 그분의 특별하신 임재가 있을 때 나타나는 현상이다. 이때 우리는 '모든 지각에 뛰어난' 평강을 경험할 수 있다(빌 4:7). 그것은 하나님의 평강이다. 이것은 우리가 하나님의 자녀이며 그분께 속했기 때문에 누리는 하나님과의 화평(peace with God)과는 다른 것이다(롬 5:1). 하나님께서는 그분과 누리는 화평보다 훨씬 더 뛰어난 평강을 우리에게 약속하신다. 그것은 '모든 지각에 뛰어난' 하나님의 평강(peace of God)이다. 선지자 이사야도 이 평강에 대해 말했다. "주께서 심지가 견고한 자를 평강하고 평강하도록 지키시리니 이는 그가 주를 신뢰함이니이다"(사 26:3). 이런 이유로 바울이 "아무 것도 염려하지 말고"(빌 4:6)라고 권고한 것이다. 그런 평강을 경험해보지 않고서, 근심하지 않고 살아간다는 것은 불가능한 일이다.

하나님께서 나에게서 떠나셨을 때, 나는 하나님의 평강도 함께 잃었다. 그 손실감은 육체로 느낄 수 있을 정도였는데, 말하자면 내면의 휴식을 잃어버린 느낌이었다. 나는 마음에 한 점 근심도, 두려움도 없이 평안함을 누렸던 경험도 있다. 그것은 매우 놀라웠다. 그런데 한순간 그것이 사라지고 말았다. 아무리 평안했던 시간들을 회상해보고 또 가까운 사람들에게 이 문제에 대해 이야기해보아도, 그 평안은 회복되지 않았다.

그 기억에 대해 이야기를 나누는 것은 즐거운 일이었지만, 그런다고 하나님의 평안이 다시 돌아오지는 않았다.

우리가 하나님의 특별하신 임재 안에 거하면 근심하지 않고 살 수 있다. 하나님께서 우리에게 주신 것은 '두려워하는 마음'이 아니다(딤후 1:7). 두려워하는 마음이 바로 근심이다. 두려움과 근심의 딱 한 가지 차이점이 있다면, 두려움은 무엇을 두려워하는지 알고 있는 것이고 근심은 무엇을 두려워하는지 딱히 꼬집어서 말할 수 없는 상태를 말한다. 하나님의 특별하신 임재가 찾아들 때 우리 마음에 올라오기 시작하는 것이 바로 이 근심이다.

바울이 "아무 것도 염려하지 말고"(빌 4:6) 그리고 "흔들리지 말고"(고전 15:58)라고 말할 수 있는 것도 주님의 특별하신 임재가 우리에게 주어질 수 있음을 알았기 때문이다. 그 황홀한 기름부음이 우리 위에 임하면 모든 문제가 사라지고, 찬송가 가사처럼 "세상의 어떤 풍파가 닥쳐도 내 영혼 잠잠하네"라고 노래하게 된다.

1955년 10월 31일, 운전을 하고 가다가 성령님의 방문을 받았던 그 사건이 일어나기 직전에 내 마음에는 근심이 가득했었다. 아무리 기도를 해도 걱정이 가시지 않았다. 그런데 갑자기 다음의 말씀이 떠올랐다.

너희 염려를 다 주께 맡기라 이는 그가 너희를 돌보심이라 벧전 5:7

내 멍에는 쉽고 내 짐은 가벼움이라 마 11:30

이것은 분명 나의 고백이 아니었다. 그래서 나는 모든 염려와 근심을 주님께 맡겨서 "내 멍에가 쉽고 내 짐이 가벼워졌습니다"라고 고백할 수 있도록 은혜를 베풀어주시기를 간구하기 시작했다. 그러자 하나님께서 찾아오셨다. 그때의 평안은 믿을 수 없을 정도로 좋았다.

성냄

성전에서 다시 예수님을 찾은 마리아는 "아이야 어찌하여 우리에게 이렇게 하였느냐"(눅 2:48)라고 말했다. 마리아는 분명 화나고 짜증이 난 상태였다. 이처럼 우리의 마음이 격해져 있다는 것은 성령께서 이미 떠나셨거나 혹은 마리아의 경우처럼 뒤에 머물러 계시다는 것을 말해준다. 성령께서 특별하신 임재를 거둬버리시고 나면, 우리는 어떤 의미에서 홀로 남겨진 것과 같다. 그러면 곧 우리의 본성들이 드러나기 시작한다. 성냄도 그 중 하나이다.

혹자는 자신의 성냄을 '의로운 분노'라고 합리화하기도 한다. 그들은 자신들의 주장을 뒷받침하는 예로, 예수님께서 성전에서 분노를 터뜨리신 사건을 들기도 한다(요 2:15). 심지어 마리아가 화를 낸 것도 그와 같은 경우라고 말하기도 한다.

하지만 나는 그렇게 생각하지 않는다. 마리아는 평정심을 잃어버려 우리와 하나도 다름없는 인간적인 모습을 보여주었다. 마리아가 이러한 자신의 인간적인 모습을 누가에게 자백했다는 것은 높이 평가해줄 만한 일이지만, 짜증을 냈다는 사실에 대해서만큼은 정당화할 수는 없다. 그것은 분명 성령의 비둘기가 머리 위에 머물고 있을 때의 상태는 아니다. 하나님의 특별하신 임재가 함께할 때에는 입으로 내뱉는 말도 잘 다스린다.

사랑은 '성내지' 않는다(고전 13:5). 물론 사랑하고 있어도 여전히 화를 낼 수는 있지만, 쉽게 내지는 않는다. 성령으로 충만할 때에는 다른 사람으로부터 부당한 대우를 받는 일에 무감각하지는 않더라도 그것에 대해 부정적으로 반응할 가능성은 비교적 적다.

내가 말하려는 것은 만약 어떤 상황에 대해 마음에 분노가 올라오면, 그것을 성령께서 함께하시지 않는다는 증거로 보고 그 시간을 잘 이길 수 있도록 하나님의 은혜를 구하는 자세가 필요하다는 것이다. 화가 난 상태에서 말을 하면, 꼭 하지 말아야 할 말을 하게 된다. 마틴 로이드 존스가 이런 충고를 해준 적이 있다. "화가 나면, 아예 입을 닫으십시오." 자신이 화가 난 것을 위험신호로 보고 멈춰 선다면, 분명 후회할 일이 없을 것이다. 자신의 화를 인식하고 말을 조심한다면 성령의 비둘기도 다시 돌아올 것이며, 그와 함께 두려움을 내쫓는 성령님의 사랑도 임하게 될 것이다(요일 4:18).

혼동 혹은 혼란스러운 사고

요셉과 마리아가 성전에 계신 예수님을 발견하였을 때, 그들은 놀라 이렇게 물었다. "어찌하여 우리에게 이렇게 하였느냐"(눅 2:48). 주님이 예루살렘에 남아 있었다는 것에 대해, 그들은 자식이 부모에게 합당하지 못한 대접을 했다며 예수님을 나무랐다. 그들은 주님의 행동을 개인적인 문제로 받아들였으며, 자신들을 중심으로 생각했다.

요셉과 마리아는 당황하였기 때문에 명확한 사고를 할 수 없었다. 성령께서는 항상 사리가 밝으시기 때문에, 우리가 그분으로 충만하면 우리의 생각도 맑아진다. 그러면 이들이 당한 것과 같은 거절감도 개인적인 문제로 받아들이지 않고, 또한 일어나고 있는 일들을 자기중심적으로 해석하는 실수도 범하지 않게 된다. 성령께서는 오직 아버지께로부터 들은 것을 말하며 자신을 내세우지 않으시며(요 16:13), 예수님도 그 점에서 동일하시다(요 5:19).

하나님께서는 절대 당황하지 않으신다. 우리가 얼마나 부드러움과 온유함을 드러내는지를 보면, 우리가 얼마나 성령의 성품을 닮았는지도 알 수 있다. 명철한 사고를 할 수 있다면, 올바르고 지혜로운 판단을 내릴 수 있고 말씀 속에 있는 진리도 발견할 수 있다. "사람이 하나님의 뜻을 행하려 하면 이 교훈이 하나님께로부터 왔는지 내가 스스로 말함인지 알리라"(요 7:17).

우리 안에 거하시며 근심치 않으시는 성령님이야말로 신학적 오류로부터 우리를 보호해주는 최선의 방부제이다. 혼란은 성경적 진실에 대한 우리의 생각을 이리저리 흩어지게 만들고, 안타깝게도 전혀 성경에서 뒷받침해주지 않는 명제들을 바보처럼 신봉하게 만들기도 한다. 그러므로 성령님과의 개인적인 관계가 어떠한가와 우리가 무엇을 믿는가 사이에는 아주 밀접한 관계가 있다고 할 수 있다. 하나님께서 가지고 계시는 평정, 그 안으로 들어간다면 우리는 진리로 인도될 것이다.

성령님의 도우심 없이 혼자 남겨진다는 것은 끔찍한 일이다. 나에게도 그런 일이, 그것도 공개적으로 있었다. 수년 전 우리 교회 역사상 최대의 위기를 맞았던 시절, 나의 직분에 대한 신임을 묻는 교회의회가 열렸다. 내가 그런 발언들을 듣게 될 줄은 정말이지 몰랐다. 회의는 내가 감당할 수 없는 상황으로 치닫고 있었고, 나의 사역을 반대하는 자들이 우위를 점하고 있었다. 당시 내 입에서는 성령에 의한 말은 한마디도 나오지 않았다. 그렇게 버려진 것 같은 느낌은 처음이었다. 사람들은 (어떤 이들은 고소하다는 듯 얼굴에 미소까지 띠며) 회의장을 빠져나갔다. 나는 성령님의 임재를 보여주는 일에 실패하고 말았다.

하지만 다음날은 달랐다. 성령께서 함께하심으로 생각이 맑아졌다. 그래서 연이어 닥친 더 큰 도전에도 의연할 수 있었다. 그런데 왜 전날에는 하나님께서 '뒤에 머물러' 계셨던 것일까? 그 이유는 지금도 모른다. 하지만 그날 배운 것이 있다면, 거짓으로 예수님의 마음을 가지고 있는 것처럼 연기를 해서는 안 된다는 것이다. 그리고 선명한 사고를 할 수 없다는 것은 하나님의 특별하신 임재가 함께하시지 않는 것이란 사실도 알게 되었다.

포도원을 허는 작은 여우

아가서에는 다음과 같은 구절이 나온다. "우리를 위하여 여우 곧 포도원을 허는 작은 여우를 잡으라 우리의 포도원에 꽃이 피었음이라"(아 2:15). 이 장을 마무리하기에 앞서, 나는 성령님을 근심케 하는 것에 대해 내가 알게 된 것들을 나눌까 한다. 그래서 당신이 하나님의 임재를 잃어버리는 상황을 경험하지 않기를 바란다. 다음에 열거한 내용들은 내가 삶을 통해 배운 성령님을 근심케 하는 것들(작은 여우들)이다. 만약 당신의 삶 가운데 다음과 같은 것들이 있다면, 그것은 우리가 하나님의 임재 가운데 있지 않다는 뜻이다.

• 자기연민 – 자기 자신을 안쓰럽게 여기는 것은 언뜻 타당해 보인다. 하지만 성령님의 임재를 소중하게 생각한다면, 절대 그런 감정에 속아서는 안 된다.

• 스스로 의롭다고 여김 – 이것은 항상 자기연민과 함께한다. 이런 마음을 갖게 되면, 자신이 했던 일을 자랑스러워하고, 하나님께서 등을 두드려주실 것을 기대한다. 그리고 오른손이 한 일을 눈 깜짝할 새에 왼손에게 알린다(마 6:3). 그 결과, 비둘기는 멀리 날아가 버린다.

• 방어적으로 반응함 – 이것은 단지 '예민한' 수준이 아니라 어떠한 비평도 거부하고자 하는 자연적인 본능이다. 한마디로, 오른편 뺨을 치거든 왼편을 돌려 대는 것과 반대되는 행동이다(마 5:39). 사랑은 '내버려 두는 것'이다. 다른 사람이 내게 비난할 수 있도록 내버려두고, 그것에 대해 잠잠히 있으면 된다. 물론 이것이 쉬운 일은 아니지만, 하나님의 특별하신 임재를 잃어버릴 것을 생각한다면 다른 사람들이 생각하는 대로 말하도록 내버려둘 수 있을 것이다.

• 칭찬을 구함 – "타인이 너를 칭찬하게 하고 네 입으로는 하지 말

며 외인이 너를 칭찬하게 하고 네 입술로는 하지 말지니라"(잠 27:2). 나는 어려운 결정을 내리고 나서 혹은 설교를 하고 나서 사람들의 칭찬을 기대해본 적이 많다. '내가 어땠는지' 너무나 듣고 싶었다. 그러나 이를 위해 사람들의 반응을 얻어내려고 교묘하게 애를 쓸 때, 하나님의 임재가 잦아드는 것을 느낄 수 있었다. 혹여 사람들은 모를지라도 하나님께서는 내가 무얼 하는지 모두 아신다. 어쩌면 사람들도 알 수 있다.

• 소문에 귀 기울임 – 소문을 다른 사람에게 전하는 것과 남이 말해주는 소문에 귀를 기울이는 것 중 어느 쪽이 더 나쁜지는 모르겠다. 나의 위치를 위협하는 사람에 대한 감칠맛 나는 소문을 들었을 때, 그것에 대해 귀를 막기란 쉽지 않다. 하지만 그렇지 않으면, 성령께서는 아주 쉽게 떠나버리신다.

• 수다스러움 – "말이 많으면 허물을 면하기 어려우나 그 입술을 제어하는 자는 지혜가 있느니라"(잠 10:19). 존 웨슬리는 우리가 1시간 동안 말을 하면 2시간을 기도해야 한다고 말했다! 나는 사람들과 이야기를 나눌 때, 처음에는 성령으로 시작하였다가 육체로 마치기가 얼마나 쉬운지 잘 안다(갈 3:3). 그러면 어느 순간엔가 비둘기는 날아가 버리고, 우리는 혼자가 되어버린다.

• 서두름 – 요셉과 마리아가 그런 것처럼 서두르다 보면 거의 필연적으로 성령님보다 먼저 움직이게 된다. 성령님은 서둘지 않으신다. "주 여호와 이스라엘의 거룩하신 이가 이같이 말씀하시되 너희가 돌이켜 조용히 있어야 구원을 얻을 것이요 잠잠하고 신뢰하여야 힘을 얻을 것

이거늘 너희가 원하지 아니하고"(사 30:15).

• 비난 – "비판을 받지 아니하려거든 비판하지 말라"(마 7:1). 남을 판단하고 비난하는 일은 예외 없이 다른 사람의 '악한 것'을 생각하는 일을 포함한다. 이것은 성경에서 우리에게 하지 말라고 하는 일이다(고전 13:5). 아마도 다른 사람에 대한 부정적인 말을 한 문장도 다 마치기도 전에 성령님의 특별하신 임재가 떠나버리고 말 것이다.

우리가 하나님께서 임재를 거두셨다는 사실을 정직하게 받아들일 때, 그분을 찾는 자리로 나아갈 수 있다. 그러나 아직도 하나님께서 나를 떠나시지 않았다고 믿는 것이 더 편리하다고 상황을 합리화한다면, 피죤신앙이 될 가능성이 크다. 다음 장에서는 이 피죤신앙에 대해 살펴볼 것이다.

Chapter 8

피존신앙

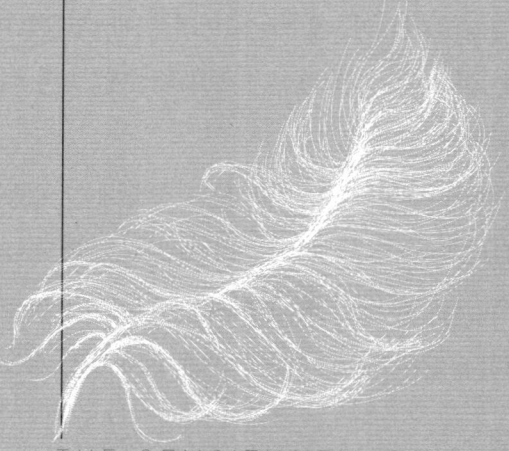

THE SENSITIVITY OF THE SPIRIT

너희가 이같이 어리석으냐
성령으로 시작하였다가
이제는 육체로 마치겠느냐
(갈 3:3)

피죤과 도브는 같은 과(科)에 속하며 생긴 것도 아주 비슷하다. 하지만 피죤은 평화의 상징이 아니며, 예수님의 머리 위에 내려와 머물렀던 것도 피죤이 아니다. 성령님을 상징하는 도브(특히 터틀도브)는 여러 가지 면에서 피죤과는 다르다.

나는 우리가 성령님의 역사라고 주장하는 것 중에는 피죤신앙(진정한 성령의 역사하심을 흉내낸 모조품과 같은 신앙 - 역주)에 불과한 것도 많다고 생각한다. 나 역시 전혀 도브가 아닌데도 그것을 하나님의 임재로 성급하게 오해했던 적이 많다. '거룩한' 감정을 느끼게 해주었던 것들 중에서 하늘로부터 온 도브가 아니라 그와 유사한 피존인 경우가 많았다.

내 친구 피트 캔트렐은 도브와 피존에 관한 경험과 지식이 풍부한 전문가다. 그가 관찰한 이야기들은 매우 재미있고 흥미로웠다. 무엇보다 그 내용이 이 책의 주제와 많은 연관성을 가지고 있다는 사실이 놀라웠다. "저기 피존 보이십니까?" 그가 말했다. "잘 보세요. 곧 자기가 좋아하는 자리에 앉았다고 옆에 있는 놈을 못살게 굴 것입니다." 그의 말대로, 몇 초 후에 두 마리의 피존이 싸우기 시작했다. 피트는 말했다. "터틀도브는 저러지 않습니다. 도브는 싸우는 일이 없어요."

그의 말을 들으며 나는 도브와 피존의 차이점에 대해 생각해보았다. 이제 그 차이점을, 그동안 내가 저질렀던 실수들을 포함하여 신앙생활 가운데 발견했던 부분들과 접목해서 살펴보고자 한다.

피존도 도브처럼 보일 수 있다

나는 휴가를 주로 플로리다 케이스에서 보내는데, 거기에는 피존도 많고 도브도 많다. 내가 가장 좋아하는 낚시터가 '도브 케이'(Dove Key)라고 불리는 작은 섬 바로 옆에 있는데, 그 섬에 도브들이 둥지 틀기를 좋아한다고 해서 그렇게 이름 붙여졌다고 한다. 이름만 들으면 거길 가면 당연히 도브를 보게 될 것이라 기대하게 되고, 또 보이는 새들이 다 도브일 것이라고 생각하기 쉽다. 섬 이름 때문에 선입관을 갖게 되는 것이다. 하지만 거기에는 피존들도 있다.

Chapter 8 피존신앙

성령님의 임재에 대해 선입관을 갖고 있는 상태에서 그와 비슷한 현상이 나타나는 것을 보면 그것이 진정한 성령님의 역사라고 단정 짓기 쉽다. 쓰러지는 것과 웃음을 터뜨리는 행동을 예로 들어보자. 나는 그러한 현상들이 많이 나타났던 특정한 장소에 진정으로 하나님께서 함께하셨고, 그것이 진정한 성령님의 역사였다고 믿는다. 그러나 한편으로 그런 현상이 자주 일어나는 교회에 가서 안수기도를 받을 때, 사람들이 쉽게 바닥에 쓰러지게 된다. 이러한 경우에는 매우 인간적인 요소가 작용할 가능성이 높다.

몇 년 전, 집회를 인도하던 강사가 교회를 섬기는 사역자는 모두 앞으로 나오라고 초청했다. 맨 앞줄에 앉아 있던 나는 나가지 않을 수 없었다. 나는 진심으로 하나님께서 내게 임하셔서 하나님의 뜻대로 일해 주시기를 바랐다. 그날 약 70-80명의 사람들이 기도를 받기 위해 내 앞에 서 있었다. 강사가 기도해주자 한 사람도 빠짐 없이 모두 다 쓰러졌다. 드디어 내 차례가 되었다. 그런데 기도를 받은 나는 자유의 여신상처럼 꼿꼿하게 서 있었다. 내게는 아무 일도 일어나지 않았다.

그러자 그 목사는 다시 기도하고, 또다시 기도했다. 만약 내가 눈을 감고 있었더라면 혹은 내가 꼿꼿이 서 있다는 사실에 대해 신경을 덜 썼더라면, 어쩌면 나도 뒤로 넘어갔을지도 모른다. 내가 쓰러지지 않음으로 인해 그를 당황케 한 것에 대해 사과를 하고 싶을 정도로 그에게 미안한 생각이 들었다. 정말이지 나도 뒤로 넘어가고 싶었다. 하지만 피죤 손에 넘어가고 싶지는 않았다!

물론 그날 그 줄에 서 있던 이들 중 일부에게는 분명 도브가 임했을 것이다. 나는 그것을 부인하지는 않는다. 하지만 성령님에 대한 사람들의 기대감이 너무나 컸고, 그분이 오실 것이라는 선입관이 너무나 강력했기 때문에 피죤도 충분히 역사할 수 있었다.

하나님께서 진정한 성령의 능력으로 모습을 드러내실 때마다 피죤도 함께 나타날 수 있다. 어느 날 밤, 가장 강력한 하나님의 능력의 임재가 나타났다고 가정하자. 모든 사람이 찬양 속에서도, 말씀 속에서도 그리고 기도사역 중에서도 그 능력을 느낄 수 있다. 사람들은 기쁨과 회개의 눈물을 흘리며 울고 웃는다. 수십 명이 회심을 하고, 많은 사람들이 치유를 받는다. 큰 은혜를 경험한 사람들은 다음날 밤 열릴 집회를 고대한다. 드디어 다음날이 되어 같은 찬양팀이 같은 찬양을 부르고, 같은 강사가 하나님의 말씀을 전한다. 하지만 하나님께서는 더 이상 나타나지 않기로 작정하실 수 있다.

중요한 것은 이것이다. 집회를 인도하는 사역자가 사람들을 조종하지 않고자 하는 선한 양심을 가지고 있는가? 아니면 유능한 목사로 보이기 위해 전날 밤의 성공적인 집회와 같이 오늘밤도 성공적인 것처럼 가장할 것인가? 만약 그런 생각을 가지고 있다면, 전날과 같은 효과를 거두기 위하여 그는 피죤신앙을 동원할 가능성이 높다.

진정한 성령의 비둘기는 '임의로' 부는 바람과 같다(요 3:8). 우리가 진정 성령님께 민감한 사람이라면, 그분이 이끄시는 대로 순종하며 따라가야 한다. 또한 하나님의 부재에 대해서도 민감한 사람이라면, 그분의 주권적인 뜻을 존중하여 가식적인 행동을 하지 않을 것이다. 성령께서 능력으로 나타나실 때, 그분 앞에 순종하기 위해서는 사실 많은 용기가 필요하다. 또한 성령께서 부재하실 때, 가식적이지 않기 위해서도 많은 용기가 필요하다. 성령께서 오셨을 때나 오지 않으셨을 때 모두 우리의 안전지대는 위협받을 수 있다.

많은 군중이 성령의 임재를 위조하는 것처럼 위험한 것은 없다. 사람의 숫자가 많다 보면, 기대감으로 인해 분위기가 쉽게 들뜨게 된다. 예배인도자에게 혹은 청중들에게 사람으로 가득 찬 회중석만큼 마음을 들뜨게 하는 것은 없다. 이럴 때일수록 특히 더 성령님에 대한 민감함이나 분별력이 필요한데, 만약 그것이 결핍되어 있다면 피죤이 모든 사람의 머리 위에 내려와 앉아도 아무도 그 사실을 알아차리지 못한다. 이것은 아마도 우리에게 수없이 자주 일어났던 일일 것이다.

보통 처음에는 피죤과 도브가 유사한 모양새를 띠는데, 오히려 이것 때문에 '밴드왜건'(bandwagon) 효과, 즉 사람들이 흥분하여 너도나도 주변에서 일어나고 있는 일을 따라 하는 편승효과가 나타나기도 한다. 이러한 상태는 한참 동안 지속될 수도 있다. 그러다가 마침내 어느 한 사람이 정신을 차리고, 그 모든 것이 다름 아닌 흉내내기에 불과했다는 것을 깨닫는다. 그는 자신이 분위기에 휩쓸렸을 뿐이며, 일어났던 모든 일들에 인간적인 요소가 있었다는 사실에 씁쓸해한다.

이러한 일은 개인적인 차원에서도 일어날 수 있는데, 방언을 말하는 것이나 지식의 말씀을 전할 때가 여기에 해당된다. 우리가 하나님께서 반드시 나에게 역사하실 것이라고 확신하면, 그것이 무엇이든 성령께서 하신 일로 여긴다. 이것은 흡사 "도브가 아니라면 피죤이라도 상관없어요"라고 하는 것과 같다. 하지만 예수님께서 어제나 오늘이나 영원토록 동일하시다는 것을 믿는다면, 우리는 절대로 모조품을 가지고 진짜라고 해서는 안 된다.

피죤은 우리에게 잘 맞춘다

피죤은 사육, 훈련, 통제가 가능하여 다루기가 쉽고 집단행동을 하도록 가르칠 수 있다. 하지만 터틀도브는 그렇지 않다. 이처럼 하나님의 성령도 조종되거나 통제되지 않는다. "바람이 임의로 불매 네가 그 소리는 들어도 어디서 와서 어디로 가는지 알지 못하나니 성령으로 난 사람도 다 그러하니라"(요 3:8). 그분이 진정 어디로 움직이시는지는 하나님의 주권에 있다. 우리가 성령님을 조종할 수는 없다. 그분이 떠나가시도록 만드는 일을 빼고는 말이다.

성령님을 조종하려 하는 것은 그분에 대한 가장 큰 모욕 중 하나다. 만일 성령님의 뜻을 움직일 수 있다는 생각이 든다면, 우리에게 이미 피죤신앙이 임한 것이다. 그런데도 우리는 그것이 도브임에 분명하다고 스스로에게 확신시키고자 노력한다.

그러나 이것은 지배권의 문제다. 누가 다스리는 위치에 있는가? 어떤 이들은 마치 성령님께 의지가 없는 양 그분을 자신의 뜻대로 조종하려고 한다. 보통 우리가 기도할 때, 자신이 하고 싶은 말만 쏟아냄으로써 그러한 위험에 빠지곤 한다. 그러나 이렇게 하면, 성령을 소멸케 한다. 또 성경을 읽을 때에 자기 생각에 충실하여 성령께서 개입하실 틈을 내어드리지 않는 것 또한 그렇다. 그에 비해 성령께서는 매우 '신사적'이시다.

누군가를 조종하는 것은 지도자의 자리에 있는 사람들이 저지르기 쉬운 일이다. 아무리 능력 있는 목회자(찬양인도자나 설교자도 마찬가지다)라 할지라도, 자신이 가진 은사나 성격으로 청중을 조종할 수 있다. 그런데 정작 청중들은 자신들이 조종당하고 있음을 전혀 눈치 채지 못할 수 있다.

문제는 그 지도자가 가진 은사가 어떤 점에서는 그의 기름부음이기도 하다는 것이다. 하나님께서는 그분의 영광을 위하여 우리 각자에게 은사와 개성을 허락하셨다. 하지만 기름부음 받은 은사를 가진 사람이라고 해서 그가 하는 모든 일이 성령의 인도함을 받는 것은 아니다. 우리는 성령님을 내 뜻대로 조종하는 것이 아니라 그분께 순종해야 할 엄중한 의무를 가지고 있다. 내가 아무리 가르치고 설교하는 일에 기름부음을 받았다 하더라도, 주님보다 앞서가서는 안 된다. 만약 주님보다 앞서가게 된다면, 그것은 우리가 통제하는 위치에 서게 되는 것이며, 그럴 때 피존신앙이 도래한다.

몇 년 전 한 찬양사역자와 이야기를 나눴는데, 그는 자신에게 청중을 리드하는 은사가 있다고 말했다. 자신이 마음만 먹으면 청중들에게서 원하는 반응을 이끌어 낼 수가 있어서, 손뼉을 치게 할 수도 있고 점프를 하거나 울게 할 수도 있다는 것이다. 그리고 청중들은 (마치 피존들이 훈련되듯) 자신들이 그런 반응을 보이도록 유도되었다는 사실을 전혀 모른다고 했다. 아마도 오늘날 성령님께 극도로 민감하여 주님보다 앞서나

가지 않는 찬양사역자를 만난다는 것은 대단히 드문 일일 것이다.

    1963년에 나는 오하이오의 칼라일에 있는 교회를 담임하고 있었다. 어느 날, 당시 은사운동의 지도자 위치에 있던 한 유명한 목사가 인근 도시를 방문한다는 기사가 난 것을 보았다. 나는 가서 그의 설교를 들어보기로 했다. 예배가 시작되기 전에 그를 만나 이야기를 나눌 수 있었는데, 그는 자신이 칼빈주의자이며 방언을 한다고 했다.[1] 그 말은 매우 흥미로웠다. 나는 예배가 끝난 후, 기도를 받기 위해 남았다. 무릎을 꿇고 나는 이렇게 기도했다. "주님, 만약 하나님께로부터 오는 것이라면 받겠습니다. 만약 아니라면, 멈춰 주십시오." 내가 한 기도는 이것이 다였다. 매우 간단했지만, 진심이었다.

    그 목사는 내가 방언의 은사를 받을 수 있도록 기도를 해주었다. 하지만 아무런 일도 일어나지 않았다. 그는 나에게 자신의 말대로 해보라고 했다. "주님 앞에서 기쁨의 소리를 내보세요." 나는 어떻게 하라는 것인지 이해가 되지 않았다. 그는 다시 이렇게 말했다. "기쁜 마음에서 나오는 말을 아무거나 해보세요." 나는 더 이해가 되지 않았다. "그냥 아무 소리나 내보세요." 그가 말했다. 초조한 마음에 나는 이렇게 말했다. "무슨 말씀인지 모르겠습니다." 그러자 그가 이렇게 말했다. "그냥 '아-' 하세요."

    상황이 이렇게 되자, 방언을 해야 한다는 중압감에 눌린 나는 초조함에 킥킥대고 웃기 시작했다. 그러자 그 가여운 목사는 그것을 성령께서 임하신 것으로 오해하였다. 그것은 성령께서 오셨던 것이 아니라 내가 초조해서 웃었던 것뿐이다. 한편 그의 기대에 미치지 못했다는 실망감과 더불어 그에게 조종당했다는 생각도 들었다. 그날 내가 경험한 것은 피죤신앙이었다.

나와는 달리 어떤 사람들은(내가 잘 아는 사람들도 포함해서) 성령님께 민감하고 거룩한 사람들의 도움을 받아 방언의 은사를 받기도 한다. 내가 받으려고 했을 때는 아마도 내가 준비되지 않았거나 성령께서 주실 때가 아니었는지도 모른다. 나는 처음에는 열린 마음으로 기대했지만, 나중에 가서는 그렇지 못했다. 만일 그 목사가 성령님께 민감한 사람이었다면, 그런 낭패는 피할 수 있었을 것이다.

사람이 상황을 주도하는 위치에 서면 피죤신앙이 된다. 그들은 도브의 자리를 빼앗고 조작한다. 그러나 성령님은 부드럽고 신중하시다. 온유한 자와 낮은 자로 오신 예수님처럼 성령님은 초대받지 않았는데 오는 사람과 같이 침범하지 않으시고, 보기 사납게 설치지도 않으신다. 그분께서는 자신을 내세우지 않으신다. 우리가 초대하고 성령께서 그 초대에 응하실 때, 그 결과는 사람들이 예측할 수 있는 것 이상이다.

성령께서 함께하실 때, 우리는 하나님 앞에서 잠잠히 기다리길 좋아한다. 하나님을 찬양하고 싶어 하고, 성령께서 인도해가시도록 내어드린다. 이런 일이 일어날 때, 그것은 잊지 못할 경험이자 기다릴 만한 가치가 충분한 일이 된다.

성령께서는 조작되지 않으신다. 누군가 억지로 상황을 만들려고 하면, 어느새 그분은 날아가 버리신다. 그리고 그 자리에 피죤이 날아와 앉는다.

피존신앙에는 텃세가 있다

피존은 특정 장소를 자신의 구역이라고 생각한다. 이처럼 특정한 은사가 자신만의 영역이라고 느끼기 시작하면, 이미 피존신앙이 찾아든 것이다. 이러한 일은 자기 자신을 대단한 사람인 양 착각할 때 일어난다. 또한 피존신앙은 특정한 신학 혹은 지리적 영역에 대해 자신이 지배권을 갖고 있다고 생각할 때 나타나기도 한다. 그래서 누군가가 내가 부름 받은 영역이나 전문분야 혹은 추구하는 방향에 '끼어들면' 그와 대항하여 싸운다.

이것은 한마디로 '파벌의 영'이자 '라이벌 혹은 경쟁의 영'으로, 자신이 추구하는 특정 분야에 있어서 홀로 선두자리에 서야 한다고 믿는 것이다. 보통 당파정치 안에서 이러한 예를 찾아볼 수 있는데, 정당들은 늘 아무도 건들지 않은 사안을 정치적으로 이용하고자 한다. 그것이 환경문제이건 사회복지 문제이건 혹은 세금을 낮추는 일이건 간에 정당들은 어떤 정책을 자신들이 가장 먼저 발의한 '자신들만'의 이슈로 소유하기를 원한다. 따라서 경쟁 정당에서 다른 방식으로 그 문제를 다루는 것조차 싫어한다. 좌파 혹은 우파를 대표하던 정당이 중도 성향으로 옮겨갈 때에도 그런 모습을 자주 볼 수 있다. 이처럼 정치인들은 텃세가 매우 심하다.

하나님의 교회 안에서 라이벌 의식만큼 치명적인 것도 없다. 부흥이라는 주제를 예로 들어보자. 모두들 동의하겠지만, 우리는 부흥을 전심으로 염원하고 있다. 오늘날 하나님의 영을 부어주셔서 주님의 군대가 일어나고 모든 이들이 주님 앞으로 돌아오도록 기도하지 않는 복음주의 단체나 교회는 하나도 없다.

문제는 그 부흥이 전부 다 '우리'에게 오기를 원한다는 것이다! 우리는 스스로 '종일 수고하며 더위를 견딘' 사람이라고 생각하는 경향이 있다(마 20:12). 그래서 하나님께서 남들을 '우리와 같게' 여기시는 것을 매우 싫어한다. 하나님께서 그저 우리의 노력과 우리의 사역, 우리 교단이나 우리 단체를 축복해주시기를 원한다. 그래서 하나님께서 우리가 아닌 다른 이들에게 강력하게 임하셨다는 소식이 들려오면, 그것에 대해 인정하지 않으려는 경향을 보인다. 솔직하게 말하자면, 우리와 다른 신학적 입장 혹은 교회적 기반을 가지고 있는 사람들에게 부흥이 일어날 수 없다고 믿는 것이다.

얼마 전, 케냐 나이로비의 시민회관에서 열린 모임에 부흥이 임했다. 그곳 3층에서는 매주 10여 명의 서방국가 선교사들이 모여 나이로비에 부흥이 오기를 간절하게 기도하고 있었다. 바로 같은 시각, 선교사들이 모여 있는 방의 바로 아래층의 큰 강당에는 7백여 명의 케냐인들이 모여 하나님을 찬양하며 큰 소리로 기도하고 있었다. 시간이 흐를수록 군중의 수가 급속도로 늘었다. 그것은 위층에 모여 매주 간구하던 선교사들의 기도에 대한 응답이었다! 하지만 그들은 바로 자신들의 코 앞에서 부흥이 일어나고 있다는 사실을 결코 인정할 수 없었다. 왜냐하면 그들은 이 케냐인들과는 신학적으로 다른 노선에 소속된 선교사들이었기 때문이다. 바로 이것이 피존신앙의 예이다!

어느 누구도 기름부음을 독점할 수 없다. 예수님의 제자들은 그들과 함께하지 않는 자들이 주님의 이름으로 기도할 수 없도록 하자고 했다(눅 9:49). 그러자 예수님께서 이렇게 타이르셨다. "금하지 말라 너희를 반대하지 않는 자는 너희를 위하는 자니라"(눅 9:50). 그러므로 우리는 누구라도, 혹여 우리와 같은 '그룹'에 속한 자가 아니라 할지라도, 그들이 예수님의 이름으로 기도하는 것을 기뻐해야 한다.

아직 어리고 배울 것이 많았던 여호수아도 자격이 안 되는 사람들이 예언하는 것을 보고 기뻐하지 않았다. 그러자 모세가 이렇게 말했다. "네가 나를 두고 시기하느냐 여호와께서 그의 영을 그의 모든 백성에게 주사 다 선지자가 되게 하시기를 원하노라"(민 11:29). 하나님께서는 우리가 피죤신앙을 거부하고, 우리가 사역하는 영역을 넘어 전 세계에 하나님의 영광이 회복되도록 기도하기를 원하신다.

피죤신앙은 교단신문이나 각 단체가 자체적으로 발간하는 매체에 쉽게 모습을 드러낸다. 어떤 면에서 보면 당연한 일이지만, 그 매체들은 소속 단체나 교파를 옹호하는 경향을 가지고 있다. 우리 교회도 정기적으로 잡지를 발간하고 있다. 하지만 만약 그 잡지에 특정한 사역자를 공격하기 위한 기사가 실린다면, 그것은 분명 성령님의 기름부음 안에서 행해진 일이 아니다.

피트 캔트렐이 관찰한 바에 의하면, 도브는 서로 싸우지 않는다. 하지만 피죤들은 싸운다. 하나님을 믿는 형제에 대한 어떠한 공격도 결코 성령에 의한 역사가 아니다. 나의 오랜 고향 친구인 C. B. 푸겟은 이렇게 말했다. "내 안에 계시는 하나님은 네 안에 계시는 하나님과 싸우지 않으신다." 이 말은 성령께서는 자기 자신(신실하게 주님을 따르는 모든 사람 혹은 하나님의 이름의 영광을 위한 어떠한 운동)을 공격하지 않으신다는 뜻이다.

성령님 고유의 권한을 침해하지 말라

만약 우리가 방해만 하지 않는다면, 성령께서는 하나님의 일을 이루신다. 따라서 우리에게 속하지 않은 일에 참견하거나 성령님의 고유한 영역에 섣불리 끼어들어서는 안 된다. 우리는 성령께서 하나님의 일을 하실 수 있도록 온전한 통로가 되어드려야 한다. 성령께서 가장 잘하시는 일을 우리가 하려고 하면, 그분은 날아가 버리신다.

이런 일은 강대상에서도 일어난다. 사실 지난 45년간 설교를 해오면서 나에게도 수없이 일어난 일이기도 하다. 나는 어떤 특정한 사람을 마음에 품고 설교하면서 '제발 그 사람이 이 설교 내용을 마음에 새겼으면' 하고 생각한 적이 많다. 이것은 사람을 '두고' 설교하는 형태에 해당된다.

보통 설교하는 사람의 자세는 다음과 같이 나뉜다.

- 사람을 내려다보며 설교하기(preaching down)
  - 청중을 깔보는 자세
- 사람을 올려다보며 설교하기(preaching up)
  - 청중에게 위축된 자세

- 사람들을 위해 설교하기(preaching for)
  - 청중을 즐겁게 해주려는 자세

- 사람을 두고 설교하기(preaching at)
  - 특정인을 겨냥한 자세

- 사람들을 향해 설교하기(preaching to)
  - 가장 바람직한 설교 자세

누군가를 마음에 두고 설교한다는 것은 권한을 남용하는 것이며, 성령님의 능력이 풀어질 기회를 몰수하는 행위이다. 이것은 하나님께서 허락하신 직분을 나 자신을 위해 이용하는 것이다. 내가 그렇게 설교할 때 결과적으로 나의 설교는 육체의 어리석은 것이 되고 만다.

누군가 말하기를, 성찬식 테이블이 목사를 위한 자리가 아닌 것과 같이 강대상도 목사를 위한 자리가 아니라고 했다. 목사로서 성찬식에서 가장 중요하게 생각하는 것은 예수님의 죽으심과 예수님께서 믿는 자들에게 베풀어주신 것들이다. 누구든 절대로 이 책무를 남용할 수 있다고 생각하지 않는다. 설교를 할 때도 마찬가지다. 설교자는 자신에게 주어진 책무를 남용해서는 안 된다. 강대상은 성령께서 서시는 곳이다. 따라서 설교자가 그 자리에 사적인 의도로 선다면, 성령님의 특권에 도전하는 일이 되고 만다.

게다가 내 경험으로 보면, 누구누구가 이 말씀을 들었으면 하고 설교를 하는 날에는 정작 그 사람이 예배에 참석하지 않는 일이 많았다. 그리고 설령 그들이 예배에 참석했다 하더라도, 그런 사람들은 절대로 말씀을 자신에게 적용하지 않는다! 하지만 말씀을 듣고 있는 사람이 누군지 그리고 그들이 말씀을 어떻게 적용할지 신경쓰지 않을 때, 하나님께서 친히 그 말씀을 통해 강력하게 일하신다.

대부분의 경우, 청중들은 하나님께서 하시는 말씀을 들으면 그것이 정말 하나님께로부터 온 말씀이라는 사실을 분별할 수 있다. 반대로 듣는 사람이 '지금 나에게 들으라고 하시는 말씀이구나'라는 사실을 알아채면, 오히려 역효과만 불러올 수 있다. 우리는 '목회'를 한답시고 성령으로 시작했다가 육체로 끝맺기 쉽다.

민감하신 성령께서는 경쟁하지 않으신다. 만약 내가 그분의 일을 방해하면, 성령님은 떠나시고 피존신앙이 찾아든다. 내 친구가 자주 말하듯이, 성령님만이 완벽한 설교가이시며, 자신에게 관심을 집중시키지 않으시는 유일한 분이다.

하나님 앞에서의 분노

나도 누군가가 한 일을 보고 '도대체 어떻게 그런 일을 할 수 있지!'라며 분을 품고 화를 냈던 적이 있다. 한번은 피존신앙이 내가 조용히 기도드리는 곳까지 따라 들어온 적도 있다. 도브는 이미 바다 저 건너로 날아가 버렸는데, 분별없이 기도드리던 나는 성령께서 여전히 나와 함께하신다고 믿었다. 물론 사람에게 퍼붓는 것보다야 하나님께 쏟

아내는 것이 낫다. 시편 기자도 이렇게 말했다. "내가 내 원통함을 그의 앞에 토로하며 내 우환을 그의 앞에 진술하는도다"(시 142:2).

이렇게 하나님께 불평을 토로하는 것이 모두 나쁜 것은 아니다. 문제는 내가 분노를 느끼도록 만드신 것이 성령님이시며, 그분 역시 나만큼이나 그 일에 대해 화를 내고 계시다고 생각하는 것이다. 흥분된 감정에 속아 하나님께서도 그 일에 대해 분노하고 계신 것처럼 느껴진다면, 육체에 의한 기도를 하고 있다는 뜻이다. 이것은 피죤신앙에 불과하다. 더구나 나를 화나게 한 장본인을 하나님께서 처벌해주시기를 기도한다면, 그것은 정말 저급한 기도이다. 하나님께서 그런 기도를 참아주실지는 몰라도, 그것을 통해 영광 받으시지는 못한다.

마침내 내가 나의 원수를 축복해주실 것을 구하면, 하나님께서는 이렇게 말씀해주신다. "그것이 훨씬 좋구나." 바로 이것이 하나님께서 원하시는 것이다. 이것이 항상 성령께서 하고 싶어 하시는 일이다.

앞에서도 살펴본 바와 같이, 하나님께서는 우리를 시험하시기 위해 그분의 진심과 반대로 말씀하시는 경우가 있다. 모세에게도 그러셨다. 이스라엘 사람들이 반항하여 모세의 말을 듣지 않자 하나님께서는 그에게 다음과 같이 제안하셨다.

> 여호와께서 또 모세에게 이르시되 내가 이 백성을 보니 목이 뻣뻣한 백성이로다 그런즉 내가 하는 대로 두라 내가 그들에게 진노하여 그들을 진멸하고 너를 큰 나라가 되게 하리라 출 32:9-10

만약 내가 모세였다면, 나는 하나님의 제의에 "좋아요, 하나님!"이라고 했을 것이다. 누구에게나 '하나님께서는 뭐하시나, 저 인간들 좀 싹 안 쓸어가시고'라고 할 법한 일들이 있게 마련이다. 하지만 모세는 다른 길을 택했다.

> 모세가 그의 하나님 여호와께 구하여 이르되 여호와여 어찌하여 그 큰 권능과 강한 손으로 애굽 땅에서 인도하여 내신 주의 백성에게 진노하시나이까 어찌하여 애굽 사람들이 이르기를 여호와가 자기의 백성을 산에서 죽이고 지면에서 진멸하려는 악한 의도로 인도해 내었다고 말하게 하시려 하나이까 주의 맹렬한 노를 그치시고 뜻을 돌이키사 주의 백성에게 이 화를 내리지 마옵소서 주의 종 아브라함과 이삭과 이스라엘을 기억하소서 주께서 그들을 위하여 주를 가리켜 맹세하여 이르시기를 내가 너희의 자손을 하늘의 별처럼 많게 하고 내가 허락한 이 온 땅을 너희의 자손에게 주어 영원한 기업이 되게 하리라 하셨나이다 여호와께서 뜻을 돌이키사 말씀하신 화를 그 백성에게 내리지 아니하시니라
> 출 32:11-14

모세가 드린 기도는 바로 하나님께서 모세에게 원하시던 기도였다. 여기에서 모세의 위대함을 볼 수 있다. 자비로움이 위대함이다. 윈스턴 처칠은 위대함의 대가는 책임감이라고 했다.

우리는 자신이 처한 상황에 개인적으로 혹은 감정적으로 몰입한 나

머지, 그것이 하나님의 일이며 거기에 우리의 명예가 아닌 하나님의 명예가 달려 있다는 사실을 잊어버리기가 쉽다. 따라서 하나님 앞에서 화를 내는 것은 이해는 되는 일이지만 절대로 옳은 일은 아니다. 성령께서 우리와 함께하시면, 우리는 인간적인 반응을 보이는 것이 아니라 하나님께 원수를 용서하시고 축복해주실 것을 요청드릴 수 있다. 그러면 분노는 사라지고, 사랑과 감사로 채워지게 될 것이다.

본성적인 것이 기름부음으로 위장할 때

나는 《내일의 기름부음》에서 우리가 '일반은혜 혹은 일반은총'이라고 부르는 것에 대해 설명한 바 있다. 칼빈은 그것을 '태생적 특별은혜 혹은 특별은총'이라고 부른다. 이것은 사람이 가지고 태어난 자연적인 능력을 지칭하는 것으로, 모든 남자와 여자에게 주신 하나님의 선물이다. 이러한 능력들은 거듭남과는 아무런 상관이 없다. 아서 루벤스타인이 피아노를 잘 치는 것도 이것 때문이며, 라흐마니노프의 피아노 협주곡 제2번이나 알버트 아인슈타인의 명석함도 이 때문이다.

물론 그리스도인들도 이러한 선물들을 가지고 있다. 만약 어떤 교회의 지도자가 이러한 선물을 많이 받았다면, 그는 성령님의 즉각적인 개입과 도움 없이도 맡은 일을 잘 해낼 수 있을 것이다. 이런 의미에서 정곡을 찌르는 의사소통 능력을 타고난 설교가는 자신의 재능에 유의

해야 한다. 왜냐하면, 그들은 원하기만 한다면 성령님으로부터 임한 기름부음이 없어도 수많은 청중들 앞에 설 수 있기 때문이다. 아마도 그에게 기름부음이 없다는 사실을 눈치 채는 사람은 거의 없을 것이다.

타고난 재능은 설교에만 적용되는 것은 아니다. 돈 버는 일에 재주가 있는 그리스도인은 기도생활을 성실히 하지 않아도 많은 돈을 벌 수 있다. 변호사나 의사, 간호사나 작가들 또한 직업 덕분에 여유롭게 살 수는 있겠지만, 원수를 용서하거나 고난을 이겨낸 적도 없고 봉사와 섬김에도 소홀할 수 있다. 그러나 옆에서 보는 사람들로서는 그들의 개인적인 삶에 성령께서 강력하게 임재하고 계신지 아닌지를 전혀 알 길이 없다.

이런 면에서의 가장 큰 위험은 자기기만의 가능성이다. 종종 가지고 태어난 하나님의 특별하신 은혜가 너무나 뛰어나다 보니, '하나님께서는 나와 함께하시는 것이 분명해. 그렇지 않다면 내가 이 일을 이렇게 잘할 리가 없어'라고 생각할 수 있다. 그러나 타고난 재능만으로도 사람은 먼 길을 갈 수 있다. 예수님을 뒤에 남겨두고, 재능만으로 갈릴리로 향하면서 무엇이 부족한지를 전혀 느끼지 못할 수 있다. 이런 사람들에게는 다가가기도, 깨우쳐주기도 쉽지가 않다. 그들은 자신의 삶의 오류를 전혀 발견하지 못한다. 따라서 그들을 바로잡기 위해서는 재정적 위기, 가정의 파탄, 심각한 질병이나 사고와 같은 비극적인 사건이 필요한 경우가 많다.

성령의 은사가 기름부음으로 위장할 때

하나님의 은사에는 후회하심이 없다(롬 11:29). 은사는 우리가 얼마나 하나님과 동행하는 삶을 사는지와는 무관하다. 그래서 은사가 나타남으로 인해서 더 이상 하나님의 음성을 듣지 못하게 되는 경우도 있다.

사울 왕은 자신이 받은 특별한 기름부음을 잃어버렸지만(삼상 16:1, 18:12), 여전히 예언의 은사를 구사하였다. 그는 다윗을 죽이기 위해 길을 가던 중에도 예언을 하였다(삼상 19:23). 분명 당시 그는 다윗에 대한 증오와 질투심으로 불타오르고 있었을 테지만, 그가 가진 은사는 전혀 그것에 영향 받지 않았다.

바울은 방언을 말하는 것이 자신들이 영적인 증거라고 생각했던 고린도 교회 교인들에게 이러한 위험성에 대해 가르쳤다. 바울은 그들에 대한 권면으로 고린도전서 12장과 14장을 썼으며, 사랑이 '가장 좋은 길'(고전 12:31)이라고 강조했다.

때로 마음에 '쓴뿌리'가 있거나 순종하지 않는 사람도 방언의 은사를 사용할 수 있다. 그래서 어떤 사람들은 방언을 할 수 있다는 사실을 자신이 하나님 앞에 아무런 문제가 없다는 증거로 삼기도 한다. 하지만 이것은 피존신앙의 또 다른 예일 뿐이다.

이성의 유혹에 잘 넘어갔던 삼손의 약점이 처음부터 그의 엄청난 기름부음을 약화시킨 것은 아니다. 삼손의 능력이 사라지게 된 것은 들릴라에게 비밀을 실토하고 난 후였다. 지금도 성적으로 부도덕한 일을 저지른 사역자들이 아무 일 없는 듯 계속해서 사역을 해나가는 경우가 많다. 위험하고 안타까운 이야기지만, 그들은 사람들에게 들키지만 않으면 얼마든지 훌륭하게 사역을 펼쳐나갈 수 있다! 나는 이러한 사례들을 많이 알고 있다. 진실이 천하에 모습을 드러내기 전까지 그런 행동을 계속 할 수 있다는 것은 그가 성령님에 대해 무감각하다는 사실을 시사해준다.

하나님께서는 결국 그런 위선적인 행위에 대해 책임을 물으신다. "음행하는 자들과 간음하는 자들을 하나님이 심판하시리라"(히 13:4). 주님께서는 성적인 범죄에 대해 인내하심이 크시지만(요 8:1-11), 그분의 백성들이 거룩하기를 요구하신다.

> 하나님의 뜻은 이것이니 너희의 거룩함이라 곧 음란을 버리고 각각 거룩함과 존귀함으로 … 우리가 너희에게 미리 말하고 증언한 것과 같이 이 모든 일에 주께서 신원하여 주심이라 살전 4:3-4, 6

죄는 드러나게 되어 있으며, 그 값을 치러야 하는 날이 반드시 온다. 만일 당신이 현재 하나님의 영광을 가리는 관계를 맺고 있다면, 당신의 은사가 얼마나 훌륭하게 작동하고 있는지와 상관없이 그 관계를 끊을 것을 촉구한다. 지금 당장 멈춰야 한다. 하나님 앞에서 엎드려 자백하고 그 일로부터 돌이키면, 하나님께서 용서해주실 것이며(요일 1:9), 피죤이 사라진 자리에 즉시 도브가 돌아올 것이다.

대체물에 안주하지 말라

종종 본성적인 것인데, 순수한 성령의 열매인 것처럼 보이는 것들이 있다. 이런 것에 속지 않는 진실한 신앙인이 되려면, 다음의 사항들을 주의해야 한다.

친절한 성격이 성령의 열매로 보일 수 있다
원래 성격이 친절한 사람들이 있다. 그들은 기본적으로 쾌활하고 상냥하고 친절하여, 항상 가깝게 지내고 싶은 부류의 사람이다. 그러나 이것이 일반은혜의 한 단면에 불과한데, 종종 성령의 열매로 둔갑하곤 한다. 때로는 그들의 친절한 성격이 오랫동안 하나님을 믿어온 그리스도인들을 부끄럽게 만들 수도 있다. 실상 그것은 성령의 열매와는 아무런 상관이 없는 것일 수도 있는데 말이다. 이런 사람들은 아마도 회심하기 전부터 친절한 성격의 소유자였을 것이다.

이런 사람들에게 성령의 열매의 필요성을 인식시킨다는 것은 어려운 일일 수 있다. 회개의 영이 임하지 않는다면, 얼마 가지 않아 이들은 자신이 의롭다는 생각에 빠지기 쉽다. 만약 당신에게 이러한 문제가 있다면, 다음의 두 가지에 힘쓰기 바란다.

- 좋은 성격을 주신 하나님께 감사하라.
- 죄와 성령님께 대하여 더욱 민감해지도록 구하라.

감정적 성숙이 성령의 열매로 보일 수 있다

종종 다른 사람들보다 성장 속도가 빠른 사람들이 있고, 남들보다 영적으로 더 빨리 성숙하는 사람들도 있다. 정신적인 문제를 별로 겪지 않고 성장함으로 인해서 감정적으로 성숙한 사람들은 영적으로도 성숙해 보인다. 이런 사람들은 실제로 기도하고 예배드리고 성경 읽는 일에 열심이든 아니든 간에, 밤낮으로 기도만 하는 극성맞은 그리스도인보다 훨씬 더 분별력 있어 보이고 책임감 있는 사람처럼 보인다.

우리가 그리스도인으로 다시 태어나고 의롭다 함을 입었다고 해서 하루아침에 성장기에 경험한 학대와 방치로 인한 감정적 손상이 사라지는 것은 아니다. 그렇기 때문에 아동기에 심각한 감정적 고통을 당한 경험이 있는 그리스도인은 비교적 원만하게 자란 사람들이 쉽게 넘어가는 영역에서 힘들어할 수 있다. 우리가 보기에 이 둘 중 정서적으로 안정된 사람이 더 거룩한 사람처럼 보이기 쉽다. 그러나 마태는 우리에게 이렇게 경고한다. "비판을 받지 아니하려거든 비판하지 말라"(마 7:1).

겉으로 성숙해 보인다고 해서 실제로 다 성숙한 사람은 아닐 수 있다. 그런데 주로 이런 사람들이 교회에서 지도자로 뽑히고, 또 전임사역자로 승진한다. 그러나 그들은 사울 왕과 다르지 않다. 영향력은 가지고 있을지 몰라도, 그것이 기름부음은 아닐 수 있는 것이다. 그런데 안타깝게도 이러한 피존신앙이 교회 가운에 널리 퍼져 있다. 앞에서 말한 바와 같이 한 조사기관이 발표한 내용에 의하면, 교회 사역자들의 하루 평균 기도시간은 4분에 불과하다.

평범한 그리스도인들(이런저런 정서적 불완전함을 가지고 있을지라도, 하나님에 대한 사랑에 붙잡혀 사는 성도들) 눈에 자신들의 교회 지도자들이 별로 영적이지 않다는 사실이 드러나기라도 한다면, 문제는 더 복잡해진다.

지적·문화적 세련됨이 신학적 원숙함으로 보일 수 있다

어떤 사람들은 처음부터 유리하게 출발한다. 이미 지적으로 우수하게 태어나 품격 있고 우아한 가정에서 성장한 사람들이 그런 경우다. 이들은 다른 사람들이 가지고 있지 못한 뛰어난 두뇌를 가지고 있고, 남들보다 좋은 학교에 간다.

이런 사람이 그리스도인이 되면, 물고기가 물을 만난 듯 바울신학에 통달할 수 있다. 그렇다고 그들이 더 영적이라고 할 수 있는가? 물론 그럴지도 모르지만, 꼭 그런 것은 아니다. 거기에는 다른 요소가 작용했을 수 있다.

신학적으로 뛰어난 사람이라고 해서 성령님에 관해서도 조예가 깊은 것은 아니다. 이들은 성령으로 충만한 삶을 사는 것보다 오히려 믿음으로 인해 의롭게 됨이 무엇을 의미하는지 그것을 설명할 수 있는 것이 더 중요하다고 생각할 수 있다.

이런 사람들과 반대진영에 있는 사람들의 경우, 복잡한 정통 신학보다는 성령님과 관계된 것에 더 관심이 많다. 하지만 이런 사람들이라고 딱히 더 영적인 것도 아니다. 이들은 주로 신학적인 훈련을 받지 못한 경우가 많기 때문에, 자연스럽게 교리보다는 경험에 의한 지식 쪽으로 더 끌리는 것뿐일 수 있다.

우리는 자신의 관심분야와 반대되는 것에 대해 비판하고자 하는 유혹을 이겨내야 한다. 우리가 더 관심을 갖게 된 것들이 때로는 성령님에 의한 것이 아니라 지극히 인간적인 이유에 의한 것일 수 있기 때문이다. 한마디로 피죤신앙은 어느 편에서도 나타날 수 있다.

피죤신앙에 대해 마지막으로 덧붙일 내용이 있다. 그것은 간혹 피죤인 것처럼 보이는데 사실은 도브인 경우도 있다는 것이다! 피죤신앙으로 치부하려 했는데, 그것이 실제로는 하나님께서 일하시는 것일 수 있다. 앞에서 도브들이 몇 천 마리씩 둥지를 튼다는 플로리다의 작은 섬, 도브 케이에 대해 말한 바 있다. 그런데 반대로 '피죤 케이'(Pigeon Key)라는 이름의 작은 섬도 있다. 이 섬 역시 플로리다에 있는데, 도브 섬에 피죤들이 날아가서 둥지를 틀기도 하듯 도브들이 피죤 섬에 가서 둥지를 틀기도 한다.

우리는 도브를 따를 수도 있고, 피죤신앙을 따를 수도 있다. 시몬 베드로가 예수님께 다음과 같은 고백을 했을 때, 그는 도브에 의해 이끌림 받고 있었다. "주는 그리스도시요 살아 계신 하나님의 아들이시니이다"(마 16:16). 주님께서는 베드로에게 그것을 알게 하신 이는 "사람이 아니요 하늘에 계신 내 아버지시니라"(마 16:17)고 하셨다. 그런데 불과 몇 구절 뒤에 예수님께서는 이렇게 말씀하신다. "사탄아 내 뒤로 물러 가라 너는 나를 넘어지게 하는 자로다 네가 하나님의 일을 생각하지 아니하고 도리어 사람의 일을 생각하는도다"(마 16:23).

살면서 어떤 사람 혹은 단체가 피죤신앙을 따른다고 생각하여 그들을 배척하다가 나의 판단이 잘못되었음을 인정하고 공식적인 입장을 수정해야 했던 적이 여러 번 있다. 개인적으로 나는 이런 경우를 '하나님께서 도브라고 부르시는 피죤'이라고 명명하였다. 하나님께서는 우리가 잘난 척하며 우리의 이익만을 구할 때, 아무도 진짜일 것이라고 생각하지 않는 다이아몬드 원석을 찾아내셔서 사용하시는 분이다. 고(故) 롤프 바나드는 이렇게 말하였다. "어느 날 누군가가 우리 앞에 나타나 성경을 집어들고 그 말씀을 믿어 우리 모두를 부끄럽게 할 것이다."

하나님께서 친히 그분의 영광을 드러내셨는데 우리가 그것을 보지 못하는 것만큼 안타까운 일은 없다. 바리새인과 사두개인 그리고 율법 교사들에게 메시아가 나타나실 것인데 당신네들이 그를 못 알아볼 것이라고 말했다면, 그들은 믿지 않았을 것이다. 하지만 그런 일이 실제로 일어나고 말았다. 따라서 우리 삶에 하나님께서 함께하시지 않는다는 것을 발견하게 되는 일을 피하려면, 성령님께 보다 더 민감해지는 수밖에 없다.

Chapter 9

되돌아가는 여정

THE SENSITIVITY OF THE SPIRIT

만나지 못하매 찾으면서
예루살렘에 돌아갔더니
(눅 2:45)

자신에게서 기름부음이 떠났다는 것을 인식하게 될 때, 우리가 보이는 가장 자연스러운 반응은 안전지대로 돌아가는 것이다. 요셉과 마리아가 일행 중에 예수님이 계시지 않는다는 것을 깨달았을 때 가장 먼저 찾은 것은 친족과 친구들이었다(눅 2:44). 그 외에 또 어디가 있겠는가? 다른 곳을 찾을 이유가 무엇이겠는가? 다른 곳 어디를 생각할 수 있겠는가? 다르게 생각할 만한 근거가 무엇이겠는가?

하지만 요셉과 마리아는 주님을 찾을 수 있으리라고 기대했던 곳에서 찾지 못하였다. 그분은 거기에 계시지 않았다. 그들은 결국 예수님을 잃어버린 곳으로 되돌아가야만 했다.

우리는 기름부음을 잃어버렸다는 사실을 자각하고 나서 어떻게 해야 하는가? 이 장에서 우리는 되돌아가는 여정을 살펴보고자 한다. 예수님을 찾아 예루살렘으로 되돌아가는 길에는 거쳐야 할 몇 가지 중요한 단계가 있다.

회개

회개(repentance)라는 단어는 '마음을 바꿈'을 뜻하는 헬라어 '메타노이아'(metanoia)에서 유래되었다. 요셉과 마리아는 예수님과의 관계에 있어서 변화가 필요하다는 사실을 알지 못했다. 그들은 주님이 그들과 함께 계시다고 생각했지만, 그것은 틀린 생각이었다. 그들은 결국 자신들의 생각이 틀렸다는 사실을 인정해야 했다.

어떤 면에서 회개는 '내가 틀렸다'는 사실을 인정하는 것을 의미한다. 그런데 불행하게도 우리는 꼭 그래야만 하는 경우가 아니면 그것을 인정하는 자리로 나아가지 않는다. 요셉과 마리아가 예루살렘으로 돌아간 이유는 단지 예수님을 찾기 위해서였다. 우리는 대부분 현재 있는 곳에 머물러 있으려 하고, 그것을 정당화하고자 하는 경향을 가지고 있다. 안전지대로부터 떠날 것을 강요당하지 않는 한, 우리는 그곳에 머물러 있는다.

요셉과 마리아에게는 선택의 여지가 없었다. 좋든 싫든 주님이 그들과 함께하신다고 생각했던 것은 그들의 잘못이었다. 아마도 요셉과 마리아는 발길을 돌리면서 예수님이 일행 중에 함께 있을 것이라고 생각했던 것이 자신들의 실수였다고 말했을 것이다. 그렇게 발길을 되돌리기 위해서는 주님이 어디에도 보이지 않는다는 부인할 수 없는 증거가 필요했다. 그 사실을 확인하자 그제서야 그들은 유턴을 했다. 사실 우리도 그들과 똑같다.

우리는 하나님께서 따끔하게 깨우쳐주실 때, 그제서야 회개를 한다. 우리가 가장 하기 싫어하는 것이 자신의 잘못을 인정하는 일이기 때문이다. 우리는 하나님께서 우리가 무엇을 잃어버렸는지를 보여주셔야 정신을 차린다. 하나님의 특별하신 임재가 사라져버렸다는 사실을 깨닫지 못하는 한, 우리는 영영 돌이키지 않는다.

우리의 타고난 재능은 (초자연적인 은사마저도) 종종 기름부음으로 가장한다. 어떤 의미에서는 그러한 재능도 기름부음이라고 할 수 있다. 우리가 가진 자연적 능력도 우리 삶을 향한 하나님의 부르심과 긴밀한 관계가 있기 때문이다. 하지만 우리는 성령님의 특별한 선물을 기름부음이라 한다. 이 기름부음은 하나님의 특별한 임재가 사라질 때, 함께 사라진다.

우리가 회개에 이르게 되는 경우는 다음의 두 가지이다.

- 하나님의 특별하신 임재가 사라졌다는 것을 스스로 인정할 때 – 아무 일 없었다는 듯이 살아가는 대신 회개하는 길을 택한다.

● 죄가 드러났을 때 – 누군가가 진실을 발견하고 그것을 폭로하여 공개적으로 망신을 당한다. 개인의 차원에서 이런 일이 일어난다 하더라도, 처음에는 폭로로 시작된다. 그러나 하나님께서는 분명 그 사람이 진실에 이르게 하기 위하여 그전부터 줄곧 애써오셨을 것이다.

만약 우리가 하나님의 특별하신 임재가 사라졌다는 사실을 인정하거나 회개하지 않으면, 하나님께서는 두 번째 계획, 즉 공개적인 폭로를 사용하신다. 이렇게 죄가 사람들에게 노출되어 불가피하게 회개를 하는 경우, 그 회개의 깊이와 진실성을 장담할 수 없는 경우가 많다. 하지만 누군가가 나쁜 짓을 저지르다가 발각되어 회개를 하게 되었다 할지라도 그 진정성에 대해 너무 성급하게 의문을 제기하지는 말아야 한다. 다윗 왕도 나단 선지자가 와서 그의 죄를 물을 때까지 전혀 회개할 의사가 없었다. 하지만 나단을 통해 하나님의 책망을 들은 다윗 왕의 회개는 진정한 것이었다(삼하 12:13). 하나님께서는 우리가 계속해서 죄를 깨닫지 못할 때, 공개적으로 폭로하시거나 사람을 보내어 정면으로 직면시킴으로써 깨우쳐주신다.

요셉과 마리아도 그러한 상황으로 내몰리게 되었다. 그들이 아들을 잃어버렸다는 사실은 함께 동행했던 모든 사람들에게 알려졌다. 예수님이 일행 중에 없다는 사실을 개인적으로 알게 된 것이 아니라 함께 길을 떠나온 모든 사람들에게 공공연하게 알려졌다. 그것은 분명 부끄러운 일이었을 것이다.

회개할 수 있다는 것은 긍휼이 많으신 하나님의 은혜다. 우리는 회개를 통해 '변화하여 영광에서 영광에'(고후 3:18) 이른다. 하나님을 기쁘시게 하는 새로운 방법을 발견하거나 성령께서 우리의 죄를 깨우쳐주시고 용서해주셔서 하나님의 더 크신 뜻을 행할 수 있는 능력을 주실 때, 우리는 지혜를 터득하게 된다. 사람에게 일어날 수 있는 최악의 일은 성령님에 대해 완전히 귀머거리가 되어 그분의 음성을 전혀 들을 수 없게 되는 것이다. 만약 그렇게 된다면, 회개에 대한 부르심을 들을 수 없기 때문에 새롭게 됨을 입을 수도 없다(히 6:6).

하나님께서 우리를 깨우쳐주셔서 삶의 전환을 경험한다는 것이 얼마나 감사한 일인지 모른다. 따라서 우리는 어떠한 질책이나 징계, 훈계도 환영해야 한다. "주께서 그 사랑하시는 자를 징계하시고 그가 받아들이시는 아들마다 채찍질하심이라"(히 12:6).

'훈육'(discipline) 또는 '훈계'(chasten)라는 말은 '강요된 배움'(enforced learning)이라는 뜻을 가진 헬라어에서 왔다. 보통 우리에게 하나님의 뜻을 수용하는 것 외에 다른 도리가 없을 때 강요된 배움이 일어난다. 이것은 하나님께서 우리를 사랑하신다는 것뿐만 아니라 아직은 우리를 완전히 포기하지 않으셨다는 것을 의미한다. 우리는 대부분 훈육과 훈계를 달가워하지 않는다. 하지만 하나님께서 우리를 징계하신다는 것은 우리에게 아직 미래가 있다는 것이며, 아직 더 좋은 것이 올 기회가 남아 있다는 뜻이라는 것을 절대 잊지 말아야 한다.

예루살렘으로 돌아가는 길은 회개의 길이다. 그것은 하나님의 특별하신 임재를 잃어버렸다는 것과 우리의 생각과 추정이 틀렸음을 인정하는 것이다.

하나님의 얼굴 구하기

요셉과 마리아는 누군가를 찾기 위해 예루살렘으로 돌아갔다. 그들은 사람을 찾고 있었다. 그는 보면 알아볼 수 있는 특정한 사람이었다. 아무나가 아니었다. 익숙한 무언가도 아니었고, 거룩한 장소도 아니었다. 그들은 '그'를 찾기 원했다.

> 내가 일어나서 성 안을 돌아다니며
> 마음에 사랑하는 자를
> 거리에서나 큰 길에서나 찾으리라 하고 찾으나
> 만나지 못하였노라 아 3:2

> 내가 여호와께 바라는 한 가지 일
> 그것을 구하리니
> 곧 내가 내 평생에 여호와의 집에 살면서
> 여호와의 아름다움을 바라보며
> 그의 성전에서 사모하는 그것이라 시 27:4

하나님께서 얼굴을 숨기시는 이유는 우리가 그분을 찾아 나서기를 원하시기 때문이다. 하나님께서는 그분의 얼굴을 숨기셨을 때 어떤 반응을 보이는지를 통해 우리가 얼마나 전심으로 하나님을 구하는지 시험하신다.

타고난 재능이 발휘되는 것과 하나님의 특별하신 임재로 인한 능력을 구별할 수 있는가? 우리에게 일반은총으로 부여된 재능과 하나님의 얼굴빛에 원천을 둔 기름부음의 차이를 구별할 수 있는가? 후회하심이 없는 성령의 은사와 성령의 불을 붙이는 하나님과의 친밀함을 분별할 수 있는가?

당신은 성령님께 민감한가? 아니면 성령의 역사와 비슷한 유사품에 만족할 것인가? 절대 그럴 수는 없다! 예수님께서 우리와 함께하시지 않는다면, 언젠가는 그분의 부재를 깨닫게 될 것이다. 그분의 부재를 알게 되었다면, 회개함으로 그분을 찾아 나서야 한다. 단지 유턴을 하는 것만으로는 안 된다. 우리가 틀렸다는 것을 인정하는 것만으로는 충분하지 않다. 그것은 단지 시작에 불과하다.

우리는 가서 예수님을 찾아야 한다. 그러기 위해서는 우리가 한 번도 가보지 않은 안전지대 너머로 가야 한다. 요셉과 마리아가 예루살렘에 가는 것만으로는 부족했다. 그곳에 도착해서도 여전히 주님을 찾아야 했다. 예수님을 찾는 데 사흘이나 걸린 것을 보면, 주님을 발견할 수 있을 것이라고 생각했던 곳에서 그분을 찾지 못했던 것이 분명하다. 흐르는 물줄기에서 밖으로 나올 수는 있지만, 결코 같은 물줄기 안으로 다시 들어갈 수는 없다는 사실을 기억하라. 물은 계속해서 흐른다.

신학적으로 특정 흐름에 익숙해진다는 것은 우리에게 아주 흔한 안전지대이다. 익숙한 교회의 의식이나 찬양스타일, 또는 늘 사용하는 상투적인 표현들도 그렇다. 우리는 익숙한 것들 속에서 예수님을 찾을 수 있다. 하지만 만약 거기에 주님이 계시지 않는다면, 그것도 인정할 수 있는가?

하나님의 얼굴을 구한다는 것은 그분 외에는 아무것에도 만족하지 않는 것이다. 우리는 그분을 찾을 때까지 구해야 한다. 이것을 위해 어쩌면 과거에 거부했던 가르침을 재고해보아야 할 수도 있다. 다시는 상종하지 않겠다고 마음먹었던 사람들과 다시 어울려야 할 수도 있다. 나에게 아무런 의미가 없다고 생각했던 찬양을 다시 불러야 할 수도 있다.

오로지 성령님과 관계된 것에만 관심이 있었던 사람들은 예전보다 더한 목마름으로 하나님의 말씀을 구해야 할 수도 있다. 반면 말씀과 신학의 고차원적인 부분에 대해서만 익숙했던 사람들은 한때 그들이 조롱했던 사람들에게 기도사역을 받아야 할 수도 있다. 전통주의자들은 현대적인 복음성가를 부르고, 모던한 스타일의 찬양을 즐겨 드리던 사람들은 200년 된 찬송가를 부름으로써 하나님을 구해야 할 수도 있다. 하나님께서 친히 깨우쳐주셨다면, 우리는 그분을 다시 찾을 때까지 포기하지 않고 회개하며 하나님의 얼굴을 구해야 한다. 다시 돌아가는 길에는 겸손함이 요구되며, 때로는 부끄러움을 당해야 할 수도 있다.

오래 전 아내 루이스의 턱에 문제가 생겨 입을 제대로 벌릴 수 없게 된 적이 있다. 의사는 꽤 심각한 수술을 받아야 한다고 말했는데, 증상의 원인도 알 수 없었다. 나중에는 아무것도 씹을 수 없었고, 오로지 수프밖에 마실 수 없는 지경이 되었다.

그즈음 나는 노숙자 사역단체를 설립한 한 사람을 만나게 되었다. 그는 중고가구를 구해다가 고쳐서 되판 돈으로 어렵게 사역을 이어가고 있었다. 교육을 제대로 받지 못한 그는 매우 특이한 신학적 이해를 가지고 있었다. 그에게 큰 관심을 느낀 나는 그를 저녁식사에 초대하였다.

그날 저녁 우리는 하나님께서 그의 기도에 놀랍게 응답해주신 이야기들을 들으며, 아주 즐거운 시간을 보냈다. 그는 밤 11시가 되어서야 자리에서 일어났다. 그와 함께 현관을 향하던 나는 우연히 아내의 턱에 대해 이야기하였다. 그러자 그는 들고 있던 가방을 내려놓더니, 물어보지도 않고 아내의 턱에 손을 올리고 이렇게 기도했다. "예수의 이름으로 나을지어다!" 그리고 나서 아내에게 말했다. "턱을 열어보세요." 그러자 아내가 아무렇지도 않게 턱을 여는 것이 아닌가! 바로 그 자리에서 아내의 턱이 나은 것이다. 그는 대수롭지 않다는 듯 다시 가방을 들고 현관을 나섰다.

그날 밤, 한 가지 깨달은 것이 있다. 그것은 내가 불편하게 생각하는 신학을 가진 사람에게도 하나님께서는 놀라운 기름부음을 허락하신다는 것이다. 이제껏 살면서 터득한 바로는 하나님께서는 때로 우리가 전혀 관심을 갖지 않는 곳에 계시기도 한다. 하지만 우리가 간절하게 그분의 얼굴을 구하면, 우리를 만나주신다.

사사기에 소개된 입다는 성경 인물 중 잘 알려지지 않은 편에 속한다(삿 11장). 기생의 아들이었던 그는 이스라엘 사람들로부터 쫓겨났다. 그런데 암몬의 공격을 받게 되자 그들은 큰 용사였던 입다에게 가서 도움을 구했다. 그는 이스라엘을 구해주었고, 히브리서 11장 32절에도 이름이 오르게 되었다. 입다는 이스라엘 사람들이 멸시하던 사람이었지만, 하나님께 쓰임 받았다. 이처럼 하나님께서는 우리의 기준과 다른 관점에서 보시며, 전혀 생각지 못한 사람을 들어 사용하신다.

하나님의 얼굴을 구한다는 것은 그분의 특별하신 임재 외에는 어떤 것에도 만족하지 않는 것이며, 그분을 발견할 때까지 멈추지 않는 것이다.

포기하지 않기

"사흘 후에 성전에서 만난즉"(눅 2:46). 요셉과 마리아가 예수님을 잃어버리는 데는 하루가 걸렸지만, 다시 찾는 데는 사흘이 걸렸다. 기름부음 또한 잃어버리기는 쉽지만, 다시 찾는 것은 어렵다. 하지만 우리 삶에 그분의 임재가 다시 임하기를 진정으로 원한다면, 다시 찾을 수 있다. 하나님께서는 우리의 사기를 꺾기 위해 당근으로 유인하시는 분이 아니다.

스스로 속이지 말라 하나님은 업신여김을 받지 아니하시나니 사람이 무엇으로 심든지 그대로 거두리라 자기의 육체를 위하여 심는 자는 육체로부터 썩어질 것을 거두고 성령을 위하여 심는 자는 성령으로부터 영생을 거두리라 우리가 선을 행하되 낙심하지 말지니 포기하지 아니하면 때가 이르매 거두리라 갈 6:7-9

하나님을 구하는 일에 있어서 사흘이란 비교적 짧은 시간이다. 하지만 자세히 살펴보면, 하나님의 특별하신 임재를 되찾는 데 잃어버리는 데 걸린 시간의 세 배가 소요되었다는 것을 알 수 있다. 우리가 잃어버린 것을 찾기 위해서는 얼마나 큰 대가를 치르게 되더라도 반드시 그것을 찾겠다는 각오가 필요하다. 그것을 위해 사용된 모든 시간과 수고는 충분히 가치가 있다.

예루살렘으로 돌아가기 위한 나의 개인적인 여정에는 많은 기도와 금식, 십일조 그리고 '체면'을 구기는 일 등이 요구되었다. 현재 성령님의 부재를 경험하고 있는가? 당신이 그것을 극복하기 위해 무엇을 해야 하는지 알 수는 없으나, 이와 관련하여 나의 경험을 조금 나누고자 한다.

시련을 기뻐하라

1979년 가을, 나는 야고보서 강해를 준비하고 있었다. 그런데 첫 구절부터 막히고 말았다. "내 형제들아 너희가 여러 가지 시험을 당하거든 온전히 기쁘게 여기라"(약 1:2). 불평불만 많기로 둘째 가라면 서러워할 나였기에 이 말씀이 마음에 와 닿지 않았다. 보통은 뭔가 큰 고난을 당해봐야 제대로 깨닫는 편이었지만, 하나님께서는 작은 사건을 통해 깨달음을 주셨다.

나는 이 사건을 바로 어제의 일처럼 기억한다. 당시 우리 가족은 플로리다의 디즈니랜드 근처에 있는 키심미라는 도시에 있었다. 가족들은 디즈니랜드에 갈 생각에 들떠 있었지만, 나는 그곳에 있는 맛있는 피자 가게에 갈 수 있다는 사실에 신이 나 있었다. 그렇게 키심미에 숙소를 잡은 우리는 그 피자 가게에 가서 각자 입맛에 맞는 피자를 시켰다. 내가 시킨 피자는 '웍스'(works)라는 것으로, 앤초비를 포함한 온갖 재료가 들어간 것이었다.

그런데 요리사가 우리의 주문을 깜빡하고 말았다. 하필 그날이 그가 처음으로 주방을 맡은 날이었던 것이다. 45분 동안 맛있는 피자가 나오기만을 기다리던 나는 카운터로 가서 무뚝뚝한 말투로 피자가 나오지 않은 것에 대해 불만을 표시했다. 오랜 기다림 끝에 마침내 피자가 나왔고, 나는 웃음기 없는 얼굴로 계산하였다.

그렇게 피자를 들고 숙소로 돌아가려고 하는데, 빗방울이 떨어지기 시작했다. 플로리다에서는 비가 한 번 왔다 하면 정말 무지막지하게 내렸다. 숙소는 불과 1킬로미터 정도 되는 거리에 있었지만, 우리가 도착했을 때에는 물이 이미 발목까지 차올라 있었다. 아내와 아이들은 각자 먹을 피자를 들고 서둘러 안으로 뛰어들어갔다. 나는 차에서 내려 내 몫의 피자를 꺼내기 위해 뒷문을 열었다. 그런데 비가 워낙 세게 퍼부어서 피자를 담은 종이봉투가 찢어져 피자와 함께 앤초비, 피망, 버섯, 소시지, 페퍼로니 할 것 없이 몽땅 물웅덩이가 된 땅바닥에 쏟아져버렸다. 나는 정신없이 피자를 먹고 있는 가족들에게 이 통탄할 소식을 전한 후 다시 피자 가게로 향했다.

그런데 놀라운 일이 일어났다. 그것은 하나님의 풍성한 은혜라는 말 외에는 달리 표현할 길이 없는 일이었다. 피자 가게로 차를 몰고 가던 중 갑자기 야고보서 1장 2절의 말씀이 생각났다. "내 형제들아 너희가 여러 가지 시험을 당하거든 온전히 기쁘게 여기라." '이 말씀은 진리야. 그래, 한 번 해보는 거지 뭐'라고 생각하는 순간, 나는 그 자리에서 지금 당한 이 작은 시험을(그 당시에는 커 보이는 시험이었지만) 기쁘게 여기기로 작정했다. 내가 분노했다는 것을 하나님께 고백하고, 그 순간부터 아무리 작은 시험이라도 모두 하나님께로부터 오는 선물로 받겠노라고 주님께 약속 드렸다. 이러한 찬송가도 있지 않은가?

맘의 기쁨이나 시련이라도
모두 하늘에서 내려오도다
주를 의지하고 믿기만 하면
주의 뜻을 따라 살게 되리라[1]

갑자기 너무나 놀라운 평화가 내게 임했다. 그것은 1955년 10월 31일 이래 가장 좋은 경험이었다. 나는 피자 가게 요리사에게 가서 그 사이 일어난 일들을 이야기해주었다. 그리고 내 피자를 다시 만들어줄 때까지 기꺼이 기다리겠다고 말했다. 그랬더니 그가 공짜로 피자를 만들어주었다! 그 순간을 나는 절대 잊지 못할 것이다. 디즈니랜드에서 보낸 그 다음날 하루 종일, 새롭게 하시는 성령님의 역사로 인해 내 얼굴에서 빛이 났다.

이 사건을 통해 나는 우리 삶 속에 일어나는 아무리 사소한 일이라도 성령님께 맞춰 조정할 수 있어야 함을 배웠다. 도브를 우리 위에 머물게 하는 열쇠는 밤낮으로 모든 관계와 환경 안에서 그분께 맞춰 조정하는 민감함에 있다.

완전하게 용서하라

우리는 다음의 말씀을 잊어서는 안 된다.

너희는 모든 악독과 노함과 분냄과 떠드는 것과 비방하는 것을 모든 악의와 함께 버리고 서로 친절하게 하며 불쌍히 여기며 서로 용서하기를 하나님이 그리스도 안에서 너희를 용서하심과 같이 하라

엡 4:31-32

나에게 있어서 남을 용서한다는 것은 지식에 불과했다. 또한 내가 상처받고 비방당한 경우에는 하나님께서 나를 이해해주심은 물론이고 모든 법에서 예외시켜 주실 것이라고 생각했다. 하지만 그렇지 않았다. 내가 아주 힘겨운 시간을 보내고 있을 때, 오랜 친구 조셉 티손이 이렇게 말했다. "당신에게 상처를 준 사람들을 완전하게 용서해야 합니다. 그렇게 하지 않으면, 당신은 쇠사슬에 묶여 있게 됩니다."[2)

나에게 상처를 준 사람을 용서하는 일은 내가 해야 했던 일 중 가장 어려운 일이었다. 하지만 용서를 함으로써 받은 혜택이 너무나 커서 나의 원수가 합당한 벌을 받았으면 하는 인간적인 바람은 순식간에 사

라져버리고 말았다. 그 평안은 뭐라고 설명할 수 없는 것이었다! 그들을 용서하는 기도를 시작하자 평안이 물결처럼 밀려오기 시작했다. 나는 정말 그들이 벌을 받지 않기를 구했다. 하나님께서 그냥 넘어가주신 죄가 내게 너무나 많음을 깨우쳐주셨기 때문이다. 그렇게 용서받은 나의 죄들을 기억할 때, 남을 용서하는 것이 좀더 쉬워졌다.

빛 가운데 행하라

> 그가 빛 가운데 계신 것 같이 우리도 빛 가운데 행하면 우리가 서로 사귐이 있고 그 아들 예수의 피가 우리를 모든 죄에서 깨끗하게 하실 것이요
> 요일 1:7

지난 20여 년 동안 나는 여러 차례 중대한 결정을 내려야 했고, 그럴 때마다 하나님께서는 그전보다 더 충만한 기름부음을 허락해주셨다.3) 그러면서 빛 가운데 행하고, 예수님께 집중하고, 부드러우신 성령님을 최대한 인식하며 사는 방법을 배울 수 있었다. 물론 아직도 갈 길이 멀고, 배울 것이 많다. 하지만 내가 확실히 알게 된 중요한 사실 한 가지는 하나님께서는 나를 위해 원칙을 굽히지 않으신다는 것이다. 성령께서는 나에게 맞춰주지 않으신다. 내가 그분께 맞춰야 한다.

바울이 "하나님은 업신여김을 받지 아니하시나니"(갈 6:7)라고 단언

한 것에 이어, 하나님께서는 최소한 두 번 이렇게 말씀하셨다.

그러나 네가 거기서 네 하나님 여호와를 찾게 되리니 만일 마음을 다하고 뜻을 다하여 그를 찾으면 만나리라 신 4:29

너희가 온 마음으로 나를 구하면 나를 찾을 것이요 나를 만나리라 렘 29:13

이 말은 하나님께서 우리에게 주신 모든 경고와 권면과 약속의 말씀을 허투루 듣지 않는 것을 뜻한다. 성령께서 다시 임하시길 원한다면, 그분을 근심케 하는 것이라고 알고 있는 모든 요인들을 삶에서 제해야 하는 것이다. 사역자들에게 기도를 받거나 안수를 받는 것이 해가 될 것은 없으나, 그렇게 하여 회복된 성령은 내가 스스로 성령님께 민감해지는 훈련을 하지 않으면 곧 쇠약해지고 만다.

어떻게 하면 성령께서 내 안에서 편안해하시는지를 배움으로써 하나님의 기름부음을 체험하라. 받을 수 있는 모든 기도와 도움을 받으라. 당신이 찾을 수 있는 가장 좋은 가르침과 설교를 들으라. 힘닿는 대로 하나님의 사람들과 함께 예배하라. 하지만 도브와 같은 성격을 가진 기름부음은 결국 당신이 어떤 사람인가, 즉 밤에나 낮에, 집에 있을 때나 일을 할 때, 친구와 함께 있을 때나 가족과 함께 있을 때, 교회에서나 혹은 예수님과 단 둘이 있을 때 당신이 어떤 모습을 하고 있는지와 연관이 있다. 이것이 우리가 잊어버리고 있는 기름부음이다.

낯선 것도 인정하는 법을 배우라

사흘 후에 성전에서 만난즉 그가 선생들 중에 앉으사 그들에게 듣기도 하시며 묻기도 하시니 눅 2:46

마리아와 요셉이 다시 만난 예수님은 그들이 알던 예수님이 아니었다. 주님께서는 우리가 떠나 있을 때에도 계속해서 그분의 일을 하신다. 따라서 우리가 다시 그분과 상봉했을 때, 주님께서는 예전에 하시던 일이 아니라 새 일을 하고 계신다. 주님께서는 계속해서 일하신다. 그러므로 우리가 다시 그분을 찾았을 때에는 주님께서 하고 계신 새 일에 우리 삶을 조정하여 맞춰야 한다.

세대를 막론하고, 하나님께서 하고 계시는 일에 저항하는 사람들은 자신들의 생각만큼 하나님과 친밀하지 못한 사람들이다. 만약 친밀했다면, 그것이 하나님께서 하시는 일이라는 사실을 인식하는 데 그렇게 오래 걸리지 않을 것이기 때문이다. 분별력이 흐려지면, 우리는 하나님께서 보여주시는 영광의 현장을 뒤로 한 채 길을 떠나고 만다.

누군가 이렇게 말했다. "황달 걸린 눈으로 보면, 모든 것이 노랗다." 주님에 대한 우리의 시각은 우리가 경험하여 알고 있는 범위 안에 고정되기 쉽다. 하지만 한동안 우리는 우리 갈 길을 가고 주님께서는 다른 곳에서 일을 하고 계셨다면, 그분을 다시 만났을 때 주님께서 어디에서 무슨 일을 하시든지 간에 그분께 머리를 숙일 준비가 되어 있어야 한다.

요셉과 마리아는 예수님을 '성전'에서 발견하였다. 이곳이 요셉과 마리아가 주님을 찾아서 온 마지막 장소였다. 우리는 이곳이 마지막이라는 것만 알 뿐, 그들이 가장 먼저 찾아간 장소가 어디였는지는 모른다. 만약 그들이 성전으로 가장 먼저 왔었더라면, 노심초사했던 시간을 좀더 단축시킬 수 있었을 것이다.

주님은 뜻밖의 장소에서 발견되신다. 하나님께서는 우리를 놀라게 하고 경탄케 하는 일을 좋아하신다. 지나고 보면, 하나님께서 그분의 영광을 드러내시는 방법이나 장소가 부적절했던 적은 한 번도 없다.

예수님께서는 '선생들 중에' 앉아 계셨다. 어쩌면 요셉과 마리아는 주님께서 자신들도 없이 그렇게 하셨다는 것에 대해 마음의 상처를 받았을지도 모른다. 아들이 선생들 사이에 앉아 있다니, 얼마나 놀라운 광경이었겠는가? 성전에 있을 것이라고 미리 말해주었더라면 좋았을 것을, 예수님에게서 거절감을 느꼈을 법도 했다.

가끔 어떤 신실한 하나님의 종이 나에게는 주어지지 않은 새로운 계시를 가지고 탁월하게 설교하거나 혹은 나는 경험해보지도 못한 놀라운 일을 성취해내는 것을 볼 때, 내가 주님을 향해 분노를 느끼는지 아니면 주님께서 행하시는 일을 목도할 수 있도록 해주신 것에 대해 감사함을 느끼는지 자문해볼 때가 있다. 만약 (마리아처럼) 분노를 느낀다면, 그것은 내가 주님을 멀리 떠나왔다는 것을 의미한다. 반면에 감사함을 느낀다면, 그것은 내가 성령님과 동행하고 있다는 아주 좋은 증거이다. 나의 일이 아니라 하나님께서 행하시는 일에 대해 기뻐하고 있다는 뜻이다. 내가 원하는 것은 결국 하나님의 영광이기 때문이다! 내게는 하나님께서 기뻐하시는 일을 어디에서 누구와 하시든지 간에 그것에 대해 분노할 권리가 없다. 하지만 그 일로 인해 함께 기뻐한다면, 그것은 분명 하나님을 기쁘시게 하는 일이다.

예수님께서 성전에서 선생들 사이에 앉아 계실 때, '듣기도 하시고 묻기도' 하셨다. 주님께서 선생들의 말을 듣기도 하셨다는 것이 놀라운가? 예수님께서 우리의 말만, 혹은 우리와 같은 관점을 지닌 사람들의 말만 들으시기를 원하는가?

하나님께서 선택하신 자들은 지구 전체에 흩어져 있다. 그들은 모든 민족과 방언과 나라로 구성되어 있으며, 여기에는 모든 문화(그 중 대다수가 우리와는 매우 다른 방식으로 예수님을 경배한다)까지 포함된다. 그렇다고 해서 우리가 꼭 그들의 문화에 동의해야 한다는 것은 아니다. 또한 하나님께서 그들의 문화에 더 많이 동의하신다는 뜻도 아니다. 하지만 하나님께서는 그들에게도 귀를 기울이신다. 하나님께서는 우리의 원수의 말도 들으시고, 그들을 사랑하신다. 우리는 하나님께서 그들과도 교통하신다는 사실을 인정해야 한다. 나와는 거리가 먼 사람들이라 할지라도 그들이 하나님과 교제하고 있다는 사실에 대해서만큼은 기뻐할 수 있어야 한다.

주님께서 다른 사람들에게 행하신 일에 기뻐하라

듣는 자가 다 그 지혜와 대답을 놀랍게 여기더라 눅 2:47

하나님께서는 우리가 없어도 계속해서 그분의 일을 행하신다. 주님은 우리가 한 번도 만나본 적 없는 사람들에게 놀라운 일들을 행하시는데, 우리는 이 일을 기뻐해야 한다. 유대인들은 처음에는 바울과 바나바를 반대했지만, 나중에는 그들을 통해 이방인들도 주께 돌아오게 되었다는 소식을 듣고 '크게' 기뻐하였다(행 15:3). 이러한 점에 대해서만큼은 유대인들을 영원토록 칭찬해주어야 한다.

성전에서 예수님의 말을 들은 자들은 그 일을 '놀랍게' 여겼다. 예수님께서는 항상 사람들을 놀라게 하신다. 요셉과 마리아가 없어도 그렇게 하셨다. 우리가 없어도 그렇게 하신다. 우리는 우리와 전혀 상관없는 사람들이 예수님 때문에 놀라워하는 일이 생기면, 그것에 대해 매우 기뻐해야 한다.

그들은 예수님의 '지혜와 대답'에 놀라워하였다. 성전에 있던 선생들은 그날 처음 들어본 이야기를 듣고 있었다. 예수님께서는 그들을 존재의 본질로 이르게 하는 하나님의 지혜를 가지고 계셨다. 아마도 주님께서는 그들이 꼭 들어야 할 말씀을 해주셨을 것이다. 이에 대한 그들의 반응은 오직 놀라움뿐 어떠한 거부감도 없었다.

우리는 세계 어느 곳에서 부흥의 소식이 들려오더라도 그 사실에 감격할 수 있어야 한다. 사실, 제3세계 국가에서 부흥이 일어났다는 소식이 바로 옆 동네에서 일어났다는 소식보다 기뻐하기가 더 쉽다. 하나님께서 브라질이나 인도에서 행하신 일에 대해 찬양할 수 있다면, 우리 교회 맞은편에 있는 교회에서 부흥이 일어났다고 해도 그럴 수 있어야 하지 않을까? 심지어 그런 부흥이 우리 교회에서는 눈곱만큼도 일어나고 있지 않아도 말이다. 당신은 하나님께서 우리 지역의 다른 교회를 축복하신 것에 대해 기뻐하며 찬양할 수 있는가?

요셉과 마리아의 눈앞에서 그런 일이 일어나고 있었다. 그리고 그 중심에는 그들의 아들 예수님이 있었다. 요셉과 마리아는 그 장면을 보고 (우리가 안전지대 밖에 있는 일을 보았을 때 주로 하는) "저것은 하나님의 역사가 아니야"라는 말을 할 수 없었다. 하지만 그들은 자신들에게 초점을 맞춘 채 이렇게 말했다. "어찌하여 우리에게 이렇게 하였느냐?"(눅 2:48)

이것은 둔감함의 극치라고 봐야 한다. 그들은 예수님과 매우 가까운 관계였음에도 불구하고, 주님에 대한 통찰력을 완전히 잃어버리고 말았다.

이런 일은 우리에게도 얼마든지 일어날 수 있다. 이 회복의 길은 주님을 다시 만날 수 있다는 사실만으로도 즐거운 길이어야 한다. 주님을 어디에서 다시 만나건, 우리는 주님을 있는 그대로 인정해드려야 하고, 주님께서 행하고 계신 일로 인해 기뻐해야 한다.

Chapter 10

기름부음의
회복

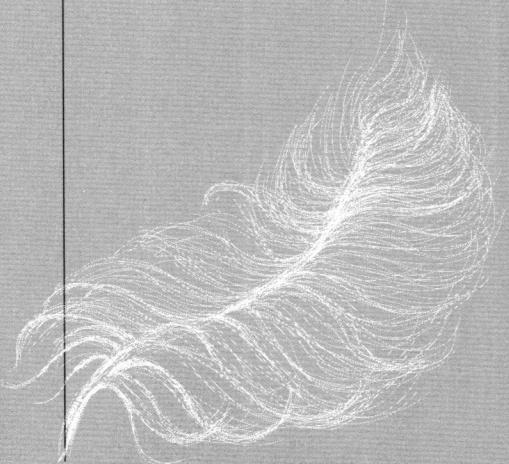

THE SENSITIVITY OF THE SPIRIT

그의 부모가 보고 놀라며
(눅 2:48)

일단 우리가 주님과 동행하지 않고 혼자 길을 떠났다는 것과 그로 인해 기름부음을 잃어버렸다는 사실을 알게 되면, 그것을 다시 회복하는 일에 열정을 쏟게 된다. 예전과 같지 않다는 사실을 인식하고 나면, 그것보다 더 중요한 일이 없다는 것을 알게 되기 때문이다.

기름부음으로 다시 돌아가는 길은 왜 그렇게도 오래 걸려야 하는가? 왜 기름부음을 잃어버리는 것보다 되찾는 것이 더 어려운 것일까? 우리는 왜 요한일서 1장 9절의 말씀(만일 우리가 우리 죄를 자백하면 그는 미쁘시고 의로우사 우리 죄를 사하시며 우리를 모든 불의에서 깨끗하게 하실 것이요)을 적용하여 기도하고, 그것으로 모든 것을 해결할 수 없을까? 우리가 예수님과 동행하지 않고 먼저 길을 나섰다는 것을 회개하면, 하나님께서는 곧장 우리를 용서해주시는 것 아닌가?

맞는 말이다. 만약 그렇다면, 굳이 우리가 기름부음을 찾아가지 않아도 그것이 우리에게 다시 돌아오지 않을까? 만약 하나님께서 즉시 그것을 다시 회복시켜 주시는 것을 기뻐하신다면, 그렇다. 그리고 때때로 그렇게 하기도 하신다. 내가 성령님을 근심하시게 할 때마다 오랜 시간의 기다림과 고통을 겪어야 했던 것은 아니다. 많은 경우 성령님의 기름부음이 즉시 돌아왔다. 사실 대부분의 경우가 그랬다.

정도의 차이가 있겠지만, 우리는 모두 예수님 없이 길을 떠나곤 한다. 그것이 사소한 일일 수도 있고 중대한 일일 수도 있지만, 우리는 그것으로 인해 하나님의 특별하신 임재를 상실하곤 한다. 원인은 별생각 없이 내뱉은 말 때문일 수도 있고, 중요하지 않은 일이라고 생각하여 대충 내린 결정 때문일 수도 있다. 나의 경우, 인간적인 생각이 들어간 설교를 했을 때 그랬다. 강대상을 내려오면서 설교 중에 부적절한 말을 했다는 생각이 들면, 하나님께 그것을 고백하고 다시는 그런 실수를 반복하지 않고자 노력한다. 수락하지 말았어야 할 초청에 응했던 적도 있었지만, 이런 일들을 통해 많은 것을 배울 수 있었다.

하나님께서는 돋보기를 들고 우리가 무엇을 잘못하는지 살펴보고 계시는 분이 아니다. 무엇보다 하나님께는 돋보기가 필요하지 않다. 그분의 눈앞에 '만물이 벌거벗은 것 같이' 드러나기 때문이다(히 4:13). 그분께서는 우리의 체질을 아시며, 우리가 단지 먼지뿐임을 기억하신다(시

103:14).

　우리가 사소한 일로 성령님을 근심케 하면, 그분께서는 잠시 우리를 떠나신다. 그렇게 하시는 것이 우리에게 유익이다. 그러나 성령께서는 긍휼하셔서 다시 우리 곁에 오셔서 우리의 과오를 깨우쳐주시고, 그것을 고백할 때 다시 회복할 수 있도록 도와주신다.

　사소한 일에 있어서 우리가 어떻게 주님보다 앞서 나가는지를 깨닫는 것이 중요하다. 사소한 일이기 때문에 습관적으로 먼저 '나서는' 부분들이 있다면, 그것을 찾아서 끊어내야 한다.

　그렇다면 우리가 심각한 죄를 저질렀을 때에는 하나님께서 더 오랜 시간 동안 그분의 임재를 거두시는가? 꼭 그런 것은 아니다. 그것은 오히려 그분이 뒤에 남으신 것에 대한 우리의 반응이 어떠하냐에 달려 있다. 요셉과 마리아의 경우 그들의 반응은 분노였다. 예수님이 일행 중에 계시지 않는다는 사실을 발견하였을 때, 그들의 마음에는 '어떻게 감히 우리에게 이럴 수가 있지?'라는 생각으로 가득했다. 이 생각은 그들이 성전에서 예수님을 발견하였을 때 바로 드러났다(눅 2:48). 기름부음으로 다시 돌아가는 일이 지연되는 것은 우리의 마음 혹은 자세에 뭔가 바로잡아야 할 것들이 있기 때문이다.

　예를 들어 성적 부도덕의 경우를 생각해보자. 이런 죄는 다른 어떤 것보다 하나님의 이름에 큰 불명예를 가져온다. 그리고 이런 죄를 극복하기 위해서는 높은 수위의 징계가 필요할 수도 있다. 하지만 더 중요한 것은 그 징계의 필요성에 대해 우리가 어떻게 반응하느냐이다. 죄가 드러났을 때, 우리는 보통 다음의 두 가지 반응을 보인다.

- 즉각 반성하고 변명하지 않는다 – 이것은 나단 선지자가 죄를 물었을 때, 다윗 왕이 보인 반응이다(삼하 12:13). 다윗은 즉각 하나님을 구했으며(시 51편), 다시 쓰임 받게 되었다. "그리하면 내가 범죄자에게 주의 도를 가르치리니 죄인들이 주께 돌아오리이다"(시 51:13).

- 분노와 방어로 대응한다 – 어떤 이들은 잘못을 인정하지 않고 완강하게 버티면서 자신들을 '고발'한 자에게 분노한다. 이들이 회복되는 데는 아주 오래 걸리는데, 그것에 대해 하나님을 탓해서는 안 된다.

예수님 없이 혼자 길을 떠난 것에도 정도의 차이가 있다. 만약 지금 당신이 하나님의 임재로부터 아주 멀리 떠나 있다면, 다음의 일들을 해보기 바란다.

- 잘못을 인정하라.
- 변명하지 말라.
- 이 문제를 하나님께 아뢰라.
- 전심으로 하나님의 얼굴을 구하라.

하나님과 당신의 사이가 얼마나 멀어졌는지와 상관없이, 하나님께서는 현재 당신이 있는 곳에서 당신을 만나주실 것이다. 당신이 몇 살인지, 성령님을 얼마나 근심케 하였는지는 문제가 되지 않는다. 하나님께서는 자비로우시며, 모든 것이 합력하여 선을 이루도록 즉시 일하실 것이다(롬 8:28). 이것이 바로 하나님의 약속이다.

우리가 궁금해하는 것은 과연 잃어버린 것을 원래 모습 그대로 회복할 수 있는가 하는 것이다. 이에 대한 정직한 대답은 '예'와 '아니오' 둘 다이다. 설명을 해보면 이렇다.

'예루살렘'으로 돌아가는 여정 중에 느끼게 될 정신적 고통이나 그 길에 수반되는 여러 가지 어려움들은 상상 이상일 수 있다. 그 여정은 잃어버린 것을 다시 찾을 수 없을지도 모른다는 불안감과 두려움으로 점철된다. 요셉과 마리아에게 예수님을 찾기까지의 사흘은 아마도 영원처럼 느껴졌을 것이다.

또한 우리가 찾아 헤매던 것을 발견한다 하더라도, 그 기름부음이 어떤 식으로 모습을 드러낼지는 우리가 알 수가 없다. 요셉과 마리아는 예수님을 다시 만났을 때 '놀랐다'고 했다. 그들이 찾은 예수님은 잃어버렸던 예수님과 같은가? 이 대답 또한 '예'와 '아니오' 둘 다이다. 그들은 분명 주님을 다시 찾았다. 그가 그들이 찾던 분임에는 분명했다. 하지만 어떤 면에서 그분은 그들이 알고 있던 예수님이 아니었다. 그런 모습은 일찍이 그들도 본 적이 없었다.

예수님을 다시 찾았을 때, 그들은 안심하고 감사해야 했지만 도리어 기뻐하지 않았다. 그분을 보는 즉시 마리아는 이렇게 말했다. "아이야 어찌하여 우리에게 이렇게 하였느냐 보라 네 아버지와 내가 근심하여 너를 찾았노라"(눅 2:48). 분명 이전에 알던 아들 예수님이 분명함에도 불구하고, 자신들을 대하는 태도가 예전과 달랐기 때문에 그들에게 주님은 전혀 다른 사람처럼 보였다. 사실 어떤 면에서는, 다른 사람이 된 것이

맞았다.

우리가 예수님을 다시 만나 회복하는 기름부음은 실질적으로 새로운 기름부음이다. 왜냐하면 예수님을 다시 만났을 때, 그 새로운 장소와 현재 주님께서 역사하시는 새로운 방법에 우리가 맞춰야 하기 때문이다. 성령님께 맞춰 조정하는 것은 우리가 일생 동안 지속해야 할 고통과 놀라움의 과정이다.

어떤 사람들은 이전의 기름부음이 그대로 다시 돌아오기를 바란다. 그래서 기름부음으로 다시 돌아가는 데 더 오래 걸리기도 한다. 그들은 '묵은 포도주가 좋다'고 말한다.

> 묵은 포도주를 마시고 새 것을 원하는 자가 없나니 이는 묵은 것이 좋다 함이니라 눅 5:39

우리는 먼저 우리에게 가장 익숙한 곳, 즉 우리의 안전지대 안에서 기름부음을 회복하려고 하는 경향이 있다. 하지만 언제나 그렇듯이, 안전지대 밖으로 발을 옮겼을 때에야 비로소 새로운 기름부음을 발견할 수 있다. 하나님께서는 우리에게 이렇게 말씀하신다. "보라 내가 새 일을 행하리니"(사 43:19).

하나님께서 뒤에 남으시고 우리를 앞서 가도록 두시는 이유 중 하나는 그분의 영광을 나타내시는 새로운 방법을 보여주시기 위해서이다. 그것을 본 우리의 첫 반응은 대부분 요셉과 마리아가 보여준 것과 같은 놀라움이다. 그들은 자신들이 알고 있던 예수님, 익숙했던 주님을 원했다. 하지만 그들은 다시는 이전에 알던 주님을 만날 수 없었다.

하나님의 말씀은 이렇게 가르쳐준다. "옛날이 오늘보다 나은 것이 어찜이냐 하지 말라 이렇게 묻는 것은 지혜가 아니니라"(전 7:10).

막달라 마리아가 부활하신 예수님을 붙들자 주님께서 이렇게 말씀하셨다. "나를 붙들지 말라 내가 아직 아버지께로 올라가지 아니하였노라 너는 내 형제들에게 가서 이르되 내가 내 아버지 곧 너희 아버지 내 하나님 곧 너희 하나님께로 올라간다 하라"(요 20:17). 예수님께서는 최대한 부드럽게 이렇게 말씀하신 것이었다. "이제는 모든 것이 달라질 것이란다." 마리아는 예수님을 이제까지 알아왔던 육체를 가진 존재에서 영적인 존재로서 새롭게 인식해야 했다. 이것은 분명 쉽지 않은 전환이었을 것이다.

그리스도인의 삶은 우리를 안전지대 밖으로 끌어내는 사건들의 연속이다. 이러한 반복적인 변화를 통해 우리는 육적인 수준에서 영적인 수준으로 옮겨가게 된다. 그런데 아이러니하게도, 새로운 영적인 단계마저도 결국에 가서는 또 하나의 안전지대가 되고 만다. 그곳 역시 언젠가는 떠나야 하는 것이다.

한 사역자는 우리가 다다르는 각각의 영적인 단계마다 '캠핑금지' 푯말을 세워야 한다고 조언한다. 그것은 과거의 틀(당시로서는 적지 않은 돌파였을 것이다)로부터 떨어져나와 새로운 단계에 이르러서는 더 이상 움직이지 않고 거기에 그대로 머물고 싶어 하는 것을 막기 위해서다. 머물러 있다 보면, 우리는 어느새 개척자에서 정착자가 되고 만다. 우리는 정착자가 되기 위해 부름 받지 않았다. 우리는 죽는 날까지 혹은 예수님께서 다시 오시는 날까지 성령님을 따라가기 위해 부름 받았다. 예수님의 제자로서 '캠핑'하며 멈추는 일은 절대 있을 수 없다.

제자들에게 예수님을 따르기 위해 그물을 내려놓는다는 것은 작은 일이 아니었다. 하지만 그것은 시작에 불과했다. 그들에게는 감당해야 할 스티그마(주님을 따름으로써 감수하게 되는 수치와 오명, 고난으로 인한 상처를 뜻함 - 역주)가 잇달았다. 그러다가 가장 큰 변화의 시간이 찾아왔다. 주님께서 이렇게 말씀하셨다. "내가 떠나가는 것이 너희에게 유익이라"(요 16:7).

> 내가 아버지께 구하겠으니 그가 또 다른 보혜사를 너희에게 주사 영원토록 너희와 함께 있게 하리니 요 14:16

제자들이 예수님과 동행하기로 하였을 때, 자신들의 생업을 떠난 것은 매우 중대한 결정이었다. 하지만 이런 일은 그들에게 연속적으로 일어나는 일이 되었다. 주님께서 제자들에게 그분의 죽음에 대해 말씀하실 때, 앞으로 더 많은 어려움이 있을 것을 아셨다. 그래서 곧 십자가에 달리시게 될 것이라는 사실을 제자들에게 이해시키려고 하셨다. 하지만 제자들은 이것을 한 귀로 듣고 한 귀로 흘리고 말았다.

따라서 예수님께서 돌아가셨을 때, 제자들은 비탄에 빠질 수밖에 없었다. 그 후 주님께서 부활하셨고, 제자들은 다시 흥분하였다. 그런데 부활하신 후 예수님께서는 40일 동안 곧 오실 성령님의 길을 준비하시느라 모습을 드러내셨다가 다시 사라지시는 일을 반복하셨다. 주님이

승천하시고 성령께서 오시고 난 후에도, 제자들은 계속해서 새로운 도전에 맞서야 했다. 그런 일이 있을 때마다, 그들은 안전지대로부터 새로운 단계의 낯선 곳으로 떠밀려가야 했다.

아마도 우리는 천국에 이르러서야 제대로 정착할 수 있을 것이다. 그전까지는 늘 성령님께 맞춰 조정해야 하며, 하나님께서 예측 불가능한 새로운 일들로 우리의 믿음에 도전하실 때마다 계속해서 거기에 맞춰 걸어 나아가야 한다. 이것이 바로 '영광에서 영광에' 이르는 것이다 (고후 3:18).

어느 정도의 수준이건 간에 기름부음을 잃어버렸다면, 하나님을 어디에서 어떻게 다시 발견하게 될지 모르는 미지의 길을 떠날 준비를 해야 한다. 좋든 싫든, 우리에겐 그 길밖에 없다.

재조정의 원칙

우리는 이 책의 중심 이야기를 통해 일련의 원칙들을 발견할 수 있다. 요셉과 마리아는 무엇을 깨닫게 되었는가? 하나님의 아들을 되찾기 위해 그들은 어떻게 해야 했는가?

하나님께서는 우리의 개입과 상관없이 일하신다

우리는 하나님께서 하시는 일이라면 당연히 우리가 알고 있어야 한다고 생각한다. 이처럼 하나님과 '과하게 친하다고' 생각하는 경향은 주로 하나님과 많은 시간을 보내는 사람들에게서 자주 나타난다. 그러나 이 부분에 대해 우리는 거듭해서 점검해보아야 한다. 하나님께서는 우리가 알아야 할 것을 알게 하시며, 알면 좋지 않다고 생각하시는 것은 가리신다.

우리가 하나님을 웬만큼 알게 되었다고 생각하면, 그분께서 일하시는 방식에 대해 나름대로 요구를 하기 시작한다. 하나님과 그럴 만한 관계가 되었다고 느끼면서, 자칫 하나님의 일에 참견할 '자격'이 있다고 생각하게 되는 것이다. 그래서 하나님께서 하시고자 하는 일을 자신에게 알려주실 것을 기대한다. 그것도 다른 사람보다 자신에게 먼저 말씀해 주셔야 한다고 생각한다.

예수님을 발견한 요셉과 마리아는 하나님께서 그들과 상관없이 다른 곳에서 일하시고 계셨다는 것에 대해 화를 냈다. 아마도 그들은 배신당한 기분이었을 것이다. 나 역시 그런 경험을 여러 차례 한 적이 있다. 나는 신학자들이 말하는 '절대타자 혹은 전적타자'(wholly other), 즉 하나님께서는 피조물인 인간과는 절대적으로 다른 존재라는 개념을 추상적으로나마 알고 있다. 하지만 하나님께서 내가 익숙하게 알고 있던 방식이 아닌 다른 방식으로 그분의 영광을 드러내실 때, 나는 종종 그 일을 행하신 분이 하나님이실 리가 없다고 생각했다.

그러나 하나님이실 수 있다. 하나님께서는 절대적 타자이자 전적인 주권자이시며, 그분과 가깝다고 생각하는 사람에게조차 전혀 예고하지 않으시고 어느 방향으로도 움직이실 수 있는 분이다.

하나님께서는 새로운 일을 행하신다

12살 된 소년 예수님께서는 장성한 율법교사들과 함께 당당히 성전에 앉아 계셨다. 소년이라기보다는 랍비처럼 앉아서 율법전문가들을 놀라게 하시는 이례적인 일을 하고 계셨던 것이다.

예수님께서 이날 하신 일을 빗대어 검증할 만한 성경적 근거나 예는 없다. 이것은 어떠한 전례나 전통도 없었고, 구약성경에도 나오지 않는 일이었다. 만약 그런 것이 있었다면, 요셉과 마리아도 조금은 안심할 수 있었을 것이다.

우리는 특정한 성령님의 역사를 거부하기 위한 방어기제로 성경적 사례를 요구하는 경우가 많다. 조나단 에드워즈가 《신앙감정론》(Religious Affections)을 쓴 것도 당시에 일어나는 일들이 성경에서 전례를 찾아볼 수 없는 것이라는 비난 때문이었다.

사실상 하나님의 임재가 동반하는 스티그마를 통해 그분은 새로운 일로 우리를 끊임없이 당혹스럽게 하신다. 십자가 사건이 가지고 온 충격부터가 그랬고, 오늘날까지도 우리를 불편하게 하는 방식으로 임하기를 그치지 않으시는 것이 그렇다. 우리가 가지고 있는 전례는, 히브리서 11장에 나오는 모든 영적 '거장'들도 하나같이 그전 세대에서 본 적이 없는 방식으로 하나님께 순종했어야 했다는 사실이다. 그러한 의미에서, 우리 역시 계속해서 히브리서 11장을 써나가고 있는 것이다!

이러한 일은 교회사에서 반복적으로 나타나고 있다. 하나님과 '가장' 가깝다고 생각했던 자들이 하나님께서 하고 계신 일을 가장 강하게 거부하며 방해하는 경우가 많았다. 이런 사람들은 그 일들이 너무 생소하다는 이유로 아무런 미련 없이 등을 돌렸다. 대제사장들이 아무런 죄의식 없이 예수님을 십자가에 매달 수 있었던 것도 바로 이러한 이유에서였다. 이사야는 이것을 이미 알고 있었다. "우리는 생각하기를 그는 징벌을 받아 하나님께 맞으며 고난을 당한다 하였노라"(사 53:4).

하나님께서는 때로 성령님의 최신 행보를 받아들이기를 원치 않는 사람들을 위해 빠져나갈 길을 허락하기도 하신다. 종종 이렇게 말하는 사람들이 있다. "이는 요셉의 아들 예수가 아니냐 그 부모를 우리가 아는데"(요 6:42). 그러면서 그들은 진리를 거부하는 것을 합리화한다. 또 어떤 이들은 안전지대에 머물러 있기 위해 그럴듯한 근거들을 찾아내기도 한다. 우리는 불쾌한 것을 회피하는 방법을 너무나 잘 알고 있을 뿐만 아니라, 그러고 난 뒤에 합당한 일을 했다고 여긴다.

하지만 하나님께서는 이 모든 일에 전혀 놀라지 않으신다. 시편 기자가 썼듯이 하나님께서는 "내가 가령 주려도 네게 이르지 아니할 것은"(시 50:12)이라고 말씀하신다. 성령께서는 우리의 두려움이나 편견에 함부로 침입하시기에 너무나 신사적이시다.

요셉과 마리아가 십년감수한 끝에 다시 찾은 예수님은 그들이 오랫동안 익숙하게 알아왔던 것과 약간 다른 모습이긴 했지만, 그래도 여전히 그들의 아들임에 분명했다. 이러한 고생을 해본 사람은 그것을 큰 축복으로 여겨야 한다. 나도 내가 주장해온 것이 진실이 아니었다는 사실을 인정할 수밖에 없는 상황에 처해보았고, 그래서 나의 입장을 철회

해야 했던 적도 있었다. 그것은 고통스러울 만큼 매우 부끄러운 일이지만, 하나님의 광대하신 긍휼함의 증거이기도 하다. 사실 하나님께서는 나에게 이런 것들을 깨우쳐주실 필요조차 없으셨다.

앉아서 기다리지 말고, 기름부음을 찾아 떠나라

예루살렘으로 돌아가는 것만으로는 충분하지 않았다. 요셉과 마리아는 계속 예수님을 찾아야 했다. 아마도 그들이 예루살렘으로 다시 돌아가는 데는 하루면 족했을 것이다. 그 사이 예수님이 다른 장소로 이동하셨을 것이고, 그래서 주님을 찾는 데 이틀이 걸려서 도합 사흘의 시간이 소요되었던 것이다. 주님께서 그들에게 나아오신 것이 아니라 그들이 주님을 찾아나서야 했다. 이것은 그분을 찾을 때까지 포기할 수 없는 문제였다.

토론토 부흥이 한창이었을 때, 많은 사람들이 의아해했다. "이 부흥을 맛보기 위해 왜 토론토까지 가야 하는 것인가?" 누군가가 내게 그렇게 물었을 때, 나는 이렇게 대답했다. "만약 그곳에 꼭 가야만 한다면, 가시겠습니까?"

토론토에서 기름부음을 잃어버린 것은 아닐 수 있지만, 하나님의 특별하신 임재를 다시 만끽하기 위해서는 그곳에, 혹은 하나님께서 강력하게 일하고 계신 곳이라면 어디라도 가야 할 수도 있다. 그렇게 할 마음이 있는가? 만약 그곳이 하나님께서 머물고 계신 곳이라면, 기꺼이 그곳까지 가서 전심을 다해 하나님의 임재를 구할 겸손함과 간절함이 있는가?

어쩌면 당신은 속으로 '하나님께서는 내가 기도하는 장소에서 은밀하게 나를 만나주십니다'라고 생각할지도 모른다. 물론 하나님께서는 그러실 수 있다. 하지만 내가 경험한 바에 의하면, 하나님께서는 내가 어디라도 따라가겠다고 전심으로 그분을 구할 때까지 나를 잘 찾아오지 않으신다. 하나님께서는 우리가 얼마나 그분 만나기를 간구하는지 최대한 시험해보신다.

나병환자였던 나아만에게 엘리사 선지자를 찾아가라고 했을 때, 그는 이렇게 말하고 싶었을 것이다. "그에게 나를 찾아오라고 하시오." 그런데 그가 엘리사의 집에 갔을 때에는 더 말도 안 되는 소리를 들었다. "너는 가서 요단 강에 몸을 일곱 번 씻으라"(왕하 5:10). 나아만은 자신이 사는 다메섹의 강들이 이스라엘에 있는 '모든 강물보다' 낫다며 분노하였다(왕하 5:12). 하지만 하나님께서 사용하기로 작정하신 그 강물에 들어가기 전까지, 그의 몸은 낫지 않았다.

> 이는 내 생각이 너희의 생각과 다르며 내 길은 너희의 길과 다름이니라 여호와의 말씀이니라 사 55:8

> 그러나 하나님께서 세상의 미련한 것들을 택하사 지혜 있는 자들을 부끄럽게 하려 하시고 세상의 약한 것들을 택하사 강한 것들을 부끄럽게 하려 하시며 하나님께서 세상의 천한 것들과 멸시 받는 것들과 없는 것들을 택하사 있는 것들을 폐하려 하시나니 이는 아무 육체도 하나님 앞에서 자랑하지 못하게 하려 하심이라 고전 1:27-29

당신이 잃어버린 것과 다른 기름부음도 기꺼이 환영하라

(기름부음의 귀환이 아닌) 기름부음으로의 귀환은, 우리의 빈 곳을 어떻게 다시 채우실 것인지를 하나님께서 결정하신다는 뜻이다. 우리는 이전에 알던 하나님이라야 다시 받아들일 수 있다고 항변할 수도 있다. 하지만 그러면 하나님께서는 우리를 한동안, 어쩌면 영원히 기다리게 하실 수도 있다.

나의 '예루살렘'으로 돌아가는 여정 가운데 가장 힘들었던 것은 내가 과거에 체험했던, 내 주위의 어떤 인물보다 더 실제적인 존재로 느껴졌던 예수님과의 조우, 바로 그날과 똑같은 느낌의 하나님을 다시는 경험할 수 없었다는 것이다. 하지만 하나님께서는 그때 못지않은 강력함으로(어쩌면 더욱 강력하게), 하지만 그것과는 전혀 다른 방식으로 그분의 모습을 나타내 보여주셨다. 나는 아직도 예전의 그 경험을 그리워한다. 하지만 내가 새롭게 발견한 예수님이나 예전에 경험했던 예수님이 같은 분이신 것은 한순간도 의심하지 않는다.

웨스트민스터채플에 부임한 후 정기적으로 마틴 로이드 존스 목사를 만나면서, 이전에 내가 누렸던 하나님과의 친밀함을 다시 되찾고자 하는 갈망이 커졌다. 그때 생각에는 우리 가정만 잘 다스리면, 당장이라도 그때와 동일한 관계로 회복될 것이라고 여겼다. 이따금씩 하나님께서 '증표'도 주시고 '맛'도 느끼게 해주셨지만, 한 번도 예전과 같지는 않았다. 하지만 내가 말할 수 있는 것은 하나님께서 예전의 나를 통해서는 하실 수 없었던 일들을 지금의 나를 통해서 하고 계시다는 것이다.

나는 새로운 기름부음에 만족한다. 이 기름부음은 시련을 기꺼이 받아들이는 자세와 완전히 용서하는 마음을 통해 지속된다. 나는 지금 내가 가진 이것을 세상의 무엇과도 바꾸지 않을 것이다. 그리고 솔직히 말해서, 이제는 과거에 잃어버렸던 것보다 지금 가지고 있는 것이 더 좋다. 물론, 예전의 것도 다시 가질 수 있다면 더 좋겠지만 말이다.

당신이 구하거나 기대하고 있는 것과 다른 기름부음도 감사로 받으라
성령님을 근심하게 해서이거나 혹은 하나님께서 주권적으로 '뒤에 머무심'으로 인해서 성령님의 특별하신 임재를 잃어버렸을 때, 우리에게는 예전에 가졌던 것과 같은 기름부음을 다시 요구할 '권리'가 없다. 만약 하나님께서 자비를 베푸셔서 다시 그분의 영광을 우리에게 보여주기로 하신다면, 우리는 하나님의 방법에 철저히 순복하는 자세를 가져야 한다.

요셉과 마리아는 절실했다. 그들이 미처 생각하지 못했던 방식으로 예수님이 하나님의 영광을 나타내고 계신 것을 보았을 때 화를 내기는 했지만, 그렇다고 그분을 그냥 두고 가지는 않았다.

우리는 하나님을 구한다고 하면서도 성령님께 대한 열린 마음이 필요하다고는 생각하지 못할 수도 있다. 우리는 하나님을 전심으로 구하면서 그분이 어떠한 모습으로 나타나시든지 인정하고, 하나님께서 보여주시고자 하는 영광이 어떤 것이든 거기에 맞게 자신의 삶을 조정하고자 하는 자세를 가져야 한다.

잊혀진 기름부음에는 아직 아무도 경험해보지 못한 하나님의 방법들이, 그러니까 아직 아무에게도 보여주신 적이 없는 방식으로 하나님께서 말씀하시고 나타내시는 일들이 포함되어 있다. 하나님께서 당신이 가장 존경하는 믿음의 사람들에게조차 보여주시지 않았던 방식으로 당신에게 나타나신다면 어떻게 하겠는가? 하나님께서 아타나시우스나 루터, 칼빈, 웨슬리 혹은 당신이 영웅으로 꼽는 사람에게조차 한 번도 사용하시지 않았던 방법으로 당신의 삶 속에 나타나신다면 어떻게 하겠는가? 그래도 하나님을 환영하겠는가?

하나님께서 자신을 경외하는 자들에게 '주의 은밀하심'을 보여주신다고 기록된 말씀(시 25:14, 킹제임스성경)대로, 하나님께서 우리에게 비밀스러운 것을 말해주실 수도 있다. 그러면 우리는 그것을 비밀로 간직해야 한다. 그래서 그것이 은밀한 것이며, 하나님께서 직접 보여주시는 것이다. 하나님께서는 이 세상 누구와도 나눈 적이 없는 친밀한 관계를 우리와 나누기 원하실 수 있다. 만약 그것이 사실이라면, 우리는 죽을 때까지 그것을 은밀하게 간직해야만 한다. 만약 당신이 '사람들에게 자랑하지 못한다면 무슨 재미인가?'라고 생각한다면, 아마도 그 특권은 당신에게 주어지지 않을 것이다.

하나님께서는 온전히 열린 마음으로 하나님을 구하는 한 사람, 그래서 얼마든지 하나님의 참모습을 보이실 수 있는 그런 사람을 찾고 계신다. 하나님은 질투의 하나님이셔서 그분만이 내 사정을 알아주시는 것으로 족한 그런 사람을 찾고 계신다. 이런 사람은 내가 기대하거나 구하던 것이 아닌 다른 기름부음이라도 기꺼이 받아들이는 사람이다.

예수님의 꾸짖음을 수용하라

요셉과 마리아에 대한 예수님의 반응은 "내가 내 아버지 집에 있어야 될 줄을 알지 못하셨나이까"였다(눅 2:49). 칼빈은 이것에 대해 이렇게 말했다. "감정을 자제하시고 우회적으로 말씀하셨지만, 예수님께서 자신의 어머니를 꾸짖으신 것은 옳은 일이다." 예수님께서는 상한 갈대를 꺾지 않으시는 분이다(마 12:20). 이 이야기에 등장하는 요셉과 마리아는 상한 갈대들이었다. 그런 그들을 주님께서 얼마나 부드럽게 대하셨는지 보라.

기름부음을 찾아 다시 돌아갔을 때, 질책이 우리를 기다리고 있을 수도 있다. 하지만 그것은 언제나 부드러운 질책이다. 욥이 "속삭이는 소리일 뿐이니"(욥 26:14)라고 말한 것은 하나님께서 우리에게 말씀하시는 모습을 정확하게 표현한 것이다. 우리가 성령님께 민감해질 때, 성령께서도 우리에게 부드럽게 대하셔서 평안과 평온함을 주신다. 하나님께서는 엘리야에게 바람이나 지진 혹은 불이 아닌 전혀 새로운 방식으로 모습을 드러내셨다. 그것은 '세미한 소리'(왕상 19:12)였다. 성경은 누군가 범죄한 사실이 드러나면, 우리가 그 사람을 그렇게 대해야 한다고 말하고 있다(갈 6:1). 만약 그런 사람에게 냉혹하고 비판적으로 대한다면, 그것은 결코 예수님의 영으로 하는 것이 아니다.

하나님의 부드러운 질책으로 인해 우리의 연약함과 죄악이 드러날 때, 그곳에 하나님의 영광이 임하게 되는 경우가 많다. 우리는 이러한 경험을 통해 자란다. 나는 기도를 받은 후 바닥에 쓰러졌을 때 하나님으로부터 깨우침을 받았다는 사람들을 만나보았고, 또 그런 이야기를 많이 들었다. 나의 아내 루이스도 그런 경험이 있다. 1995년에 플로리다에서 열린 로드니 하워드 브라운의 집회에 참석한 아내는 중간에 나에게 전화하여 이렇게 말했다. "내 평생 이렇게 좋은 경험은 처음이에요. 이건 죽지 않고도 맛볼 수 있는 천국이에요." 아내는 몇 시간이나 바닥에 누워서 주님의 음성을 들었다고 했다. 런던으로 돌아온 아내의 가장 큰 걱정거리는 '그것을 잃으면 어쩌나' 하는 것이었다. 이 경험은 아내의 삶을 바꿔놓았다.

기름부음으로 돌아가는 과정은 주님으로부터 질책의 음성을 듣는 것을 포함한다. 왜냐하면, 우리는 모두 변화되어야 하기 때문이다. 요셉과 마리아도 변화될 필요가 있었다.

진실이길 바라지 않는 진실도 받아들여라

주님께서 물으셨다. "내가 내 아버지 집에 있어야 될 줄을 알지 못하셨나이까?" 예수님께서는 요셉과 마리아가 듣고 싶어 하지 않았을 진실을 애정 어린 목소리로 말씀하셨다. 칼빈은 말한다. "요셉과 마리아가 예수님의 답변을 이해하지 못했다는 것은 신기한 일이다." 왜냐하면, 그들이 예수님에 대한 진실을 누구보다 잘 알았기 때문이다.

하나님의 영광이 드러나면, 진실도 드러난다. 이 진실은 어쩌면 우리가 받아들이기를 원치 않는, 적어도 아직까지는 받아들이고 싶지 않은 것일 수도 있다.

특히 지금까지 수용해왔던 가르침을 폐기해야 할 수도 있는 지도자들에게 이 일은 지극히 어려운 일일 수 있다. 지금까지 거부해오던 가르침을 수용해야 할 때, 게다가 이미 문서로 발행된 자신의 견해를 철회해야 할 때 상황은 더욱 어렵다. 나 역시 그런 일을 해야만 했다. 하지만 그 일을 하고 난 뒤 찾아오는 내적 평안과 기쁨은 사람들의 평가와 비평에 대한 두려움을 능가했다.

예수님께서 말씀하셨다. "사람이 하나님의 뜻을 행하려 하면 이 교훈이 하나님께로부터 왔는지 내가 스스로 말함인지 알리라"(요 7:17). 이 말은 내가 순종하면 진실을 알게 될 것이며, 그렇게 함으로써 중대한 실수를 저지르는 일로부터 보호받을 것이란 뜻이다. 진실이 바로 눈앞에 있는데도 그것을 수용하기를 거부한다는 것은 더 많은 기름부음을 원한다던 기도가 진심이 아니었다는 뜻이다.

지금까지 그리스도인들이 가르쳐온 교리 중에는 이율배반적인 것이 무수히 많다. 그렇다면, 그 많은 교리들이 모두 다 맞는 것은 아니라는 뜻이다. 때로 어떤 사람들은 예수님과 동행하지 않은 채 먼저 길을 떠나면서 무리들을 데리고 가기도 한다. 나는 누군가가 더 많은 기름부음을 갈망한다는 이유만으로 그의 신학에 무조건 동의해야 한다고는 생각하지 않는다. 우리는 자신에게 정직해야 한다. 그러나 그리스도인들끼리 하나님의 말씀에 대한 가장 근본적인 이해를 놓고 서로 논쟁하는 것도 바람직하지는 않다.

자기 분수를 인정하라

요셉과 마리아가 해야 할 일이 정확히 이것이었다. 하나님의 영광을 다시 발견하였을 때, 우리 모두가 해야 할 일도 바로 이것이다. 왜일까? 우리 스스로 자신을 대단하게 생각하는 것을 막기 위해서이다.

요셉과 마리아는 자신들의 입장에서 생각했을 뿐만 아니라 그들에게 하나님께 요구할 권리가 있다고 생각했다. 그들은 예수님을 다시 찾았다는 사실에 대해 기뻐하기보다는 화를 냈다. 어쩌면 배신당했다고 느꼈을지도 모른다. 그들은 예수님께서 이제는 부모가 아닌 율법교사들과 성전 뜰에 있는 것을 훨씬 더 편안하게 생각하신다는 사실을 감정적으로 받아들였다. 그들은 하나님의 하나님 되심을 원치 않았다. 대신 계속해서 자신들이 통제하기를 원했다.

기름부음으로 다시 돌아가는 길은 나의 통제권을 전적으로 내려놓는 것을 의미한다. 이로써 우리는 다름 아닌 하나님의 뜻만을 존중하겠다는 의지를 표현한다. 어떤 면에서 그것을 '우리의' 기름부음이라고 부를 수도 있다. 하지만 결국 그것은 우리의 것이 아니라 하나님의 것이다. 말하자면 '빌려주신' 것이다. 그러므로 우리는 기름부음을 존중해야 하며, 그것을 다시 잃어버릴 수도 있다는 사실을 명심해야 한다. 스스로 다스리려고 할 때, 우리는 그것을 잃게 된다.

요셉과 마리아는 통제권을 잃어버리자 다시 돌려받기를 원했다. 하지만 예수님께서는 이렇게 물으셨다. "내가 내 아버지 집에 있어야 될 줄을 알지 못하셨나이까?" 이로써 요셉과 마리아는 자신들의 분수에 맞는 자리가 있음을 알게 되었다.

너는 하나님 앞에서 함부로 입을 열지 말며 급한 마음으로 말을 내지 말라 하나님은 하늘에 계시고 너는 땅에 있음이니라 그런즉 마땅히 말을

적게 할 것이라 전 5:2

나는 예수님께서 요셉과 마리아를 향해 부드럽게 꾸짖으실 때, 그 일을 은밀하게 하셨을 것이라고 생각한다. 누가가 그 사실을 말하고 있지는 않지만, 예수님께서는 한쪽으로 가셔서 세 사람만 있는 자리에서 그 말씀을 하셨을 것이다. 왜냐하면, 주님께서는 사람의 체면을 지켜주시는 분이기 때문이다. 대부분의 경우 예수님께서는 우리의 분수를 깨우쳐주실 때, 우리가 사람들 앞에서 창피를 당하지 않게 하신다. 대신 은밀한 중에 우리의 과오를 들춰내심으로써, 다시는 잊지 못할 교훈을 깨닫도록 친절하게 도와주신다. 공적인 자리에서 선포된 말씀에 의해 누군가의 죄가 드러났다 하더라도, 그 사람 안에서 어떤 일이 일어나고 있는지는 오직 하나님만이 아신다.

처음에는 깨닫지 못할 수 있다

"그 부모가 그가 하신 말씀을 깨닫지 못하더라"(눅 2:50). 그들은 깨달아야 했지만, 깨닫지 못했다. 기름부음으로 다시 돌아가는 길에는 우리가 완전히 이해하지 못하는 무언가와 대면하는 일이 수반된다. 일반적으로 우리는 이미 한 번 배운 것이라도 그것의 의미를 전부 다 이해하지는 못한다. 앞서 살펴보았듯이, 요셉과 마리아는 예수님의 출생에 대한 진리를 누구보다 더 잘 알고 있었다. 하지만 그들은 여전히 주님께서 하신 "내 아버지 집에 있어야 한다"는 말의 뜻을 이해하지 못했다. 요셉은 주님께서 말씀하신 것이 육신의 아버지가 아니라 하나님 아버지라는 사실을 이해했어야 했다.

이후에 나타나는 예수님의 질문의 형태 역시 요셉과 마리아에게 하신 것과 크게 다르지 않다. 예수님께서는 듣는 이로 하여금 자신의 실상을 깨닫게 만드는 질문을 하곤 하셨는데, 그것은 믿음 없음을 꾸짖기 위함이었다. 그 예로, 예수님께서 베드로에게 물 위를 걸어오라고 하신 사건을 들 수 있다. 베드로가 바람을 보기 전까지는 모든 것이 순조로웠다. 그런데 바람을 보고 두려움에 사로잡혀 물속에 빠지게 된 베드로는 주님께 구원해달라고 소리쳤다. 그러자 주님은 이렇게 말씀하셨다. "예수께서 즉시 손을 내밀어 그를 붙잡으시며 이르시되 믿음이 작은 자여 왜 의심하였느냐 하시고"(마 14:31).

또한 제자들이 씨 뿌리는 자의 비유에 대해 묻자 주님께서 이렇게 말씀하셨다. "너희가 이 비유를 알지 못할진대 어떻게 모든 비유를 알겠느냐"(막 4:13). 이 말씀은 "이것은 쉬운 비유인데, 이것을 모르면 어떻게 다른 비유를 이해하겠느냐?"라고 말씀하신 것이다. 하지만 예수님께서는 제자들을 비난하시기 위해서가 아니라 그들로 하여금 이 비유에 대해 다시 생각해보도록 하기 위해서 그렇게 말씀하셨다. 그래야만 제자들도 예수님께서 그렇게 말씀하신 것이 당연했다는 것을 인정할 수 있었기 때문이다.

하나님의 영광이 드러나는 모든 경우가 그렇다. 그것을 본 우리는 혼란스러울 수 있다. 하지만 지금까지 배운 것을 토대로 하나님께서 하신 일에 신뢰할 만한 이유가 있음을 보게 될 것이다.

예수님의 영광에 집중하라

기름부음으로 다시 돌아가야 하는 이유, 그리고 하나님께서 영광을 드러내시는 궁극적인 이유는 그분이 주인공이시기 때문이다. 요셉과 마리아가 성전에서 예수님을 다시 찾은 이야기를 통해 우리가 배워야 할 교훈이 바로 이것이다. 무대의 중심은 예수님께 있다!

> 나는 여호와이니 이는 내 이름이라 나는 내 영광을 다른 자에게 … 주지 아니하리라 사 42:8

우리가 하나님의 영광을 목격하는 일이 지연되는 이유는 그분께서 하시는 일로 인한 영광을 우리 것으로 취하려고 하는 무의식적인 욕구 때문일 수도 있다. 나는 100퍼센트 순수한 동기라는 것이 있을 수 있다고 생각하지 않는다. 물론 부흥을 위해 기도하는 이유가 전적으로 하나님의 영광을 위해서라고 말할 수도 있다. 더 큰 기름부음을 갈망하는 이유도 오로지 주님을 위해서라고 말할 수도 있다. 그리고 우리는 이것이 진심이라고 믿고 있을 수 있다.

하나님께서 나타나실 때에는 어느 누구도 자기 때문에 하나님께서 모습을 드러내셨다고 말할 수 없도록 일하신다. 하나님께서는 오직 그분께만 모든 공로가 돌아가는 방식으로 나타나실 것이다.

> 이스라엘 족속아 내가 이렇게 행함은 너희를 위함이 아니요 … 나의 거

룩한 이름을 위함이라 겔 36:22

　우리가 하나님의 영역 안으로 침범하는 순간, 하나님께서 완전히 뒤로 물러서시거나 혹은 그분의 그림 안에서 우리가 사라질 것이다. "이는 아무 육체도 하나님 앞에서 자랑하지 못하게 하려 하심이라"(고전 1:29).
　하나님께서는 그분의 영광에 대해 민감하시며, 성령께서 그 민감함을 반영하고 계신다. 하나님께 맞춰 조정한다는 것은 우리의 통제권을 포기하고, 어떠한 영광도 취하기를 구하지 않는 것을 의미한다. 그렇게 할 때, 성령의 비둘기가 예수님 위에 머무셨듯이 하나님께서 우리 위에 머무실 것이다.

맺는 말

예수께서 함께 내려가사
나사렛에 이르러 순종하여 받드시더라
그 어머니는 이 모든 말을 마음에 두니라
(눅 2:51)

    지금 당신이 하나님의 뜻 가운데 서 있다고 확신하는가? 하나님께서는 우리가 그분의 뜻을 알고, 그 안에 거하기를 원하신다. 바울은 우리에게 "오직 주의 뜻이 무엇인가 이해하라"(엡 5:17)고 충고한다. 바울은 이 말을 하기에 앞서 "주를 기쁘시게 할 것이 무엇인가"(엡 5:10) 알아보라고 한다. 무엇이 주를 기쁘시게 하는지 알아내어 그 일을 행하면, 우리는 분명 주님의 뜻 안에 있는 것이다.
    성령께서 우리의 심령에 주시는 내적인 확신이 하나님의 계시된 뜻(성경)과 일치할 때, 우리는 하나님의 뜻 안에 있다는 사실을 확인할 수 있다. 만약 우리가 그 안에 있지 않다면, 그것은 우리가 요나처럼 하나님의 구체적인 말씀에 순종하지 않았거나(욘 1:1-3) 요셉과 마리아처럼 하나님보다 앞서갔기 때문이다.

하지만 셰익스피어의 말처럼 끝이 좋으면 모든 것이 좋다. 요나의 경우, 하나님께서 두 번째 찾아오셨을 때 그분께 순종했다(욘 3:1-3). 한때 하나님께 대들기도 했지만, 그는 결국 하나님의 마음을 받들어드렸다(욘 4:11). 삼손도 끝을 잘 맺었다. 삼손은 '살았을 때'보다 죽을 때에 더 많은 것을 성취하였다(삿 16:30). 요셉과 마리아의 경우도 그렇다. 이 세 가지 경우에 공통적으로 등장하는 요소는 이야기 속에 등장하는 인물들이 하나님의 뜻에서 일시적으로 벗어났다가 결국은 그 안으로 다시 들어갔다는 것이다.

하나님의 뜻 밖에 있으면서 동시에 하나님의 뜻 안에 있는 것도 가능한가? 그렇다. 하나님께서는 우리가 살면서 살짝 옆길로 돌아가도록 허락하기도 하신다. 하지만 그것은 하나님의 거시적인 전략의 일부이다. 하나님께서 허락하신 일은 모두 다 바로잡을 수 있는 일이다. 즉 하나님께서는 우리가 그 시간을 보상받을 수 있도록 도와주신다. 하나님께서는 메뚜기가 먹어치운 햇수대로 우리에게 갚아주신다(욜 2:25).

> 우리가 알거니와 하나님을 사랑하는 자 곧 그의 뜻대로 부르심을 입은 자들에게는 모든 것이 합력하여 선을 이루느니라 롬 8:28

삼손의 머리털이 다시 자라기 시작할 때(삿 16:22), 그는 성령님께 대한 민감함을 회복했다. 삼손처럼 중대한 죄를 저질렀든지 혹은 요셉과 마리아처럼 주님을 잊고 먼저 길을 떠났든지 간에, 하나님께서는 그분의 자녀를 버리지 않으신다. 하나님의 원하시는 바는 우리가 듣고자 한다면 우리에게 그분의 '길'을 가르쳐주시는 것이다. 우리가 하나님의 음성을 들을 수 있고 그분의 질책을 수용하는 한, 아직은 성령님께 대해 둔감해진 것은 아니다. 이것은 하나님께서 우리를 버리시지 않았을 뿐더러 곧 아주 좋은 일이 일어날 것이란 뜻이다.

하나님의 길을 아는 것은 성령님께 대한 절대적인 민감함을 갖는 데서 시작된다. 이것은 너무나 자비로운 초청이다. 따라서 이런 기회를 절대 거절하지 말기 바란다! 요셉과 마리아가 그들의 삶을 예수님께 맞춰 재조정함으로써 그들의 관계는 어느 때보다 더 풍성해졌다. 그들은 분명 하나님의 아들에 대한 더 깊은 경외심을 갖게 되었을 것이다. 보통 기름부음을 회복하고 나면 그것에 대해 예전보다 더 감사하며, 과거와 같은 실수를 반복하지 않도록 주의하게 된다.

이것은 예수님의 예를 통해서도 배울 수 있다. 예수님도 율법에 따라(출 20:12) 부모에게 순종하셨고, 그분의 사명(마 5:17)도 순종함으로 감당하셨다. 주님의 순종은 인류의 구원을 위하여 보여주신 겸손함이었다. 칼빈은 이렇게 말하였다. "예수님께서는 요셉의 아들로서 보이지 않는 그림자처럼 자신의 실체를 잠시 숨기심으로 하나님의 뜻에 순종하였다 … 그러므로 우리는 더욱 기쁜 마음으로 주님께서 우리의 목에 걸어주시는 멍에 안으로 들어가야 한다."

예수님께서는 성령님께 민감하셨기 때문에 예루살렘에 남으셨고, 또한 후에 요셉과 마리아에게 순종하여 받드셨다. 주님께서는 공생애 기간에도 계속해서 그렇게 하셨다. 예수님께서는 '자기를 기쁘게 하지' 않으셨다(롬 15:3). 성령님께 대한 민감함을 갖는다는 것은 (가장 좋은 예라고 할 수 있는 예수님마저도 그러셨듯이) 자기 자신을 기쁘게 하지 않는 것을 의미한다.

우리는 주님께서 걸어주시는 멍에를 환영해야 한다. 이것이 삶을 사는 가장 좋은 길이다. 예수님께서는 영혼의 안식을 발견할 수 있도록 그분께 와서 배우라고 초청하신다. 그분의 멍에는 쉽고, 그분의 짐은 가볍기 때문이다(마 11:29-30).

전능하신 하나님의 축복이 당신에게 임하길 기도한다.

각주

Chapter 1

1. '영광스럽도다 참된 평화는'(Like a River Glorious), 프랜시스 R. 하버갤(1836-1879) 작사. 퍼블릭 도메인.

2. 저자의 저서 《내일의 기름부음》(The Anointing: Yesterday, Today, Tomorrow), 호더&스토우턴(Hodder & Stoughton)사 발행, 2001년. 이 책에서 피트 캔트렐의 말 "자유의 극치는 아무것도 증명해 보일 필요가 없는 것이다"를 인용한 바 있다.

3. 도브와 피죤 모두 생물학적 조류 분류법에 의해 비둘기라는 이름으로 동일하게 분류된다. 도브와 피죤의 성격상 차이에 대한 실증적 연구는 미비해 보인다. 지금까지는 대부분 유래나 서식지, 크기나 색상, 먹이 습관 등에 관한 연구에만 중점을 두고 있다.

4. 트라팔가 광장에 있던 일명 '런던 피죤'들은 다른 모든 시내 공원에 몰려다니는 피죤들과 같이 야생 비둘기들이다. '페리스테라'(peristera)는 헬라어로 '도브'를 뜻하고, '트리곤'(trygon)은 '터틀도브'를 의미하는 단어이다. 대부분의 신학자들은 아가서 2장 12절에 나오는 터틀도브를 성령님에 비유한다. 고대 히브리 학자인 필로는 도브를 '로고스'(logos, 말씀) 혹은 '누우스'(nous, 정신) 혹은 '소피아'(Sophia, 지혜)의 상징으로 보았다. 헬라어 성경의 아가서 2장 12절에는 터틀도브를 의미하는 단어가 사용되었지만, NIV는 그렇지 않다. 하지만 구체적으로 터틀도브라는 단어가 사용되지 않았다 하더라도, 신구약에 상관없이 도브는 터틀도브를 의미하는 경우가 대부분이다.

5. '불을 내려주소서'(Send us Fire), 윌리엄 부스(1829-1912, 구세군 창립자) 작사. 퍼블릭 도메인.

6. 이 경험은 《내일의 기름부음》에 자세히 기록되어 있다.

Chapter 4

1. 영국 시인 로버트 번스(1759-1796)의 '이에게'(To a Louse)라는 제목의 시에 나오는 구절. 교회에 앉아 있는 여인의 모자에 붙어 있는 이를 보고 쓴 시.
2. '푸른 언덕 127'(Green Fields 127), 존 뉴턴(1725-1807) 작사. 퍼블릭 도메인.
3. '토론토 블레싱'이라는 이름은 《선데이 텔레그래프》가 기도나 안수를 받은 후에 쓰러지거나 웃는 현상을 지칭하며 붙인 이름이다. 처음에는 나도 이 부분에 대해 의심쩍어 했으나, 결국에는 성령님의 일하심으로 인정하게 되었다. 이것으로 인해 나는 많은 사람들로부터 비난을 받았는데, 그들은 내가 이 영향으로 강해설교사역에 소홀해질지도 모른다고 생각했다. 결국 20명의 교인이 교회를 떠났고, 그 외에도 웨스트민스터채플에 정기적으로 나오던 성도들 중 많은 이들이 떠났다. 이 일로 인해 '토론토 블레싱'이 설교의 중요성을 약화시킬 것이라고 생각하며 나를 반대했던 사람들에 대해 좀더 숙고하게 되는 계기가 되었다.

Chapter 6

1. '오늘 집을 나서기 전 기도했나요?'(Did you think to pray?), 메리 A. 키더(1820-1905) 작사. 퍼블릭 도메인.
2. '죄짐 맡은 우리 구주'(What a Friend We Have in Jesus), 요셉 메들리콧 스크리븐(1819-1886). 퍼블릭 도메인.

Chapter 7

1. '너무나 좋으신 예수님'(Wonderful, Wonderful, Jesus is to Me), 할도 릴레너스(1885-1959) 작사. 저작권 보호를 받는 정보.

Chapter 8

1. 일반적으로 칼빈주의자는 예정론과 한 번 구원 받은 자는 하나님께서 끝까지 천국으로 인도하신다고 믿는다. 자세한 내용은 저자의 《칼빈과 1649년까지의 영국 칼빈주의》(Calvin and English Calvinism to 1649) (Carlisle, Cumbris, UK: Paternoster, 1979)를 참조하라.

Chapter 9

1. '영광스럽도다 참된 평화는'(Like a River Glorious), 프랜시스 R. 하버갤(1836-1879) 작사. 퍼블릭 도메인.
2. 나의 친구가 이런 이야기를 하게 된 경위는 나의 책 《하나님은 그것을 선한 것으로 바꾸사》 (God Meant it for Good)(Carlisle, Cumbris, UK:Paternoster, 1986)에 소개되어 있다.
3. 나로 하여금 더 큰 기름부음을 받게 했던 사건들은 나의 책 《내일의 기름부음》에 소개되어 있다.

www.purenard.co.kr